# 互联网和
# 人工智能发展
## 对劳动法的挑战与应对

张鸣起　主　编

谢增毅　副主编

中国政法大学出版社

2023·北京

**图书在版编目（ＣＩＰ）数据**

互联网和人工智能发展对劳动法的挑战与应对/张鸣起主编. —北京：中国政法大学出版社，
2023.8
ISBN 978-7-5764-0809-6

Ⅰ.①互… Ⅱ.①张… Ⅲ.①劳动法－研究－中国 Ⅳ.①D922.504

中国国家版本馆CIP数据核字(2023)第202635号

------------------------------------------------------------------------------------------------------------------

|  |  |
|---|---|
| 书　名 | 互联网和人工智能发展对劳动法的挑战与应对<br>HULIANWANG HE RENGONGZHINENG FAZHAN DUI<br>LAODONGFA DE TIAOZHAN YU YINGDUI |
| 出版者 | 中国政法大学出版社 |
| 地　址 | 北京市海淀区西土城路 25 号 |
| 邮　箱 | fadapress@163.com |
| 网　址 | http://www.cuplpress.com (网络实名：中国政法大学出版社) |
| 电　话 | 010-58908466(第七编辑部) 010-58908334(邮购部) |
| 承　印 | 北京中科印刷有限公司 |
| 开　本 | 720mm×960mm　1/16 |
| 印　张 | 15.5 |
| 字　数 | 245 千字 |
| 版　次 | 2023 年 8 月第 1 版 |
| 印　次 | 2023 年 8 月第 1 次印刷 |
| 定　价 | 68.00 元 |

# 目　录

# 绪　论

张鸣起

中国社会法学研究会会长

近年来，互联网、物联网、大数据、人工智能等新一代信息技术发展迅猛、日新月异，给人们的就业、生活甚至人与人之间的交往方式都带来了革命性的巨大变化。这些变化直接或间接地促进了经济社会的发展进步，也给经济社会的有序发展带来了许多新的特点和问题。这些新的特点和问题既对植根并服务于经济社会的劳动法治提出了许多新的要求，也为我国劳动法治的发展完善注入了新的动力和着力点。毫无疑问，劳动法治必须与时俱进，积极关注和回应新时代中的新问题。这是适应我国进入新发展阶段，贯彻新发展理念，构建新发展格局，推动高质量发展，满足人民群众对民主、法治、公平、正义、安全、环境等日益增长要求的需要，更是劳动法治研究人员的历史责任。本书着眼当前劳动领域出现的新情况，聚焦剖析互联网和人工智能发展给劳动法治带来的前沿问题，并提出应对之策。

## 一、新行业、新业态快速发展，使用人单位的用工管理和劳动者的劳动形态深刻变化，对劳动者权益保障提出更高要求

党的十八大以来，我国大力实施发展数字经济和大数据等一系列重大战略，取得了举世瞩目的辉煌成就。随着互联网、人工智能等新经济形式的蓬勃发展，我国用工方式呈现灵活化，一些新型劳动关系大量涌现。这些新型劳动关系大多未在劳动法律调整的范围之内。尤其是随着新行业、新业态被催生并快速发展，互联网类用人单位的用工管理和劳动者的劳动形态发生了深刻变化，单位用工碎片化、工作场所虚拟化的现象量多面广，直接冲击着传统和谐劳动关系的构建，甚至对劳动关系的认定也形成了挑战。

　　互联网技术发展催生的许多新的用工形式，如平台用工和远程工作等，其劳动者与用人单位形成的关系，与传统的劳动关系不同。平台经济下的劳务提供过程是相对独立的，许多劳务提供者与需求方之间的关系并不紧密，双方形式上不存在传统劳动关系所具有的人格从属依赖特点，但是平台从业者依靠工作获取生活来源，在经济上依靠劳务需求方的本质并没有改变。尤其是在互联网、人工智能驱动的系统算法、卫星定位等新技术广泛应用于平台工作安排的现实条件下，相关从业者听命于劳务需求方的指挥和安排，体现的人格从属性接近于劳动关系。如何为平台经济下的从业者提供类似于劳动者的权益保障，成为当前劳动就业领域的热点问题，同时也成为劳动法和社会政策学界普遍关心的问题。平台用工的兴起直接影响我国经济发展方向以及社会结构，其对传统的劳动法理论，尤其是劳动关系的认定以及劳动法的调整范围和调整方式产生了重要影响，如何保护平台用工劳动者的权益成为各国面临的问题。国际劳工组织近日发布的《2021年世界就业和社会展望》中指出，过去十年来，全球范围内的数字化劳动力平台数量增长了五倍。数字化劳动平台在全球范围内大规模释放创新，为劳动者、企业和社会创造了前所未有的机会。但与此同时，它们也对体面劳动和公平竞争构成了严重威胁。该报告指出，这些平台的工人面临的挑战涉及工作条件、工作的规律性和收入，以及获得社会保护的机会、结社自由和集体谈判权。数字化劳动力平台创造的新机会进一步弱化了此前受雇员工与自雇人士之间的明显区别。这些问题在我国同样存在。

　　我国是互联网大国，平台工人数量非常庞大，平台工人面临着身份不明确、工作时间长、职业伤害保障缺失等问题。然而，基于平台用工的特殊性，现行劳动法律制度为平台工人提供的保护非常有限。2021年4月，习近平总书记在广西考察时指出，要完善多渠道灵活就业的社会保障制度，维护好卡车司机、快递小哥、外卖骑手等的合法权益。我国《国民经济和社会发展第十四个五年规划和2035年远景目标纲要》明确提出，要"建立多渠道灵活就业机制"，"加强劳动者权益保障，健全劳动合同制度和劳动关系协调机制，完善欠薪治理长效机制和劳动争议调解仲裁制度，探索建立新业态从业人员劳动权益保障机制"。2021年7月16日，人力资源和社会保障部、最高人民法院等八部委联合发布的《关于维护新就业形态劳动者劳动保障权益的指导意见》中指出，符合确立劳动关系情形的，企业应当依法与劳动者订立劳动合同；不完全符合确立劳动关系情形但企业对劳动者进行劳动管理的，指导企业与劳动者订立书面协议，合理确定企业与劳动者的权利义务；个人依托平台自主开展经营活动、从事自由职业等，按照民事法律调整双方的权利义务。这是部委文件中首次出现"不完全符合确立劳动关系"的概念。2021年8月，国务院印发的《"十四五"就业促进规划》指出，要加快落实《关于维护新就业形态劳动者劳动保障权益的指导意见》，建立完善适应灵活就业和新就业形态的劳动权益保障制度，引导支持灵活就业人员和新就业形态劳动者参加社会保险，提高灵活就业人员和新就业形态劳动者社会保障水平。规范平台企业用工，明确平台企业劳动保护责任。健全职业分类动态调整机制，持续开发新职业，发布新职业标准。2021年12月24日，国家发改委等九部委联合发布的《关于推动平台经济规范健康持续发展的若干意见》进一步提出，完善新就业形态劳动者与平台企业、用工合作企业之间的劳动关系认定标准，探索明确不完全符合确立劳动关系情形的认定标准，合理确定企业与劳动者的权利义务。同时，一些地方也颁布了相关的地方规章或指导意见，要求合理把握认定劳动关系的尺度，既不能泛劳动关系化，不考虑新就业形态的特殊性，简单将企业与劳动者的关系认定为劳动关系，过多增加平台企业负担，最终损害劳动者的长远利益；也不能去劳动关系化，将原本属于确立劳动关系情形的劳动者，认定为不完全符合确立劳动关系情形的劳动者，拉低劳动者的劳动权益保障水平。当前，对平台工人面临的身份不明确、工作时间长、职业伤害保障缺失等问题，要完善新就业形态劳动者与平台企业、用工合作企业之间的劳动关系认定标准，明确不完全符合确立劳动关系情形的认定标准，合理确定企业与劳动者的权利义务，逐步探索新就业形态职业伤害保障等。从长远来看，我国是互联网大国，也是最大的发展中国家，新行业、新业态将会继续保持迅速发展态势，平台经济将会提供更多的灵活就业机会，平台工人数量也将不断增多，有必要对平台工人劳动权益保护进行专门立法，进一步弥补劳动权益保障短板。对于广大平台工人，除明确劳动关系的劳动者，应将虽未建立劳动关系，但有保护必要性的劳动者纳入法律保障范围。

新冠疫情防控期间，以远程工作、互联网协同为代表的新型用工方式兴起，劳动用工环境的变化也相应地产生了一系列问题和挑战。2020年2月，人力资源和社会保障部、全国总工会、中国企业联合会/中国企业家协会、全国工商联《关于做好新型冠状病毒感染肺炎疫情防控期间稳定劳动关系支持企业复工复产的意见》指出："对因受疫情影响职工不能按期到岗或企业不能开工生产的，要指导企业主动与职工沟通，有条件的企业可安排职工通过电话、网络等灵活的工作方式在家上班完成工作任务。"同期，《工业和信息化部办公厅关于运用新一代信息技术支撑服务疫情防控和复工复产工作的通知》提出："面对疫情对中小企业复工复产的严重影响，支持运用云计算大力推动企业上云，重点推行远程工作、居家办公、视频会议、网上培训、协同研发和电子商务等在线工作方式。"在疫情防控常态化的背景下，远程工作作为一种工作形式有其电子化、分离性和灵活性等独特优势，并将长期存在。一般而言，劳动者从事远程工作，不会改变其原有劳动关系，只是工作场所和工作形态发生变化，但远程工作这一新型用工方式也削弱了劳动关系的从属性，远程工作的模式、特征等与现行劳动法律调整的传统办公模式也有差别，然而现行劳动法制已经滞后于远程工作用工方式的发展。现在越来越多的企业实行远程工作，这对用工时间认定、工伤认定、劳动者福利待遇保障等提出了较大的挑战。比如，由于远程工作的特殊性，工作和个人生活之间的界限愈发模糊，劳动者工作时间可能变得更长，给法律规定劳动时间带来挑战。相比传统用工方式，如何规制远程工作，保护远程工作劳动者的休息权、个人信息权和集体劳动权益等也成为当前的重要课题。在世界范围内，许多国家对远程工作进行立法保护，美国、欧盟、日本等积极制定远程工作相关的法律政策。对于我国现行《劳动法》[1]，远程工作仍是新生事物。目前，我国尚未对这种工作形态进行立法保护，这种状况限制了法治对经济社会发展的支撑和保障作用的发挥。我国应进一步完善立法，对远程工作模式进行法律调整与规制，加强对远程工作劳动者权益的法律保障。为依法规范远程工

---

〔1〕 为行文方便，本书中我国法律法规中的"中华人民共和国"字样均省去。

作，应将远程工作纳入《劳动法》或《劳动合同法》，对远程工作的概念、类型和立法原则等作出基本规定，明晰用人单位和劳动者的权利与义务，对工作时间、工伤认定、劳动保护、劳动报酬等进行规定，对远程工作劳动者休息权、个人信息权和集体劳动权益等予以切实保护，为用人单位规章制度制定与执行、劳动者依法维权、劳动争议案件裁判等提供法律依据。此外，政府部门应当发挥政策指引作用，积极引导远程工作行业发展与远程工作和谐劳动关系的构建。

## 二、新行业、新业态快速发展，使劳动者权利深刻变化，对劳动者的个人信息保护、言论自由保护与劳动基准法的理论和制度等基本制度机制建设提出新的更高要求

我国已进入个人信息保护立法突飞猛进的时代，《民法典》以及《个人信息保护法》《数据安全法》的颁布对个人隐私与个人信息保护起到了里程碑的作用。互联网的兴起对职场个人信息保护带来了巨大挑战，通过网络处理劳动者信息随处可见，特别是许多劳工平台处理了大量劳动者信息，加上职场通过网络等技术手段实施对劳动者监控的增加，如何保护劳动者的个人信息成为一个重要课题。在互联网技术应用泛化下，劳动者从线上线下投递简历开始，到从企业离职为止，个人信息常因不能被妥善处理而遭到泄露。2021年8月20日第十三届全国人民代表大会常务委员会第三十次会议通过《个人信息保护法》，该法如何适用于劳动关系下的劳动者个人信息保护，殊值探讨。

现实生活中，一般语境下的个人信息保护与劳动关系中的个人信息保护存在很大差异。当前的《个人信息保护法》是以"消费者"为原型设计的，这与劳动关系所呈现出的"资强劳弱"和劳动者的"人格从属性"的特殊性明显不适应。在新技术变革发展的背景下，工作设备、工作过程和工作对象日益数字化，用人单位对劳动者个人信息处理得更为彻底和全面，劳动者被监视、分析、预测、控制的风险加大，可能威胁到劳动者的人格尊严、自由发展以及其他人身和财产权益。由于劳动用工场景的特殊性，《个人信息保护法》也仅有第13条第1款第2项直接涉及劳动关系，即"为订立、履行个人

作为一方当事人的合同所必需，或者按照依法制定的劳动规章制度和依法签订的集体合同实施人力资源管理所必需"可处理个人信息，这为劳动者个人信息保护的特殊制度安排预留了立法空间。

首先，"合法、正当、必要"是个人信息处理的基本原则，"知情同意规则"则是个人信息处理的合法性前提。以信息主体同意作为个人信息处理的合法性前提之基本逻辑是，个人具有独立意志，应当尊重个人的意志、尊严及自由。但在劳动关系中，事实上和法律上的弱势地位导致劳动者难以真正自由地、自愿地进行选择；反之，若劳动关系中个人信息保护得不到落实，又会导致用人单位对劳动者的监督和控制更加随意和进退失据，从而进一步导致人身依附和地位悬殊。此外，用人单位或用工平台所掌握的劳动者个人信息可分为一般个人信息和敏感个人信息两类。企业在人事管理时，不免遇到处理敏感个人信息的情况。《个人信息保护法》第28条规定，敏感个人信息是一旦泄露或者非法使用，容易导致自然人的人格尊严受到侵害或者人身、财产安全受到危害的个人信息。故而，当用人单位以人脸识别或指纹的方式考核劳动者出勤，或者要求劳动者提供病假的证明材料时，均涉及劳动者的敏感个人信息。根据《个人信息保护法》第29条规定，处理敏感个人信息需取得个人的单独同意。用人单位如果出于把控风险之必要要求劳动者提交敏感个人信息，在劳动者未应允的情况下，是否可以援引《个人信息保护法》第13条第2款之规定，按照依法制定的劳动规章制度和依法签订的集体合同，在实施人力资源管理所必需时，在未经劳动者同意的情况下收集敏感个人信息？首先，何为劳动者"单独同意"，形式上该如何要求，《个人信息保护法》均未作出明确规定。因此，如何在劳动关系的场景下适用"知情同意规则"成为劳动法中亟待解决的问题。其次，正当、必要原则作为"知情同意规则"的适用限制，需要在契合劳动关系场景特殊性的基础上与合法原则形成利益平衡之态势。如此一来，即引发诸多问题：正当、必要原则在劳动关系场景下（劳动者较之消费者处于更不利的弱势地位）应以何种形式展开、作何制度安排，其适用路径中涉及的"目的限制"与"比例原则"应作何解释等。最后，在"资强劳弱"和劳动者"人格从属性"凸显的劳动关系场景下，《个人信息保护法》规定的信息主体的删除权、可携带权、自动化决策下要求解释算法等权利应当如何保障。以劳动者的删除权为例，用人单位有义务删除相关信息，未主动删除的，劳动者有权请求删除。然而，劳动关系中往往需要保证处理个人信息的连续性和完整性，比如，根据《劳动合同法》第 50 条的规定，用人单位对已经解除或者终止的劳动合同的文本至少保存二年备查，即在劳动者离职后，原用人单位仍有权保留劳动者个人信息。同时根据《个人信息保护法》第 13 条第 2 款规定，为订立或者履行个人作为一方当事人的合同所必需，个人信息处理者可处理个人信息。新用人单位对劳动者进行背景调查时，一般会向原用人单位了解劳动者的个人信息。如此一来，若此时劳动者欲撤回同意而删除此前的个人信息，三者间的冲突应作何协调。此外，在资料复原技术的支持、商业利益的驱动下，劳动者的删除权是否能真正得到落实值得商榷，故应对劳动者删除权的具体规则作出较为详尽的规定。

在网络化时代，劳动者的言论自由与用人单位（雇主）的权利和利益存在冲突时应当如何权衡也是一个重要问题。新生代劳动者对自身主观感受和价值追求越发重视，维权意识日益增强，获取信息更加便捷。网络社会、互联网的快速发展带来无限扩张的虚拟社会空间，手机平台使人们的生活进入实时、交互、快捷、高频的"微时代"，快速的传播方式，碎片化、娱乐化、真假难辨的海量信息，使得现实社会与虚拟社会高度互动，一些新生代劳动者的维权行为以新的机制和形式产生。加之不断发展的新科技在推动经济社会快速发展的同时，也促使人类社会进入现代"风险社会"，劳动者就业和职场发展的不确定性和难以预测性随之增加。一方面，劳动者的诉求内容越来越具体，诉求范围越来越大；另一方面，集体性争议和集体维权现象越来越多，有些地方集体停工等类型的群体性事件时有发生。相对而言，群体性事件的处理难度更大，对和谐劳动关系构建的影响也更大，这些新情况、新问题对现行劳动法律的实施、劳动争议调处机制的运行提出了严峻的挑战。

劳动基准法是国家通过强制性规定保护劳动者的法律规范总和。互联网技术发展对劳动基准法的理论和制度也产生了重要影响，特别是有关工作时间、安全卫生、工资支付、休息休假等制度都需要进一步完善，以减少诸如互联网企业"996"工作制以及平台工人工作时间长等问题。设立劳动基准的目的主要在于保护劳动者合法利益，促进企业健康发展，其主要规定劳动者的工作时间、工作环境安全卫生、工资支付、休息休假等方面。劳资双方不平等的现状，需要依靠公权力的介入以平衡双方的利益。我国目前没有出台专门的劳动基准法，现有劳动基准之规定主要散见于一些劳动类法律、法规之中，例如，《劳动法》《国务院关于职工工作时间的规定》《关于工资总额组成的规定》《工资支付暂行规定》《最低工资规定》《全国年节及纪念日放假办法》《企业职工劳动安全卫生教育管理规定》《禁止使用童工规定》《女职工劳动保护特别规定》《未成年工特殊保护规定》等都规定了此类内容。然而，这些规定传统劳动关系的法律条文目前已经无法规制互联网环境下产生的新型劳动关系。如今"互联网劳工""996 加班文化"成为热点话题。为规避风险，有的企业并不要求员工在公司加班，而是给工作设置截止日期，隐性要求员工在家"加班"。事实上，现有的劳动基准制度已难以有效保障劳动者权益。因此，有必要更新完善劳动基准制度。如认定加班现象是否存在，不应仅以在公司工作时长为准，也要考虑工作强度和假借其他名目实质加班的情况。对于劳动者加班猝死的情况，应建立合理的追责机制。同时加强用人单位对劳动者的人性关怀，在激烈的社会竞争压力下，劳动者承受较大的压力，因此，用人单位需要更为人性化管理。此外，数字化本身的发展推动了去劳动关系化的进程，劳动关系的中心地位受到了挑战，但是劳动关系用工、民事关系用工及经济依附性的用工依然是主要用工关系形态。

2021 年 7 月 16 日，人力资源和社会保障部等八部门颁布的《关于维护新就业形态劳动者劳动保障权益的指导意见》也确认了数字时代用工关系的这种多元格局。在该用工关系格局下，更应坚持上述劳动基准适用主体范围的一般逻辑。涉及人的生命财产和安全的劳动条件应当对所有劳动力提供者适用，而不用考虑当事人之间的法律关系。2021 年修订的《安全生产法》第 4 条第 2 款规定，平台经济等新兴行业、领域的生产经营单位应当根据本行业、领域的特点，建立健全并落实全员安全生产责任制，加强从业人员安全生产教育和培训，履行本法和其他法律、法规规定的有关安全生产义务。据此，安全生产类的劳动条件适用于平台领域的经营者，而不考虑当事人之间法律关系的性质。对于传统适用于劳动关系的劳动基准，网络时代当事人之间存在劳动关系时，自然可以适用。但是比较特殊的是，网络时代的用工具有去组织化的特点，导致出现更多的远程工作、计件工作、任务式用工等情况。虽然劳动基准在理念上可以适用于这些用工方式，但必须针对这些用工方式进行特别的设计。除此之外，对没有劳动关系，但是当事人之间存在经济依附性的劳动力提供者，劳动基准法也有适用的空间。为因应新行业、新业态的需求，可专设一章调整新业态下的各种劳动形态，且应将虽未建立劳动关系，但具有保护必要性的劳动者纳入劳动基准法的保护范围。

### 三、人工智能时代，人工智能对解雇、职业培训、社会保障等劳动就业市场制度的适用带来挑战，人工智能成为劳动法上的主体成为不可回避的问题

人工智能的迅速发展给社会方方面面带来影响，对劳动法也带来挑战。2017 年 7 月，国务院印发《新一代人工智能发展规划》，将发展人工智能确定为国家战略。党的十九大报告也提出要深度融合人工智能与实体经济。但是，人工智能革命不仅仅带来技术上的进步，更会对生产制造方式、产业链分工等层面带来结构性变革，其中最容易受到人工智能影响的是劳动就业市场。在微观层面，人工智能技术对劳动就业市场的冲击表现为替代旧岗位与创造新岗位。尽管部分工作岗位将被替代，但人工智能技术也将创造出新的就业机会，包括产生人工智能技术研发类的岗位、形成新的人工智能行业等。在宏观层面，人工智能技术对劳动就业市场的冲击则表现为就业岗位的"极化"分布，即中等技能岗位因受到自动化挤压而减少，高等技能岗位因科技创新需求增大，部分低技能岗位因难以替代（需具备环境适应能力、语言识别、互动能力等）而需求增大。因此，如何因应人工智能技术对劳动就业市场的冲击亟待探讨。

人工智能对劳动就业市场的影响及其与劳动法之间的关系，因人工智能发展阶段的不同可能呈现出不同的发展样态。在弱人工智能时代，人工智能从辅助性工具发展到替代既有工作岗位，由此将对劳动法提出诸多挑战。其一，用人单位因引入人工智能而解雇劳动者时，劳动法应作出何种回应。目前我国劳动就业法律制度采用的是"法定解雇"原则，相关规定主要集中于《劳动合同法》与《劳动法》中。但两部法律对法定解雇事由的规定难以适

用因人工智能替代劳动者产生的问题：一是因引入人工智能产生的规模性裁员是否符合《劳动合同法》第41条第3项规定的"企业转产、重大技术革新或者经营方式调整"这一法定裁员事由；二是因引入人工智能产生的个别解雇行为是否属于《劳动合同法》第40条第3项规定的"客观情况发生重大变化"的调整范围。其二，人工智能技术衍生的"就业极化"现象对劳动就业市场带来巨大冲击，我国目前的职业培训多呈现出短期、小规模、碎片化的特征，如何从法律层面完善我国现有的职业培训制度，确保劳动者具备市场需求的新技能，实现新的就业。其三，对于确因无法适应科技进步而被淘汰的失业者群体，如何从制度层面加强对他们的社会保障。现有的社会保障制度是以劳动者为核心的社会保障模式，资金筹集主要来源于全职型劳动者，而在人工智能技术的冲击下，失业者群体、灵活型劳动者群体大量涌现。对此，制定适应人工智能时代的社会保障政策和社会保险机制，重构以公民身份为核心的"全民基本收入"保障方式或为可行路径。

当弱人工智能逐渐发展至强人工智能时，人工智能将与人类的差异逐渐缩小，并具备人类的思考与行为能力，其是否能够获得劳动法上的主体地位值得研究。回答这一问题需要解决的前置性问题即是否应当承认人工智能的法律主体地位。当前人工智能是否具有法律主体地位这一问题在学者中颇具争议，其原因至少包括两方面：一是学者们对人工智能的理解不一致，且未来人工智能究竟能发展到何种程度目前还不确定；二是是否需要用法律主体制度来规范人工智能，以及如何进行规范也难以达成共识。然而，在人工智能革命时代，立法应更加突出前瞻性的特点，应积极探索与科学文明相伴而生的制度文明。在强人工智能阶段，存在赋予人工智能劳动法上主体地位的可能性，但仍需视未来人工智能的发展情况而定；即便承认人工智能劳动法上的主体地位，它也永远无法享有作为法律目的而存在的劳动者的某些特有权利。

## 四、本书的体例安排

本书围绕互联网和人工智能发展对劳动法的挑战与应对展开研究，共分为六章，主要是以习近平法治思想为指导，深入探讨研究互联网和人工智能发展对劳动法基础理论、新就业形态劳动者劳动权益保障、远程工作立法规制、个人信息保护、劳动基准法理论、算法规制问题等诸多方面的前沿问题，并提出了对策建议。本书开篇为绪论，论述互联网和人工智能发展对劳动法带来的新挑战。第一章论述新就业形态对劳动法基础理论的挑战与应对。第二章研究新就业形态劳动者权益的法律保障。第三章论述远程工作的法律规制。第四章研究网络时代的劳动基准理论和制度创新。第五章研究网络时代劳动者个人信息的法律保护。第六章探讨人工智能对劳动法的挑战与回应。

习近平总书记高度重视劳动关系协调与劳动者权益维护，形成了内容丰富、思想深刻的劳动法治理论。这些理论作为习近平法治思想的有机构成部分，直接指引着我国劳动法领域的法治实践和理论发展，为劳动法应对互联网和人工智能发展的挑战提供了基本遵循。习近平总书记指出，要加强国家安全、科技创新、公共卫生、生物安全、生态文明、防范风险等重要领域立法，加强民生领域立法，努力健全国家治理急需、满足人民日益增长的美好生活需要必备的法律制度。习近平总书记还进一步强调，要加强社会保障立法工作，加快制定或修订社会保险、社会救助、社会福利等方面的相关法律，依法落实各级政府和用人单位、个人、社会的社会保障权利、义务、责任。上述互联网和人工智能发展给劳动法带来的问题迫切需要劳动法在理论和制度上作出回应和调整。对上述问题的研究，因应网络时代劳动用工的实际需要，有助于我国劳动法的现代化；有助于为劳动法典编纂提供有力的理论支持；有助于提高我国劳动法的国际影响，为互联网和人工智能发展对劳动法的挑战方面提供更多的中国智慧与中国方案。新时代劳动法律体系需要发展和完善，需要进一步界定劳动关系，平衡保护劳动者合法权益和促进企业发展的问题以构建和谐劳动关系，健全集体劳动关系的法律调整机制，研究如何把新业态纳入劳动法调整范畴。为此，需要梳理设计出一个更加清晰的劳动法律体系，并完善《劳动法》和其他法律部门的关系。从内容上，优化《劳动法》和《劳动合同法》。从路线上，强化顶层设计，编纂劳动法典，完善劳动法律体系。

第一章

# 新就业形态对劳动法基础理论的挑战与应对

王天玉

中国社会科学院法学研究所副研究员

## 一、新就业形态的概念、模式与创新

（一）新就业形态概念的提出

"新就业形态"是什么？我国"新就业形态"一词最早出现在十八届五中全会公报及 2016 年政府工作报告中，与灵活就业配套使用，即"加强对灵活就业、新就业形态的支持"。但这一政策表述尚未形成学理共识，缺乏清晰的概念内涵和外延。有学者提出，可以从生产力和生产关系两个角度理解新就业形态：从生产力的角度看，新就业形态描述了在新一轮工业革命带动的生产资料智能化、数字化、信息化的条件下，通过劳动者与生产资料互动，实现虚拟与实体生产体系灵活协作的工作模式；从生产关系的角度看，新就业形态指伴随着互联网技术进步与大众消费升级出现的去雇主化、平台化的就业模式。在表现形式上，新就业形态包括创业式就业者、自由职业者、依托于互联网或者市场化资源的多重职业者。[1]这种学理阐释试图建立一个理解和分析新就业形态的框架，发现新就业内在的技术因素，并由此探索建构法律制度的支点。

"新就业形态"区别于以往就业方式的核心特征是劳动与互联网平台的紧密结合，或者说数字技术和网络平台已成为生产力发展的主要推力。在这个意义上，"新就业形态"与"平台用工"基本是同一类就业新趋势的不同角度表述，前者强调信息化条件催生就业方式更迭，后者侧重新就业发生的技

---

[1] 参见张成刚："就业发展的未来趋势，新就业形态的概念及影响分析"，载《中国人力资源开发》2016 年第 19 期。

术条件以及劳动特征。从平台用工的角度切入，我们可以发现新就业形态的理论建构难以沿着"抽象—具体"的逻辑推进，原因在于劳动与平台结合的方式灵活多元，且模式变化迅速。如果从理论上抽象一个"新就业形态"，再用此概念去框定实践中的各种平台用工模式，几乎不可能实现理论对实践的涵盖，更不可能实现理论对实践的解释及指导。因此，从当前平台用工实践入手的"具体—抽象"分析路径更为可行，从平台用工模式的概括、类型化再到"新就业形态"的构成要件、本质界定，完成学理建构。

（二）新就业形态的基本模式

作为新就业形态的基本存在方式，互联网平台用工虽有创新，但本质上仍是提供劳务的一种交易形态。就以劳务为标的之合同类型而言，"民法上之劳务契约很多，诸如：承揽、出版、委任、经理人、代办商、居间、行纪、寄托、仓库、运送等，均为适例"。[1]劳务类合同因劳务内容、劳务提供者之技能与独立性、劳务对价等要点差异，划分出雇佣、委任、承揽等典型合同类型，在此基础上根据专业化劳务交易的需要，进一步提炼出特别劳务合同类型，例如，劳动合同是雇佣合同社会化的产物，实质是产业雇佣契约；[2]运送合同在性质上属于承揽合同。[3]法律针对特别劳务合同在民事合同规则基础上构建专门调整机制。

平台用工虽然实现了交易过程的线上线下分离，但常见之网约车、代驾、配送等劳务给付仍是以自然人为主体。前述法院判决使用居间、劳动、雇佣等典型合同概念进行分析，虽有局限，但仍证明平台用工的行为特征并未超越现有劳务类合同概念体系。即便平台用工外在形式复杂多样，但在基本构成要素上仍未彻底脱离典型劳务合同，并未新颖到完全无法用现有概念体系加以认识和解释之程度。故此，应在平台用工的基本模式中发现典型合同。

1. 自治型平台

此类平台的功能是提供虚拟交易场所及交易规则。劳务供需双方分别在

---

[1]　林诚二：《民法债编各论》（中），中国人民大学出版社2007年版，第2-3页。

[2]　参见郑尚元：《劳动合同法的制度与理念》，中国政法大学出版社2008年版，第20页。

[3]　通说认为运送系具有承揽性质之契约类型，其一定工作之完成即到达目的地，并经交付物品或使旅客安全离开。

平台上注册，相当于进入交易场所。劳务需求者发布工作任务、期限和报价，劳务提供者选取工作任务，完成"要约—承诺"的交易过程，平台不参与定价和缔约，但在交易成功后收取一定的费用，具有代表性的平台如亚马逊（Amazon's Mechanical Turk，AMT）。

该平台上的劳务类型通常是仅需基本计算和语言能力的小额工作（microwork），例如选取图片、修改文章、段落翻译、调查问卷等。在劳务供需双方交易成功后，劳务需求方应向 AMT 平台缴纳其支付劳务对价的 20% 作为平台使用费（MTurk Fee），最少为 0.01 美元。[1]平台处于中立地位，劳务提供者亦不将平台视为劳务交易合同相对方。例如在 Crowd Flower 案中，Crowd Flower 是数据分析公司，其将工作任务拆分，并在平台上作为劳务需求者（requesters）发包给多位劳务提供者（turkers）。劳务提供者起诉 Crowd Flower 公司，要求其承担雇主义务，但并未将 AMT 平台作为雇主或连带雇主。[2]此类平台交易结构如图 1-1 所示。

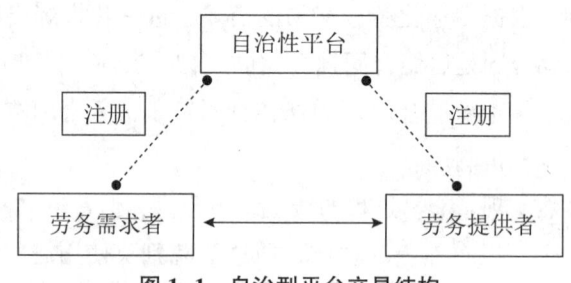

**图 1-1　自治型平台交易结构**

2. 组织型平台

此类平台提供的不是虚拟交易场所，而是基于互联网创设远程交易路径（access）并制定交易规则，统一集成在终端 App 中。劳务供需双方注册并使用该 App 的行为包含承认平台交易规则和使用网络交易路径两方面的内容。

---

〔1〕　此规定为一般平台使用费，如果某项劳务需分解为 10 个及以上工作任务，那么劳务需求方应向平台按劳务对价的 20% 支付额外费用。参见网址 https://www.mturk.com/pricing，2019/2/23。

〔2〕　法院最终判决劳务提供者是独立承包人（independent contractor），与 Crowd Flower 公司不构成劳动关系。Otey v. Crowd Flower, Inc., No. 12-CV-05524-JST, 2013 WL 5734146 (N. D. Cal. Oct. 22, 2013).

与自治型平台不同，组织型平台的交易路径并不联通劳务供需双方，而是使二者分别与平台连接。劳务供需双方分别与平台进行缔约，二者之间没有直接的缔约行为。平台通过劳务定价、接收劳务要约、配置劳动力的方式组织整个交易链条，形成了"劳务需求者—平台""平台—劳务提供者"两个合同关系。劳务需求者作为客户，通过 App 向平台发出劳务要约，该要约是平台定价及服务规则与具体劳务需求的计算结果，平台基于技术设定予以快速承诺，成立劳务需求合同。为履行该劳务需求合同，平台以一定方式组织和配置劳动力。可见，平台的作用是劳务交易组织者，[1]或者说其本质上已不是具有承载性的平台，而只是交易渠道。

对于"何为平台用工的最优合同形式"，目前并无标准，平台在不断尝试中探索，形成了不同合同的组合。在一起案件中，某大型网络配送平台说明了其三种劳务提供方式：一是"自营骑手"，由平台与劳务提供者订立劳动合同；二是代理商骑手，由平台代理商与劳务提供者订立劳动合同；三是 App 众包骑手，由自然人下载并注册平台 App，用自己的业余时间接单进行配送。[2]此三种方式可分别界定为组织型平台 A、B、C 三种形态，基本能够涵盖现有组织型平台的运营模式。平台在不同运营模式下配置劳动力的能力、成本、风险均不相同，各有利弊。

（1）组织型平台 A 模式。

A 模式下，平台直接雇用劳务提供者，二者订立劳动合同，适用劳动法，除了平台通过 App 发布指令的形式变化外，与常规劳动关系没有区别，通常被称为"重资产模式"。[3]该类平台合同关系如图 1-2 所示。

---

〔1〕　对于网络平台组织者的身份定位，张新宝教授以"顺风车"为例指出，网络平台将乘客与顺风车车主双方的需求经由复杂的技术手段匹配起来，并为顺风车业务的顺利进行提供了相当的技术保障。网络平台的这些行为已经构成了一场异常复杂的"组织行动"。因此，网络平台应当基于《侵权责任法》（已失效）第 37 条的规定承担组织者安全保障义务。参见张新宝："顺风车网络平台的安全保障义务与侵权责任"，载《网络信息法学研究》2018 年第 2 期。

〔2〕　参见南京市鼓楼区人民法院（2017）苏 0106 民初 1322 号。

〔3〕　Peter C. Evans & Annabelle Gawer, https://www. thecge. net/app/uploads/2016/01/PDF-WEB-Platform- Survey_ 01_ 12. pdf, 2019/2/21.

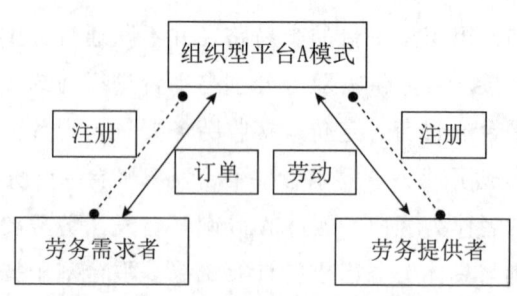

**图 1-2　组织型平台 A 模式交易结构**

（2）组织型平台 B 模式。

B 模式是 A 模式的衍生品。由于重资产模式的运营成本较高，平台将其特定区域的工作量整体外包给代理商，由代理商组织劳动力完成工作任务。代理商为确保工作完成与劳务提供者签订劳动合同，劳务提供者作为代理商雇用的劳动者，接受指挥管理。平台与劳务提供者之间无直接合同关系，此为"轻资产模式"。该类平台合同关系如图 1-3 所示。

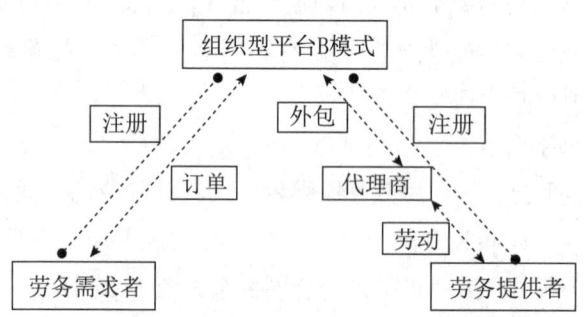

**图 1-3　组织型平台 B 模式交易结构**

（3）组织型平台 C 模式。

C 模式是真正"共享经济"意义上的互联网平台用工，即劳务提供者在平台 App 上注册并接单，可自主决定是否提供劳务、何时以及何地提供劳务，享有完全不同于劳动法上劳动者的自主权。以网约车为例，司机以此种方式提供劳务的程序一般包括：第一个阶段是注册，司机提供姓名、身份证号、驾照等相关信息，平台审核信息并通过视频告知软件操作、服务流程等即可完成注册；第二个阶段是司机打开软件，平台派单，司机确认接单并完成工作任务。[1]虽然在操作上存在派单、抢单等差别，但此流程可反映出"共享经济"意义上的劳动参与方式，体现出对闲置劳动力的开发与整合，其中部分劳务提供者已演进为零工就业形态。[2]代驾、配送等其他主要网络劳务亦是如此。该类平台合同关系如图1-4所示。

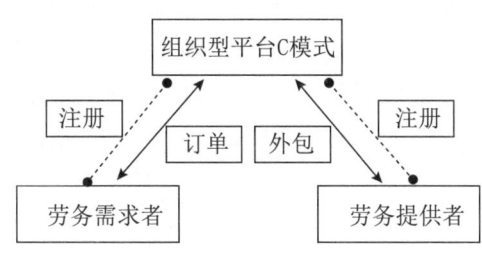

图1-4　组织型平台 C 模式交易结构

（三）新就业形态的创新

新就业形态的"新"体现在哪里？有部分观点以平台用工为研究对象，否定新就业形态的创新性，认为平台用工"实质上具有以民事关系掩盖雇佣关系、以非标准劳动关系掩盖标准劳动关系的隐蔽性"，[3]将平台用工等同于隐蔽雇佣。隐蔽雇佣的概念是国际劳工组织在《关于雇佣关系的建议书》第4条提出的，意指"雇主以一种掩盖着某人作为雇员的真实法律地位的方式不把他或她当作一个雇员对待"。[4]针对这一观点的评价是发现新就业形态创新

---

〔1〕　参见吴清军、李贞："分享经济下的劳动控制与工作自主性——关于网约车司机工作的混合研究"，载《社会学研究》2018年第4期。

〔2〕　随着工作机会的增加和累积，部分网络劳务提供者逐渐脱离典型雇佣劳动模式，从空闲参与转变为主营网络劳务，借此从"共享经济"中分离出"劳务需求主导型"（on-demand）的"零工经济"（gig economy）。See Antonio Aloisi, "Commoditized Workers. Case Study Research on Labour Law Issues Arising from a Set of 'On-Demand/Gig Economy' Platforms", 37 *Comparative Labor Law & Policy Journal*. 654 (2016).

〔3〕　袁文全、徐新鹏："共享经济视阈下隐蔽雇佣关系的法律规制"，载《政法论坛》2018年第1期。

〔4〕　国际劳工组织：《关于雇佣关系的建议书》（第198号建议书），载 https://www.ilo.org/wcmsp5/groups/public/---ed_norm/---normes/documents/normativeinstrument/wcms_r198_zh.pdf，最后访问日期：2021年2月2日。

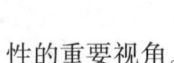

性的重要视角。

首先，平台用工在整体上不等同于隐蔽雇佣。如前所述，平台用工的类型多样，且处于不断发展变化中，不可能对平台用工作出整体性判断，任何关于平台用工法律问题的分析都应首先明确针对何种平台类型。不论是"去劳动关系化"还是"隐蔽雇佣"都不能对平台用工一概而论。因此，可以说平台用工中存在隐蔽雇佣的问题，但不能断言平台用工就是隐蔽雇佣。

其次，平台用工中存在隐蔽雇佣的问题。隐蔽雇佣的第一种情形是以民事关系掩盖雇佣关系，平台用工 A 模式下存在这种情况，相关文献引用的典型案例是"好厨师案"，[1]该案中合同约定内容与平台实际管理不符，[2]笔者认为"该案中的用工模式与常规劳动关系无差别"，[3]无疑构成隐蔽雇佣。隐蔽雇佣的另一种情形是"以非标准劳动关系掩盖标准劳动关系"，此处所指是在组织型平台 B 模式下，平台将业务外包给代理商，而代理商并非真正的雇主，只是承担着劳务派遣中介的角色。据此理解，这种隐蔽雇佣就是通常所说的"假外包、真派遣"。《劳务派遣暂行条例》第27条规定，用人单位以承揽、外包等名义，按劳务派遣用工形式使用劳动者的，按照本规定处理。由于平台用工的代理商 B 模式广泛存在，各地的规范不一致，存在一部分"假外包、真派遣"是可能的。

再次，隐蔽雇佣与模糊雇佣应明确区分。隐蔽雇佣是将劳务给付之从属性以其他法律形式予以掩盖，而模糊雇佣是劳务给付之从属性本身存疑。[4]在前述文献中，"闪送案"是用以论证隐蔽雇佣的基本材料之一，[5]但是此案与"好厨师案"的根本区别在于，合同约定内容与实际履行内容无明显差

　〔1〕　参见班小辉："'零工经济'下任务化用工的劳动法规制"，载《法学评论》2019年第3期；肖竹："第三类劳动者的理论反思与替代路径"，载《环球法律评论》2018年第6期。

　〔2〕　虽然该案中平台主张其仅提供在线预约厨师上门服务，但根据法院查明的事实，厨师须每天10点到公司办公室报到打卡，迟到扣钱，受公司管理，由公司负责派工，没有订单时厨师穿着工作服为公司上街宣传。平台亦在宣传中强调全职厨师为其特色。参见北京市第三中级人民法院（2017）京03民终11768号；北京市第三中级人民法院（2017）京03民终11769号。

　〔3〕　王天玉："互联网平台用工的合同定性及法律适用"，载《法学》2019年第10期。

　〔4〕　"模糊雇佣关系"是客观上难以确定的雇佣关系，其与"隐蔽雇佣关系"的区别请参见董保华："'隐蔽雇佣关系'研究"，载《法商研究》2011年第5期。

　〔5〕　参见北京市海淀区人民法院（2017）京0108民初53634号民事判决书。

别，闪送平台并未如好厨师平台一样实施直接的指挥管理行为。因此，"闪送案"可能涉及"模糊雇佣"，而很难说是"隐蔽雇佣"。笔者认为，目前学术争论主要是在组织型平台 C 模式下的劳动关系认定问题，可以结合"模糊雇佣"进行讨论，但并非"隐蔽雇佣"。

最后，不能用隐蔽雇佣来倒推平台用工的法律关系。隐蔽雇佣是劳动世界中长期存在的一种社会现象，平台用工产生之后亦不能豁免。既然隐蔽雇佣的实质是劳动关系，存在用人单位的指挥监督，则能够依据从属性理论予以辨识和认定。但是，不能借此逆向推理，即从平台用工中存在隐蔽雇佣出发，推论"网约工"均可认定劳动关系。[1]"好厨师案"作为平台用工中的不法特例可以证明存在隐蔽雇佣，但不足以证明平台用工均为劳动关系。

## 二、新就业形态对劳动关系从属性理论的挑战

### （一）劳动关系从属性理论形成的制度脉络

#### 1. 德国"自由雇佣"与"不自由雇佣"之区分

在德国民法中，委托合同是无偿的，而雇佣合同是有偿的，这使得二者能够清晰地区分。[2]要求委托须无偿是欧洲历史沿革的遗存。罗马法上，自由民提供一定精神或知识等劳务的合同被称为委托。[3]根据当时的思想，"知识型劳务被认为不宜与对价联系在一起"。[4]德国严格地继承了罗马法的委托无偿原则，《德国民法典》第 662 条规定，"受托人负有为委托人无偿处理委托人委托事务的义务"。[5]为了解决有偿提供劳务的问题，德国学者将雇佣契约分为提供高级及自由的劳务之雇佣契约、提供低级及不自由的劳务之雇佣

---

〔1〕　参见王全兴、王茜："我国'网约工'的劳动关系认定及权益保护"，载《法学》2018 年第 4 期。

〔2〕　Vgl. BAG 29.8.2012, NZA 2012, 1433.

〔3〕　参见黄立主编：《民法债编各论（下）》，中国政法大学出版社 2003 年版，第 501 页。

〔4〕　[日]我妻荣：《我妻荣民法讲义·债权各论》（中卷二），周江洪译，中国法制出版社 2008 年版，第 127 页以下。

〔5〕　王利明：《合同法研究》（第三卷），中国人民大学出版社 2012 年版，第 697 页。

契约。前者受雇人以自身的知识、技能、经验提供劳务，不丧失自主性；[1]后者受雇人受到雇用人指示权之拘束，丧失自主性，是为劳动契约。

由此就产生了一个问题，那就是判断雇佣合同中，受雇人是否丧失自主性？"自由""高级""低级"等抽象概念很难精确界定。他人决定的劳动和自主决定的劳动的区分在实践中产生了极大困难。为了解决这一难题，德国法院和主流学说认为，二者的区别在于"劳动给付义务人人身依附的不同程度"，[2]即从属性。故有学者总结德国法之特点在于，通说认为，劳动契约乃为雇佣契约之下位类型之契约，惟以从属性为其核心的特征，而有别于其他类型的雇佣契约。在德国"电视台记者的雇员身份案"中，[3]诉讼争议点为劳务提供人是雇员还是自雇者，即他人决定劳动还是自主劳动。法院认为，判断劳动关系是否存在的关键在于有义务提供劳动的一方是否对相对方有人格从属性。最为重要的依据是该合同关系所体现出来的典型特征，合同双方是否明确将其合同命名为劳动合同则无关紧要。

2. 日本法对从属性理论的继受

日本对从属性的吸纳则是基于委托可以有偿的民法框架。在委托的认识上，东亚地域文化显然不同于德国民法的历史传统，《日本民法》第648条承认委托基于特别约定可以有偿。对此，日本民法大师我妻荣先生认为，在今天的社会中发挥重要作用的委托，几乎都是依特别约定或习惯有偿的，无偿的委托反倒很少。[4]那么，委托与雇佣之间以是否有偿予以区分的德国模式就不再适用，故此日本学者指出，在日本民法中，委托包括有偿和无偿，"雇佣"则不包括自主劳动，此法律概念已经提炼。所以，德国采用"从属劳动"区分雇佣契约与劳动契约的做法，并不适用于日本民法框架。[5]

---

[1] 鉴于高级雇佣以事务的处理为标的，德国民法设置了解约的特别规定，并准用了大部分关于委托的规定。参见《德国民法典》第622条、第627条、第675条。

[2] ［德］雷蒙德·瓦尔特曼：《德国劳动法》，沈建峰译，法律出版社2014年版，第47页以下。

[3] 参见王倩、朱军：《德国联邦劳动法院典型判例研究》，法律出版社2015年版，第2页以下。

[4] 参见［日］我妻荣：《我妻荣民法讲义·债权各论》（中卷二），周江洪译，中国法制出版社2008年版，第127页。

[5] 参见［日］石井照久：《新版劳动法》，弘文堂1979年版，第7页以下。

借此，日本民法重新调整了委托与雇佣的结构，由此产生了两个问题：第一，民法上的雇佣契约与劳动法上的劳动契约关系为何？第二，雇佣与委托在同为有偿的情况下如何区分？

首先，雇佣契约与劳动契约的关系问题曾是日本劳动法讨论的重点，在是否承认二者相同的问题上形成持肯定意见的"同一说"与持否定意见的"峻别说"。学说发展至今，一般认为，劳动契约与雇佣契约的支撑理念不同，但其范围基本一致。用曾经持否定意见一方的话来说，"劳动契约与雇佣契约的差异，几乎仅限于理念层面，在法律适用上没有区别的必要"。[1]劳动法权威菅野和夫先生亦明确表示，雇佣契约与劳动契约基本上是同一概念。[2]该意见也得到了民法学者的支持，我妻荣先生表示："我认为民法上作为雇佣的契约都应由新劳动法原理加以调整，在这层意义上来说，全部这些都可以被认为是劳动契约。"[3]此学说观点亦多为司法判例所支持。[4]

其次，在明确雇佣契约与劳动契约具有同一性的基础上，委托与雇佣的区别等同于委托契约与劳动契约的区别，此二者在概念上比较容易区分：委托是"以处理一定事务的整体性劳务为标的，受托人保留了以自己的知识、经验及才干适当处理事务的自主性"。而雇佣是"利用劳务或劳动本身构成了其标的"。[5]依《日本劳动基准法》第9条，劳动者是"不论其从事何种职业，被企业或事务所所使用并被支付工资者"。其中"被使用"是指劳动实施（内容、方式等）中个人自由调整和决定的幅度被限制，要在他人的具体的管理指示下进行劳动。[6]可见，委托与雇佣的区别仍没有脱离德国法上的"自主决定劳动"与"他人决定劳动"之窠臼，日本法实际是将二者区分的场域从雇佣契约内部转移到雇佣契约与委托契约之间。虽然概念体系有变，但区

〔1〕　[日]本多淳亮：《劳动契约·就业规则论》，一粒社1981年版，第9页。

〔2〕　参见[日]菅野和夫：《劳动法》（第八版），弘文堂2008年版，第68页。

〔3〕　[日]我妻荣：《我妻荣民法讲义·债权各论》（中卷二），周江洪译，中国法制出版社2008年版，第9页。

〔4〕　参见[日]下井隆史：《劳动契约法的理论》，有斐阁1985年版，第24页。

〔5〕　[日]我妻荣：《我妻荣民法讲义·债权各论》（中卷二），周江洪译，中国法制出版社2008年版，第2页。

〔6〕　参见田思路、贾秀芬：《日本劳动法研究》，中国社会科学出版社2013年版，第51页。

分之实践难题对于德日却是一致的。虽然委托以"自主"为特征,但仍不能完全脱离委托人的指示。这就使得委托与雇佣的边界模糊。日本予以区分的标准亦为"从属性",或依据《日本劳动基准法》第 9 条称为"使用从属性"。

此标准为日本司法上区分雇佣与委托之基础,例如在"山崎证券事件"中,日本最高法院认为,证券外销员从事外销行为,接受和代办订单,独立承担相应的义务,从内容上看不是雇佣契约,而是委托或类似委托的契约,不适用劳动法。[1]此外,在"大平制纸事件"中,技术员与公司之间签订了业务委托合同,而日本最高法院认为该技术员的工作时间是确定的,并要服从该公司的指挥管理,所以虽然当事人签订了委托合同,但本质上应为雇佣合同。[2]

3. 小结

我国劳动法对劳动者保护最为直接的方式就是书面劳动合同。以此能够减少大量认定劳动关系的争议,以最便捷的途径施予劳动法保护,此时"从属性被劳动合同形式所吸收"不失为一种制度理性的体现。也正是由于一般劳动者的比例过大,以致劳动法的主要关注点下移,疏于对劳动者上端之群体的分析与类型化,并任由书面合同形式的强势惯性涵摄此类人群的劳动法适用问题,其结果是,一方面在劳动法内部造成了"从属性"与"书面合同形式"之间的张力乃至矛盾,另一方面也使司法实践在思考方法上陷入了"形式优先"的误区,愈发忽视了"从属性"作为实质标准应具有的基础性、决定性作用。

可见,从属性是对劳动者受指挥监督的实际劳动状态的概括,具有不以合同名称及当事人意思为转移的客观性。德国司法和文献对此的精辟表述是"如果合同约定与实际履行内容不一致,法律关系的认定不依据当事人所约定的合同类型及名称,而应依据具体案件中合同履行的全部事实"。[3]如果从劳动法制的宏观层面看,对从属性客观性的强调在于,其体现了劳动者因"受拘束劳动"而成为需要受到保护的社会阶层,此为劳动法根本所系,"劳动法

---

〔1〕 [日]"山崎证券事件",最高裁 1961 年 5 月 25 日第一小法廷判决,民集 15-5-1322。
〔2〕 [日]"大平製纸事件",最高裁 1962 年 5 月 18 日第二小法廷判决,民集 16-5-1108。
〔3〕 BAG, 15. 02. 2012-10 AZR 301/10.

制体系得以确立，乃是将劳动者视为群体的成员，超越个体层面的劳动合同，立基于劳动者这一身份所代表的特定社会地位"。[1]

（二）从属性标准构成的学理界说

从属性标准从德国传播至日本和我国，虽然被各国所采纳，然对于该标准之构成仍形成了多种不同理解，学界将其构成归纳为人格从属性、经济从属性、组织从属性。但对于此三者具体涵义、相互关系，以及是否都应纳入基础标准中，则多有意见相左之处。因此，我国劳动法对从属性标准的借鉴有必要甄别其各构成部分所根植的制度框架，应深入德、日等国家及地区的学说和司法脉络，借鉴从属性标准应有之共通性法理，用以检视本土经理合同之实质。

1. 人格从属性

在雇佣劳动过程中，劳动者给付劳务与其人身不可分离，所以雇主依据雇佣契约使用劳动力的过程，也就是对劳动者人身支配的过程，因此劳动者的人格也不可避免地处于被支配的地位。按照我妻荣先生的观点，使用人（雇主）的指挥命令权能只是便利其自身的利益，而不当地拘束劳务人（劳动者）的人格……从而使劳雇双方"形成了一定程度上的人格性结合关系"，[2]使此劳务共同体带有大量的人格法色彩。而在其他劳务供给契约中，例如委托，劳务与人格之间的不可分离也不会构成对债务人人格的不当拘束。

德国通说认为，从属性仅指人格从属性。德国联邦劳动法院在司法实践中将人格从属性的表征归纳为三点：第一，劳动者在雇主的指挥监督下给付劳务，劳动的时间、地点及方式等由雇主决定，劳动者不能自主决定；第二，劳动者进入雇主的经营或生产组织提供劳务；第三，劳动者给付劳务以实现雇主利益为目的。[3]需要指出的是，德国司法判断人格从属性的有无取决于个案的具体情况，并没有类似标尺一般可以准确测度各个案件，适用于所有

---

〔1〕　Robort Castel, "Die Metamorphosen Der Sozialen Frage", *Eine Chronik Der Lohnarbit* (Knostanz: UVK Verlagsgesellschaft, 2000, S. 286 ff).

〔2〕　参见［日］我妻荣：《我妻荣民法讲义·债权各论》（中卷二），周江洪译，中国法制出版社 2008 年版，第 4 页、第 13 页。

〔3〕　Vgl. BAG NZA 1993, 174, 175; 1992, 36, 37; 894, 895.

劳动情形的精确标准。[1]德国法院的此种做法也招来了批评，"盖实在太过于模糊，欠缺法律明确性，且欠缺法律安定性，常常完全取决于法院之主观恣意认定"。[2]虽然有批评者试图提出自己的替代方案，[3]但终归未被主流意见所接受。一直到今天，德国司法界和学术界的主流观点还是遵循人格从属性这一判断标准。

2. 经济从属性

学界对"经济从属性"的分歧相对较大，或许是来自于对"经济"的理解不同。

第一种学说将"经济"定位为劳动者为谋生而必须受拘束的劳动，日本学者川口美贵认为经济从属性与劳动者之生存权保障息息相关，劳动者提供劳动力为雇主所使用，除此之外再无生活来源，由此导致劳资双方不具备对等的谈判地位，形成了劳动者在经济上对雇主的从属。

第二种学说主张不考虑劳雇双方的实际经济实力，"受雇人完全被纳入雇主经济组织与生产结构之内，但与受雇人和雇主间之经济或财政状况无关，换言之，受雇人之经济状况未必不如雇主"。而其所主张的经济从属性之"重点在于受雇人并不是为自己之营业劳动，而是从属于他人，为该他人之目的而劳动"。[4]

第三种学说同样认为经济从属性来自劳动者谋生的需要，但不以谋生为决定性要件，该学说认为即使受雇劳工不必依靠工资薪金维持生计，亦未能动摇其对于劳动条件先天上欠缺参与决定的事实。拥有财产的劳工对于雇主提供工作的要约同样只能选择接受或者拒绝，不因自身财富之多寡而在劳动条件的决定上取得优势。此外，经济从属性的另一个表现"在于劳务给付之当事人在经济上有相当程度的紧密联络"，包括使用雇主提供的生产工具、原材料以及工作场所，但不承担雇主的经营风险。

---

[1] Vgl. BAG NZA 1992, 36, 37; 407, 408f. ; 899, 900.

[2] 黄程贯：《劳动法》，空中大学出版社 1997 年版，第 70 页。

[3] 批评者中最著名的是 Rolf Wank 的"经营风险理论"，以劳务提供者与经营成败是否关联来决定其是雇员还是自雇者。参见王倩、朱军：《德国联邦劳动法院典型判例研究》，法律出版社 2015 年版，第 13-17 页。

[4] 黄越钦：《劳动法新论》，中国政法大学出版社 2003 年版，第 95 页。

3. 组织从属性

日本部分学者提出组织从属性的主张，乃是针对现代企业科层结构下组织劳动方式的转变。吉田美喜夫教授认为现代就业形态的特征是"指挥命令淡化""第三者使用"等，应在"人格从属性"的基础上重视"企业组织的从属性"，劳动者提供劳动力以及雇主对劳动力的使用都是在企业组织内完成的，此为劳动力市场所内含之从属性。[1]恒腾武二教授则从"组织从属论"的立场提出了具体的判断标准：一是对生产经营所需设备和资本的支配及管理权限；二是使用劳动力的指挥命令方式；三是劳动条件的如何确定。[2]

（三）从属性标准构成之厘定

我国司法虽然肯定从属性为劳动关系认定标准，但对从属性的使用却并不一致，大致有四种方式：仅使用"从属性"，不予以展开说明；[3]使用人格和财产从属性；[4]使用人格和经济从属性；[5]使用人格、经济、组织从属性。[6]各地法院对于人格从属性基本能够从"指挥监督"的本意来把握，而对"组织""经济""财产"则各有解释，以致涵义相互交叉，多有出入。可见，司法对于从属性理解尚不清晰，必应先从学理上予以厘清。

首先，人格从属性的核心应为"受拘束下的服从"。雇主对劳动者的指挥监督之所以能够形成人格从属，本质在于劳动者给付劳动的"不自由"。与委托相对比，可发现如下特点：（1）过程控制。雇主的指挥命令是对劳动过程的控制，劳动者无权拒绝雇主的指示，不得违反工作时间、地点、方式等安排。雇主通过对每个劳动者的指示实现劳动力的组合，以达到其所追求的劳

---

〔1〕 参见 [日] 吉田美喜夫：《谁是劳动者》，载《劳动研究杂志》2004 年第 525 号。

〔2〕 参见 [日] 恒藤武二：《劳动基准法》，光明书房 1979 年版，第 36 页。

〔3〕 参见（2015）盱民初字第 01265 号；（2015）鄂黄石中民一终字第 00063 号；（2015）永中法民二终字第 82 号；（2015）遂中民终字第 146 号；（2015）宿中民三终字第 00215 号。

〔4〕 参见（2015）渝二中法民申字第 00049 号；（2015）沪一中民三（民）终字第 299 号；（2014）渝一中法民终字第 06495 号；（2015）开法民初字第 01187 号；（2014）长中民四终字第 05675 号。

〔5〕 参见（2015）东民一终字第 115 号；（2015）徐民终字第 1380 号；（2015）徐民终字第 1224 号；（2015）南中法民终字第 195 号；（2014）渝一法民终字第 07314 号。

〔6〕 参见（2009）甬鄞民初字第 95 号；（2015）淮中民终字第 01291 号；（2015）长中民四终字第 02684 号；（2015）常民二终字第 491 号；（2015）滁民一终字第 00371 号；（2015）渝高法民申字第 00445 号。

动效果或经营成果；而委托中，委托人将待处理事务整体性地交予受托人，故指示多是关于其意欲追求的结果，而过程则由受托人依自身经验、技能掌握。（2）指示频率。在雇佣中，雇主的指挥命令是在合同期内频繁、细致地作出的，方式可以是书面或口头指示，也可以是规章、工作手册、操作规范等制度化安排；而委托中，委托人不可能事无巨细地指示受托人，更不能在合同中作出类似制度化的安排。（3）拘束强度。有偿委托中，委托人与受托人可约定违约责任，此可视为对受托人的一种约束，只是违约的认定是对合同履行结果是否达到缔约目的的评判；而在雇佣劳动过程中，劳动者给付劳务的全程受到雇主的监督，有违反规章制度者将受到惩戒，直至解雇，借此形成了雇主的权威，也实现了"对劳工内心活动过程的干涉与强制"。

其次，经济从属性应限定为两个方面，劳动者在积极意义上使用雇主提供的劳动条件，给付劳动并获得工资；在消极意义上不承担雇主的生产经营风险。（1）对于经济从属中"劳动谋生"的理解，笔者认为应当分为两个方面：其一，坚持工资是劳动的对价。既然雇佣的标的是劳务或劳动力本身，那么劳动者受雇主拘束给付劳动应当获得相应的对价，体现了雇佣合同所包含之交易关系。其二，不考虑劳动是否以谋生为目的。随着社会经济的发展和财富的积累，个人谋生的手段日趋多元化，亦有大量家庭财富可事实上免除一部分人的劳动需要。虽然绝大多数就业人口需从事职业劳动，但劳动者作为一个只能出卖劳动力的赤贫阶层的现象已经消失。[1]所以，劳动者是否比雇主更富有、是否以工资谋生等问题虽与劳动法相关，但不是从属性所涵摄的要点。（2）劳动者借助雇主提供的劳动条件给付劳务。传统上理解劳动条件包括生产经营场所、设备、原材料等，但在现代商事活动日益广泛的推动下，应当拓展到雇主的生产经营组织、经销网络等，例如销售业务员的工

---

〔1〕 作为一个例证，德国在 1930 年之前帝国劳动法院时期采用经济从属性作为认定劳动关系的标准，但以 1930 年 2 月 15 日判决为分界开始采纳人格从属性。RAG, ARS 8, 451, 452. 促成此转变的社会背景是：20 世纪初，最普遍、最典型的雇员是工厂里的工人，他们基本都是贫困的无产阶级，完全靠出卖劳动力来养活自己和家人，工作是他们唯一的经济来源。后来，人们逐渐认识到，经济从属性既不是认定劳动关系的必要条件，也不是充分条件。虽然大多数雇员都是靠自己的工作养家糊口，但也有不少例外，比如某人继承了多处房产，房租收入丰厚，但并不妨碍他去银行当职员。参见王倩、朱军：《德国联邦劳动法院典型判例研究》，法律出版社 2015 年版，第 13 页。

作条件。(3) 劳动者不承担雇主的经营风险。雇主对经营的成败应自主把握，其对劳动力的调配运用以实现营业目标是其能力的体现，而劳动者所给付的劳务仅是服务于雇主目标的实现。无论经营之盈亏，基于雇佣合同的劳动债权均不受影响。

最后，组织从属性没有必要单列。组织从属性所主张的在现代公司科层结构下，劳动者接受指挥监督的方式已发生改变等观点，实质是人格从属性的另一种表述。而劳动者进入雇主组织，成为生产经营之一环的说法，乃是经济从属性的内容之一。至于医生、会计、工程师等专业人员之人格从属性是否欠缺，雇主能否对其劳动内容加以干涉的意见，我妻荣先生早已指出，"所谓使用人（雇主）拥有指挥命令权能，并不是针对劳务人给付的劳务内容，而是意味着就其劳务面向什么样的目的、如何发挥作用——其配置、排列、组合等——拥有指挥权能"。[1]可见，组织从属性的提出是对人格从属性和经济从属性缺乏领悟所致，没有必要单列为从属性标准构成要件之一。

综上，从属性应当包括人格与经济两项要件，其中人格从属性把握了雇佣劳动的本质，应为主要要件；经济从属性重在描述劳动过程，应为次要要件。

（四）"控制"与"自主"的迷思

平台用工的事实在研究中为研究者所关注的两个最具法律意义的要点是：一方面平台通过评分机制和数据收集对劳动者的服务过程进行控制，以网约车为例，"司机完成工作的方式与工作环境受到评分机制的管控……评分机制暗含监督管理权与冲突的转移"。[2]另一方面劳动者享有很大的工作自主权，能够决定是否工作、何时工作以及何地工作，这是常规劳动关系下不可能存在的。

1. 关注"控制"的学者主张平台与劳动者之间成立劳动关系

在德国学界，Kocher 和 Hensel 主张平台与劳动者之间存在劳动关系最主

---

〔1〕 ［日〕我妻荣：《我妻荣民法讲义·债权各论》（中卷二），周江洪译，中国法制出版社 2008 年版，第 10 页。

〔2〕 参见吴清军、李贞："分享经济下的劳动控制与工作自主性——关于网约车司机工作的混合研究"，载《社会学研究》2018 年第 4 期。

要的证据是平台建立了针对劳动者的反馈、评价和排名体系,[1] Krause 提出顾客评价的标准是平台设定的,平台在与劳动者的合同中单方面决定了强制性的服务方式,例如使用车辆的类型和状况、劳动者面对顾客的衣着和举止。[2]

我国学者对平台控制的评价分为两种:一种认为平台对劳动者的控制比常规劳动关系更强,例如常凯教授指出"劳动者在平台上的任何操作都在互联网企业已设定的程序范围之内,可以说,互联网企业无时无刻不在对平台劳动者下达工作指令、进行工作指挥……互联网经济中的劳动者受到相比传统企业中的直接监控更加严格的人格约束"。[3] 谢增毅研究员亦认为"相比传统劳动关系,从某种意义上看,平台企业对工人的控制不是减少了而是加强了"。[4]

另一种观点认为平台对劳动者的控制比常规劳动关系更弱,结果是劳动者的从属性随之减弱。为了描述这一状态,现有文献发展出了"非典型劳动关系"的概念,张素凤副教授在网约车的研究中提出"专车软件运营商和专车司机之间形成了一种从属性弱化、用工关系性质模糊的非典型劳动关系"。[5] 田思路教授主张,网络平台共享劳动等灵活就业形态弱化了从属性,"比如从业者依据用户企业或网络平台公司的指示提供服务,具有了部分从属性的特征,处于雇佣与自营业的中间领域"。[6]

2. 关注"自主"的学者主张平台与劳动者之间不成立劳动关系

德国学者 Lingemann 和 Otte 认为,即使平台用工存在几项劳动关系的特征,但法院在多数案件中都否定了劳动关系,一个主要原因是劳动者有充分

---

〔1〕 Vgl. Kocher, Hensel. "Herausforderungen des Arbeitsrechts durch digitale Plattformen – ein neuer Koordinationsmodus von Erwerbsarbeit." NZA [J]. 2016 (16): 984.

〔2〕 Vgl. Krause. "Herausforderung Digitalisierung der Arbeitswelt und Arbeiten 4.0." NZA – Beilage [J]. 2017 (2): 53-59.

〔3〕 常凯、郑小静:"雇佣关系还是合作关系?——互联网经济中用工关系性质辨析",载《中国人民大学学报》2019 年第 2 期。

〔4〕 谢增毅:"互联网平台用工劳动关系认定",载《中外法学》2018 年第 6 期。

〔5〕 张素凤:"'专车'运营中的非典型用工问题及其规范",载《华东政法大学学报》2016 年第 6 期。

〔6〕 田思路:"工业 4.0 时代的从属劳动论",载《法学评论》2019 年第 1 期。

的自由来决定在何时以及何地提供服务。[1] Schubert 指出，劳动者并不是在平台指令下进行常规性工作。[2] Bourazeri 主张，平台的技术标准和质量要求并不是雇主的指示权，而仅是给付劳务方式的描述。[3]

我国持此观点的学者主张平台用工不符合劳动关系从属性标准，其中于莹教授指出，"由于劳动提供者可以自己掌握工作的时间和强度，其人格的从属性很弱。在报酬上，劳动提供者一般是按次计酬，平台并不控制工资，经济上的从属性也相对弱化。另外，此时劳动提供者更是不从属于企业的体系，也未纳入企业组织之中，组织的从属性也较难符合，不符合从属性理论的要求"。[4] 班小辉副研究员认为，平台用工作为"零工经济的任务化用工"，劳动者"受到平台企业控制的特征并不明显"，与常规劳动关系相比，平台用工"削弱了用工关系的继续性、模糊了用工关系的人身从属性、弱化了用工关系的组织从属性、降低了用工关系的经济从属性"。[5] 娄宇副教授更是直接指出，"劳动者参与经济生活和获取报酬的方式也发生了本质的变化，他们不再是雇主组织中的雇员，而演变成为与平台企业合作的自我雇佣者"。[6]

3. 小结

现有讨论未能形成共识的症结在于，平台对劳动者的控制相比于常规劳动关系中雇主对劳动者的控制是更强了还是更弱了？这一问题的答案决定着劳动者是否具有劳动关系下劳动者的从属性，如果平台控制更强了，那么以现有的从属性理论应该能够清晰认定，平台用工的问题也就是现有从属性规则的执行问题；如果平台控制更弱了，导致"模糊雇佣"，那么是否应修正现有的从属性理论和标准，将平台用工纳入劳动法调整？抑或根据平台用工的特点，另行构建保障机制？可见，无论如何提问，从属性都是绕不过去的

---

〔1〕　Vgl. Lingemann, Otte. "Arbeitsrechtliche Fragen der economy on demand". NZA 2015（17）: 1043ff.

〔2〕　Vgl. Schubert. "Neue Beschäftigungsformen in der digitalen Wirtschaft-Rückzug des Arbeitsrechts?". RdA. 2018（4）: 200-203.

〔3〕　Vgl. Bourazeri. "Neue Beschäftigungsformen in der digitalen Wirtschaft am Beispiel soloselbstständiger Crowdworker". NZA. 2019（11）: 741-744.

〔4〕　于莹："共享经济用工关系的认定及其法律规制——以认识当前'共享经济'的语域为起点"，载《华东政法大学学报》2018 年第 3 期。

〔5〕　班小辉："'零工经济'下任务化用工的劳动法规制"，载《法学评论》2019 年第 3 期。

〔6〕　娄宇："新就业形态群体的社会保险制度设计"，载《中国医疗保险》2020 年第 1 期。

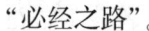
"必经之路"。

（五）从属性理论对新就业形态的解释困境

学界公认从属性是劳动关系的本质特征，是劳动者在雇主指挥监督下给付劳务的法律抽象，但对于从属性的构成、各构成要件的内涵、从属性的判断则尚未形成共识，与平台用工相关的分歧包括如下几方面。

第一种观点认为应坚持现有从属性标准，"传统劳动关系概念和判定标准具有较强的弹性和适应性。并非完全过时，仍可包容网络平台用工关系"，[1]现有的问题是面对用工关系的新形式，"直接套用现有的法律规定会面临适应性问题"，[2]相应的对策是"应该在坚持劳动关系的认定标准以及相应劳动立法的基础上，针对平台以及平台从业者的特点进行针对性的适当调整"。[3]可见，该观点建立在平台用工之控制更强，符合现有从属性标准的基础上。

第二种观点认为应修正从属性理论以放宽劳动关系认定标准，如王全兴教授认为，"依据劳动关系是从属性、继续性之用工关系的原理，以部分组织从属性、外部经济从属性、继续性等要素探索据以认定非典型劳动关系的指标系列……将从属性达到一定程度且有继续性的'网约工'认定为非典型劳动关系"，并有选择地适用劳动法保护手段。[4]田思路教授指出，"即使从业者没有人的从属性，但被认为存在经济的从属性时，可以较为广泛地对符合劳动契约目的的法律规定加以适用，并提供与该从属性程度相对应的一定的法律保护"。[5]可见，该观点认为平台用工之控制程度弱，按照现有从属性标准难以认定劳动关系，因此通过修正或放宽标准，实现适用劳动法之目的，并且借由"非典型劳动关系"的定位使得平台用工的劳动法保护有别于常规劳动关系。

〔1〕谢增毅："互联网平台用工劳动关系认定"，载《中外法学》2018 年第 6 期。

〔2〕常凯、郑小静："雇佣关系还是合作关系？——互联网经济中用工关系性质辨析"，载《中国人民大学学报》2019 年第 2 期。

〔3〕范围："互联网平台从业人员的权利保障困境及其司法裁判分析"，载《中国人力资源开发》2019 年第 12 期。

〔4〕参见王全兴、王茜："我国'网约工'的劳动关系认定及权益保护"，载《法学》2018 年第4期。

〔5〕田思路："工业 4.0 时代的从属劳动论"，载《法学评论》2019 年第 1 期。

　　第三种观点认为应坚持现有从属性标准认定劳动关系，既然平台用工不符合现行标准，那么就不是劳动关系，应创设一种新型法律关系。班小辉副研究员认为，应将劳动法的调整对象从传统的"劳动关系"转变为"工作关系"，"将在经济依赖地位下亲自提供劳务的就业主体纳入劳动法的保护范围"。[1]于莹教授认为"在劳务关系与劳动关系的中间建立第三种用工关系模式——零工关系"，不纳入劳动法调整，但给予工资、工时和社保方面的保障。[2]

　　综上，从属性分歧之根源仍在于对平台控制的不同判断，由此导致劳动关系定性的不同结论，以及是否适用劳动法和如何适用的不同观点。笔者所理解的各方论证逻辑如图1-5所示。

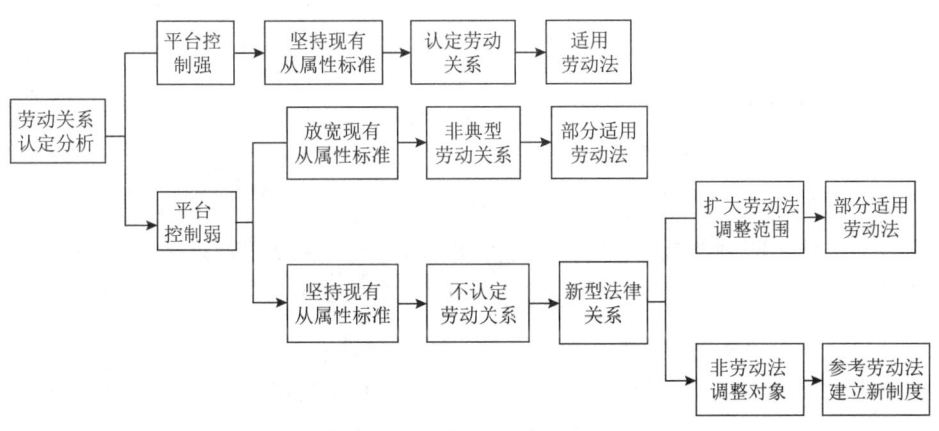

图1-5　从属性学理分歧

## 三、司法裁判面临的困境

### （一）司法裁判分析的必要性

　　法院对外卖平台灵活用工模式法律关系的判断具有权威性。在此类争议的判决书中，原告与被告双方会按照法定标准举证证明双方之间的关系，平

--------

〔1〕　班小辉："'零工经济'下任务化用工的劳动法规制"，载《法学评论》2019年第3期。

〔2〕　参见于莹："共享经济用工关系的认定及其法律规制——以认识当前'共享经济'的语域为起点"，载《华东政法大学学报》2018年第3期。

台一方通常会说明已有的几种劳动力组织模式，以及在特定案件中双方按照什么模式合作。在积累足够案例样本之后，可以发现不同平台在多个案件中的组织模式能够相互印证，这就揭示了现有外卖平台的主要类型。

另外，外卖平台形态多元、五花八门，即便通过调研和访谈的方式，也难以获得外卖平台最真实、全面的情况。但是，平台在诉讼过程中必须按照实际情况提交证据，全面细致地说明外卖平台的组织方式、报酬支付、管理细节，经过法院考察、验证的事实，具有充分的客观性。并且判决书涉及的外卖平台类型多样，不局限于某一个行业，根据案件发生的情形和比例，能够较为全面地反映当前中国外卖平台的现状。

判决书除了提供充分的外卖平台事实之外，还能够系统展示法律对于外卖平台的立场。由于外卖平台要通过制度建设予以规制，而外卖骑手的权益也需要法律予以保障，因此在当前法律视野下，外卖平台的性质判断、症结分析就显得尤为重要。

（二）司法裁判的规范基础

虽然平台用工已经成为普遍化、规模化的工作方式，但是现有法律体系尚未对此作出明确的规定。《网络预约出租汽车经营服务管理暂行办法》第18条规定"网约车平台……根据工作时长、服务频次等特点签订多种形式的劳动合同或者协议"，此规范属于"当事人选择模式"，实质上回避了平台与劳动者之间的关系定性问题。《电子商务法》第9条规定了"电子商务经营者"，在外延上涵盖外卖平台中的劳动者，将其作为"平台内经营者"的一种类型，即"通过电子商务平台提供服务"的自然人。[1]但是，该法亦未指明平台内经营者与平台之间的关系性质，仅在第47条中规定，"电子商务当事人订立和履行合同适用本章、《中华人民共和国民法总则》《中华人民共和国合同法》《中华人民共和国电子签名法》等法律的规定"，与前述"多种形式的劳动合同或者协议"没有实质差异，仍是"当事人选择模式"。该法规定特

---

[1] 《电子商务法》第9条第1款规定：本法所称电子商务经营者，是指通过互联网等信息网络从事销售商品或者提供服务的经营活动的自然人、法人和非法人组织，包括电子商务平台经营者、平台内经营者以及通过自建网站、其他网络服务销售商品或者提供服务的电子商务经营者；第3款规定：本法所称平台内经营者，是指通过电子商务平台销售商品或者提供服务的电子商务经营者。

别之处仅限于登记豁免，即第 10 条所规定的"个人利用自己的技能从事依法无须取得许可的便民劳务活动"不需要进行登记。

但是，这种立法上的"当事人选择模式"无法适用于外卖平台用工模式。如果平台有意与劳动者订立劳动合同，则会选择平台雇佣模式或代理商雇佣模式，将其纳入基础运力。而在基础运力之外的灵活用工模式下，劳动者与平台之间几乎不存在合同选择权，完全是平台在软件中提供合同选项，劳动者只能选择同意或离开，当然合同选项中没有劳动合同。在中国法律框架下，以劳务交易为标的的合同类型分为劳动合同与民事合同两大类，后者包括承揽、委托等多种具体类型。这两大类合同的根本区别在于劳动合同包含大量的强制性规定，劳动法对劳动者的保障全面、系统，并且水平较高，雇主对雇员的职务行为承担责任。而民事合同则无此类强制性规定，平台用工中的劳动者通常要为自己的行为负责。这种区分的根据在于，劳动合同下雇员被视为在雇主的指挥下工作，缺乏自身的独立性，是"从属劳动"；而民事合同下的劳务使用者与提供者则被视为地位平等的主体，是"独立劳动"。基于此形成的立法框架是"从属劳动—独立劳动"的二元结构。对于平台来说，劳动合同的强制性规范意味着更高的成本，因此平台的理性选择当然是与劳动者订立民事合同。在平台与劳动者之间，前者居于强势地位，后者作为个体根本没有议价能力。所谓"当事人选择模式"，实际是"平台选择模式"，其结果必然是民事合同。

（三）外卖平台创新模式争议案件梳理

外卖平台虽然作出了民事合同的选择，但一旦骑手与平台发生争议，其可以向法院起诉重新判断二者之间的关系性质，法院也可以在审判中自主作出判断，以便确定责任分担。此时，立法回避的关系定性难题就变成了法院的裁判争点，衍生出司法分歧。在"中国裁判文书网"上检索 2014—2019 年外卖平台争议判决，[1]排除平台或其代理商雇用劳动者的平台雇佣和代理商

---

〔1〕　本书设置的检索年限是判决作出日期在 2014 年 1 月 1 日至 2019 年 12 月 31 日之间，原因在于 2014 年是外卖平台起始之年，相关争议开始显现。至 2019 年底已积累足够的判决，能够形成对司法裁判观点和分歧的全面认识。此外，判决书编号中的年份是指法院受理案件的时间，而法院作出判决需要一定时间，导致部分案件受理时间与判决时间不是同一年。

雇佣模式，仅针对灵活用工模式，至 2019 年年底已作出判决的案件有 102 件，主要涉及代驾、送餐、快递等网络劳务行为。在时间分布上可见 2014 年至 2016 年争议数量较少，至 2017 年开始大量增加，此后未呈现增长趋势，参见表 1-1。

表 1-1　外卖平台创新模式争议的年度分布

| 年度 | 案件数量（件） | 比例（%） |
| --- | --- | --- |
| 2014 | 4 | 4 |
| 2015 | 4 | 4 |
| 2016 | 3 | 3 |
| 2017 | 41 | 40 |
| 2018 | 31 | 30 |
| 2019 | 19 | 19 |
| 合计 | 102 | 100 |

争议主要发生在外卖平台最为发达的城市，以北京、上海为代表，这两个城市中发生的案件数量占总数量的一半以上。随着外卖平台的拓展，其他主要城市，始出现此类争议，参见表 1-2。

表 1-2　外卖平台创新模式争议的地域分布

| 城市 | 案件数量（件） | 比例（%） |
| --- | --- | --- |
| 北京 | 33 | 32 |
| 上海 | 27 | 26 |
| 天津 | 9 | 9 |
| 广州 | 5 | 5 |
| 南京 | 4 | 4 |
| 杭州 | 4 | 4 |
| 重庆 | 4 | 4 |
| 苏州 | 2 | 2 |
| 福州 | 2 | 2 |

续表

| 城市 | 案件数量（件） | 比例（%） |
|---|---|---|
| 西安 | 1 | 1 |
| 成都 | 1 | 1 |
| 青岛 | 1 | 1 |
| 宁波 | 1 | 1 |
| 大连 | 1 | 1 |
| 无锡 | 1 | 1 |
| 常州 | 1 | 1 |
| 威海 | 1 | 1 |
| 咸阳 | 1 | 1 |
| 新乡 | 1 | 1 |
| 曲靖 | 1 | 1 |
| 滁州 | 1 | 1 |
| 合计 | 102 | 100 |

外卖平台争议案件的情节普遍简单，基本不存在证据方面的困难，平台与劳动者对于事实部分几乎没有异议，争议集中在二者之间的关系定性上。从审级上可以看出，多数案件在一审终结，当事人服从了法院的判决。少数案件进入了二审程序，参见表1-3。

表1-3　外卖平台创新模式争议的审级分布

| 审级 | 案件数量（件） | 比例（%） |
|---|---|---|
| 一审 | 72 | 71 |
| 二审 | 30 | 29 |
| 合计 | 102 | 100 |

二审法院秉持了相对保守的立场，在30件案件中仅有3件改判。可见，在无成文法规定依据，又未形成司法审判共识的情况下，二审法院倾向于尊

重一审法院对于平台与劳动者之间的关系定性。要说明的是，一个案件通常包含多个诉讼请求，一审作出判决后，二审会对全部诉求请求的判决结果进行审查。本书仅考察二审法院对关系定性的裁判结果，参见表1-4。

表1-4　外卖平台创新模式争议的改判分布

| 二审结果 | 数量（件） | 比例（%） |
| --- | --- | --- |
| 维持一审 | 27 | 90 |
| 二审改判 | 3 | 10 |
| 合计 | 30 | 100 |

（四）外卖平台创新模式争议的裁判要点

外卖平台争议起因分为两种主要类型：一种是劳动者请求法院认定其与平台之间是劳动关系，其中较为常见的情形是劳动者在送外卖过程中受伤，希望通过认定劳动关系的途径获得工伤保险待遇。另一种是劳动者在送外卖过程中致第三人损害，就损害赔偿责任承担的问题，法院须判断平台与劳动者之间的合同关系。两类案件均基于同样的用工模式，在劳动事实上几乎没有差别，不存在证据难题，平台与劳动者对于事实认定部分也基本不存在异议。正是由于法律规定的空白，使得司法对于平台与劳动者之间的关系定性具有决定性影响。如果法院认定为劳动合同，则由平台对劳动者自身伤害及其造成的第三人损害承担雇主赔偿责任；如果法院认定为民事关系，则由劳动者个人承担责任。参见表1-5。

表1-5　外卖平台创新模式争议的起因

| 争议起因 | 案件数量（件） | 比例（%） |
| --- | --- | --- |
| 劳动者请求法院认定其与平台之间的劳动关系 | 20 | 20 |
| 劳动者自己受伤，希望获得工伤保险待遇 | 15 | 15 |
| 劳动者未受伤，希望获得其他劳动法利益 | 5 | 5 |
| 劳动者发生交通事故致第三人损害 | 82 | 80 |
| 合计 | 102 | 100 |

在劳动者请求法院认定劳动关系的案件中，如果劳动者未受伤，仅主张认定劳动关系，从现有判决来看不会获得支持；而如果劳动者自己受伤，有迫切的医疗需求，则有较大概率获得法院的支持。一个可能的原因在于，法院在无成文法明确规定的情况下，实际上享有较大的自由裁量权，往往出于人道主义和扶助弱者的考虑扩大解释劳动关系，在通常不涉及其他劳动关系利益的情况下，仅就工伤赔偿的诉讼请求判定劳动关系，平台亦具有足够的实力承担此项赔偿，避免受伤劳动者的生活陷入困境，从而达到较好的社会效果。实践中，平台通常会为劳动者购买人身保险，额度基本在 10 万元人民币，能够覆盖多数轻微伤害。但如果劳动者受到严重伤害，通常是交通事故导致骨折，后续治疗费用则超出保险金额。在一起案件中，劳动者在履行平台快递订单过程中受伤严重，前期治疗用尽保险赔偿后无力进行下一阶段的治疗。对此，法院通过认定劳动关系的方式帮助其获得平台的工伤赔偿，使其能够继续治疗。[1]参见表 1-6。

表 1-6　请求认定劳动关系的案件判决结果

| 判决结果 | 案件数量（件） | 比例（%） |
| --- | --- | --- |
| 认定劳动关系 | 5 | 25 |
| 　劳动者自己受伤，希望获得工伤保险待遇 | 4 | 20 |
| 　劳动者未受伤，希望获得其他劳动法利益 | 1 | 5 |
| 否定劳动关系 | 15 | 75 |
| 　劳动者自己受伤，希望获得工伤保险待遇 | 11 | 55 |
| 　劳动者未受伤，希望获得其他劳动法利益 | 4 | 20 |
| 合计 | 20 | 100 |

中国当前常见的平台用工形式均涉及交通运输，如代驾、送餐、快递，因此交通事故是造成伤害的最大原因。除劳动者自身损害之外，大量情况是劳动者在交通过程中造成第三人的人身或财产损害，导致第二类案件数量占多数。受损害的第三人是社会中的不特定对象，可以理解为社会公众。也就

---

〔1〕　北京市海淀区人民法院（2017）京 0108 民初 53634 号。

是说，任一参与公共交通的社会公众都有可能受到用工平台的侵害，这已经成为一种社会风险。究其原因，平台虽然对于劳动者的服务有多项要求，但对于其是否遵守交通规则处于放任的状态。遵守交通规则意味着在途时间的延长，结果是用工平台效率的降低，劳动者在单位时间内完成订单数量的减少也意味着收入的降低。因此，平台放任劳动者交通违法乃是一种理想的选择，旨在追求平台效率的最大化，但是这种做法将平台效率的成本转嫁给了社会公众，由此产生用工的社会风险。从现有的判决来看，法院对于这种社会风险如何分配并未形成清晰的认识。有一半以上（65%）的案件判定由劳动者个人承担责任，但是平台劳动提供者大多是进城务工人员，根本无力承担损害赔偿责任，即便作出判决往往也难以执行。另一方面，平台具备承担责任的能力，但在法律适用的逻辑上必须以劳动关系为前提，以便说明为什么平台作为侵害行为之外的主体要对他人造成的损害承担责任。鉴于用工平台与劳动关系的显著区别，作出平台承担责任的判决须扩大解释劳动关系，虽然在法律逻辑上不够周延，但为了达到较好的社会效果，分配社会风险，有较多的法院（35%）作出了这种判决。一个特例是认为劳动者与平台应该分摊赔偿责任，该判决难掩法院面对的困境，既认定了劳动关系，但又未按照劳动关系判定由平台承担全部责任，而是提出这是一种新型用工关系，应由双方分摊该责任。[1]法院所处的困境显示出法律对用工平台规制的不足，既看到了用工平台不同于劳动关系的特点，但又缺乏法律概念和规则予以调整，参见表1-7。

表1-7　劳动者致第三人损害的案件判决结果

| 判决结果 | 案件数量（件） | 比例（%） |
| --- | --- | --- |
| 认定劳动关系，平台对第三人承担雇主责任 | 29 | 35 |
| 否定劳动关系，劳动者个人对第三人承担责任 | 52 | 64 |
| 认定劳动关系，劳动者与平台分摊责任 | 1 | 1 |
| 合计 | 82 | 100 |

[1]　重庆市渝北区人民法院（2018）渝0112民初438号。

用工平台争议案件的事实虽然清楚，但是法院在劳动关系认定上关注不同的行为特征，导致判决结果存在差异。

第一类判决认为，劳动者与网络平台构成劳动关系、劳务关系或雇佣关系。此类判决数量较少，均是劳务履行过程中发生人身或财产损害，其中少数是劳动者自身损害，多数是劳动者造成第三人人身或财产损害。法院通过判断劳动者与平台之间的法律关系以便确定责任主体，考察的要点包括劳动者从事平台经营的业务、接受平台的管理并受相关制度约束、由平台给付劳动报酬等。不同法院在合同关系定性上分别使用了"劳动关系"〔1〕"劳务关系"〔2〕"雇佣关系"〔3〕三种不同概念，也有个别法院未明确予以定性，仅使用"工作人员""执行职务"的描述性概念。〔4〕

法院在此类判决中采取了两种分析路径：一是依据原劳动和社会保障部发布的《关于确立劳动关系有关事项的通知》所列举之要素进行劳动关系认定，确认劳动关系，由平台承担用人单位责任；二是少数法院不进行劳动关系认定，借由"劳务""雇佣""工作人员""执行职务"等替代性概念，只要能够引入2009年公布的《侵权责任法》第34条第1款"用人单位的工作人员因执行工作任务造成他人损害的，由用人单位承担侵权责任"，由平台承担责任，即可完成归责，无须延伸至劳动法体系，亦可回避基于劳动关系的其他保障事项。〔5〕

---

〔1〕　参见北京市海淀区人民法院（2017）京0108民初53634号民事判决书、重庆市第五中级人民法院（2017）渝05行终351号行政判决书。

〔2〕　参见西安市中级人民法院（2017）陕01民终11374号民事判决书。

〔3〕　参见上海市浦东新区人民法院（2014）浦民一（民）初字第37776号民事判决书、广州市中级人民法院（2017）粤01民终13837号民事判决书、上海铁路运输人民法院（2017）沪7101民初621号民事判决书、上海铁路运输人民法院（2017）沪7101民初617号民事判决书、天津市第二中级人民法院（2017）津02刑终62号刑事判决书。

〔4〕　参见杭州市中级人民法院（2017）浙01民终4425号民事判决书、上海市第一中级人民法院（2017）沪01民终10822号民事判决书、上海市闵行区人民法院（2017）沪0112民初12313号民事判决书。

〔5〕　例如，在一起认定平台与劳动者之间是"雇佣关系"的案件中，法院指出："工作场所、工作时间以及按月获取劳动报酬均属于认定双方之间是否存在劳动关系的考量因素，但不妨碍双方之间成立雇佣关系。"参见广州市中级人民法院（2017）粤01民终13837号民事判决书。在另一起认定劳动者属于"履行职务行为"的案件中，法院判决平台向受害第三人承担赔偿责任后指出，平台与劳动者之间"是何种法律关系，与本案所涉人身损害赔偿纠纷无关，双方可依据约定另行处理"。参见上海市第一中级人民法院（2017）沪01民终10822号民事判决书。

第二类判决认为，平台与劳动者不构成劳动关系。此类判决数量较多，包括两类：一种较少的情形是劳动者诉请法院认定劳动关系，以便获得工伤救济等劳动权益保障；[1]另一种较多的情形是劳务履行造成第三方人身损害，法院为归责之需判断平台与劳动者之间的合同关系。[2]法院的依据是劳动者的工作特征，包括其有权自主决定是否工作以及工作的时间和地点，工作所得不属于劳动报酬；平台不提供劳动工具，对劳动者无管理、支配或强制性约束，不符合从属性特征，双方不构成劳动关系。因此，平台不对劳动者承担劳动法上的用人单位义务，也就不对劳动者造成的第三人损害承担赔偿责任。

在否定劳动关系的同时，部分法院对合同性质予以进一步分析，指出网络平台以提供信息的方式从事居间服务，其与劳动者之间属于居间合同关系。[3]此外，在第三人主张损害赔偿的案件中，少数法院并未以劳动关系认定为起点，而是直接根据网络平台的行为和功能将其认定为居间人。[4]

那么，法院在规则困境下交出了总体性的答卷。如表 1-8 所示，法院在多数情况下（66%）不认为平台与劳动者之间构成劳动关系，这是依据现有法律逻辑作出的判断。

表 1-8  法院就平台与劳动者之间关系的总体判断

| 是否认定劳动关系 | 案件数量（件） | 比例（%） |
| --- | --- | --- |
| 否定劳动关系 | 67 | 66 |
| 认定劳动关系 | 35 | 34 |
| 合计 | 102 | 100 |

综合上述两类判决，法院对事实基本相同的案件形成了多种裁判逻辑，

---

〔1〕 参见北京市石景山区人民法院（2016）京 0107 民初 4021 号民事判决书、安徽省滁州市中级人民法院（2017）皖 11 民终 938 号民事判决书等。

〔2〕 参见南京市鼓楼区人民法院（2015）鼓民初字第 7340 号民事判决书、上海市虹口区人民法院（2016）沪 0109 民初 22401 号民事判决书等。

〔3〕 参见上海市浦东新区人民法院（2016）沪 0115 民初 81742 号民事判决书、江苏省无锡市梁溪区人民法院（2017）苏 0213 民初 8149 号民事判决书等。

〔4〕 参见江苏省南京市鼓楼区人民法院（2015）鼓民初字第 7340 号民事判决书、江苏省南京市秦淮区人民法院（2017）苏 0104 民初 937 号民事判决书。

如图 1-6 所示。

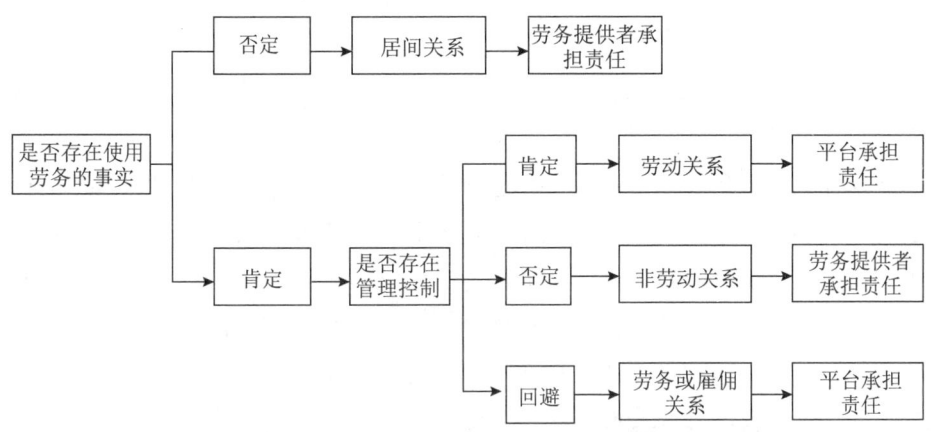

**图 1-6　外卖平台创新模式司法裁判分歧**

居间、劳动、劳务或雇佣等多种合同定性的分歧显示，用工平台在法律的视野中是碎片化的。法院缺乏分析用工平台合同关系的学理框架，以至于在使用劳务和管理控制这样基本的事实判断上都未能形成共识。

### 四、学理层面的回应

新就业形态下平台与劳务提供者的法律关系如何，是否符合从属性标准？须首先在现行法下进行分析。现行法需对平台这一"矛盾体"作出解释，涵盖平台在劳动过程中对劳务提供者的"控制"以及劳务提供者可以决定是否工作、何时以及何地工作的"自主"，以判断法律关系，决定适用劳动法还是民法。现行法的分析重点在于阐释事实要点的法律效果，亦为学理分析做准备。

（一）现行法下的劳动关系认定

现行法对劳务给付行为的调整框架是"从属性劳动—独立性劳动"的二分法，即独立性劳动由民法调整，从属性劳动由劳动法调整。那么，现行法下对平台的分析进路是先判断是否符合劳动关系之从属性标准，以便确定是否应由劳动法调整；如果不符合从属性标准，则在民事合同体系内分析平台

的合同类型。

从属性判断之所以会产生如此分歧，一个重要原因是学界对其理解并不统一。在此，笔者首先申明自己对从属性的理解：无论是在从属性理论下主张"人格从属性与经济从属性"的二要件论，还是"人格从属性、经济从属性与组织从属性"的三要件论，一个法律标准要适用于个案必须有明确的指引，即什么证据足以证明从属性，这个证据可以是单个关于控制的直接证据，也可以是多个关于控制的间接证据。从属是一种事实评价，在劳务给付关系中，接受劳务的一方对提供劳务的一方有指示权的情况下，都可以说存在某种从属性。而作为劳动关系认定标准的从属性是从属程度的总结，是一种法律评价。因此，我们可以说从属程度强，抑或控制程度强，但对于从属性只能说有或无，这是性质判断，而不是程度判断。当给付劳务一方对接受劳务一方的从属程度足够强，我们可以得出存在从属性的结论。而如何证明从属程度足够强呢？这需要以从属性的构成要件来回答。

在从属性的构成要件中，笔者始终认为人格从属性是主要要件，决定雇佣劳动的本质；经济从属性是次要要件，描述劳动过程。组织从属性是对人格从属性和经济从属性缺乏领悟所致，没有必要单列。[1]无论将从属性分解为几个要件，核心都是人格从属性。那么，我们回到平台的具体场景，考察平台对劳务提供者的控制是否更强了，以及劳务提供者是否符合从属性标准，要看二者是否形成了更紧密的人格性结合关系。笔者提出以下四点意见。

（1）平台在劳动过程中对数据信息的收集和记录不等同于控制。劳动关系语境下的控制应包含明确的指挥监督，其与隐含在该指挥监督后的惩戒构成了人格性结合的基础。但平台并没有在劳动过程中针对劳务提供者发出具体而明确的指令，其所收集和记录的信息本质上是事后评价劳务质量的证据。并且，这种劳动过程的监督也包含平台履行政府强制安全保障义务的内容。应当注意的是，我们在讨论控制时设想的场景大多为网约车或者代驾，存在司机与乘客直接接触的服务过程，而在大量其他平台场景中，例如外卖送餐和同城快递，平台很少主动监管劳动过程，而重视劳务结果，一般是准时和

---

〔1〕 参见王天玉："经理雇佣合同与委任合同之分辨"，载《中国法学》2016年第3期。

完好。因此，笔者认为平台对劳动的控制并非更强，而是更弱。

（2）顾客评价体系不足以证明存在劳动关系。德国学者 Waas 认为顾客对服务的事后评价几乎不能被视为从属性工作，评价体系对劳务提供者的影响主要是未来与平台订立合同的机会，不能导致人格从属性（personal dependence），顶多是经济从属性（economic dependence）。而顾客评价体系的惩罚效果（disciplining effect）也仅是合同罚则（contractual penalties），在劳动关系以外的合同中亦十分常见，难以证明劳动关系的存在。[1]笔者亦认为，顾客的评价体系在于帮助平台进行服务质量控制，可以说平台将对劳务结果的管理转移给了顾客，而对劳务结果的管理并不等于雇主的管理，雇主的权利包括对劳动全过程的管理，或者说雇主通过对劳动过程的管理实现对劳务结果的控制。顾客评价体系中的惩戒实质是劳务提供者未充分履行平台合同约定的违约责任，而不是雇主的惩戒，后者是劳动者违反雇主广泛指示权的后果，属于雇主管理行为。据此，平台之顾客评价体系不能证明人格从属性，而其对经济从属性的影响不足以证明存在劳动关系，正如德国慕尼黑地方法院在 2019 年的一份平台争议判决中指出的，以平台为主要收入来源的劳务提供者认为其迫于压力而持续与平台缔约，该事实不意味着劳务提供者有权适用针对雇员的保护规定。[2]

（3）劳务提供者的自主性是否定劳动关系的重要依据。美国著名劳动关系学者 Harris 认为，"独立从业者可以自行决定何时以及是否向顾客提供服务"是"平台—独立从业者关系中最重要的创新"，由此导致的结果是"平台与独立从业者都会对工作有所控制"，"但关键决策权仍由独立从业者控制。也许最重要的是，没有雇员可以像独立从业者一样选择何时、是否、如何以及在何地工作"。[3]前文所述的学理争论中，主张平台控制更强的观点未能充分说明劳务提供者的自主性问题，假定平台对劳动过程的控制增强了，但劳

---

〔1〕　See Waas, Liebman, Lyubarsky, Kezuka, Crowdwork— A Comparative Law Perspective, Bund-Verlag GmbH 2017, pp. 154-155.

〔2〕　LAG München, 4. 12. 2019-8 Sa 146/19.

〔3〕　参见［美］赛思·D. 哈瑞斯："美国'零工经济'中的从业者、保障和福利"，汪雨蕙译，载《环球法律评论》2018 年第 4 期。

务提供者可以自主决定是否工作以及工作的时间和地点,那么能否说平台在整体上对劳务提供者的控制更强了?对于这一问题,主张平台控制更弱的观点将劳务提供者的自主性归结为用工灵活性,从而调和了这一矛盾。否定劳动关系的观点则将劳务提供者的自主性拓展至劳动过程,并且在一定程度上弱化了平台的控制。笔者认为,我们应当对劳务提供者的自主性予以充分的考量。平台通过赋予劳务提供者自主性,打破了工业时代建立起的立体化劳动组织模式,形成了基于网络平台的平面化劳动组织模式,平台经济的灵活、效率与劳务提供者的自主性是互为一体的。劳务提供者的自主性在科层制的立体劳动组织中是不可能存在的,这正是 Harris 所说的"没有雇员可以像独立从业者一样",这也是平台的创新所在。凭借此自主性,劳务提供者几乎不可能与平台形成人格性结合。

(4)多指标的综合判断须以人格从属性为依归。平台存在多个相互冲突的指标,包括平台对信息的独占、平台的价格决定、劳务提供者佩戴平台标识及穿着平台服装等行为外观因素等。笔者认为,平台在信息、技术以及定价上的强势地位能证明的是劳务提供者在此关系中的弱者性,但不能证明劳务提供者的从属性,平台外观因素也是如此。无论如何列举用工的指标,个案中对全部指标的综合判断要归结到是否形成了人格性结合。需要特别指出的是,大陆法系的从属性理论与英美法系的控制理论虽然都是对劳动关系本质的法律抽象,但在个案中的推理方法有所不同,从属性理论以归纳为重点,将现实中形态各异的用工特征代入从属性"公式"以得出结论;而控制理论则强调演绎,追求充分列举劳动关系典型的用工特征,[1]作为法官裁判指引。那么,在我国现行法律体系下,[2]将判断从属性的各种用工特征予以列举或者指标化,有助于法律关系的定性,但是不应将大陆法系与英美法系两套裁判推理思维混淆,个案中的全部指标均服务于从属性"公式",最终仍要采用

---

〔1〕 See S. G. Borello & Sons, Inc. v. Dep't of Indus. Relatins, 48 Cal. 3d 357 (1989); United States v. Silk, 331 U. S. 704 (1947).

〔2〕 我国司法实践中判断劳动关系的基本依据是原劳动和社会保障部发布的《关于确立劳动关系有关事项的通知》,该文将大陆地区从属性审查模式确立为"构成要件"式。参见王天玉:"基于互联网平台提供劳务的劳动关系认定——以'e代驾'在京、沪、穗三地法院的判决为切入点",载《法学》2016 年第 6 期。

归纳的方法，判断从属的程度是否构成人格性结合，那么各项从属性指标并非具有相同的法律意义，只有能够直接证明人格从属性的指标才是证明力最强的，包括过程控制、指示频率、拘束程度，而生产条件、劳动对价、经营风险作为证明经济从属性的指标，是辅助性的，证明力相对较弱。[1]

综上，笔者认为在现行法下，用工平台对劳务提供者的控制程度低，未形成人格性结合，无人格从属性，不符合从属性标准，不成立劳动关系。

（二）现行法下的民事合同类型

劳动法所讨论的平台是以劳务为标的的，本质是"劳务之债"，"以劳务履行为内容，自不外雇佣、承揽、委任，乃至于其他无名契约形式"。[2]虽然平台对劳务提供者的控制较弱，未达到人格从属性的程度，但显著区别于承揽、委任等要求当事人平等的民事典型合同。有必要单独辨析的是平台与雇佣关系，以及若不构成雇佣关系，应属于什么合同类型。

（1）平台与劳动者之间不构成雇佣关系。虽然有学者在网约车的研究中主张，即使平台与司机之间不能成立稳定的劳动关系，但至少可以成立雇佣关系，[3]司法裁判中也有判决将平台与劳务提供者之间的关系认定为雇佣关系，[4]这又涉及劳动关系与雇佣关系在理论上的复杂认识。谢增毅研究员认为，"雇佣合同的规则主要立足于劳务的提供和报酬的支付，当事人的财产利益，是其关注的焦点"，而"作为主要规范财产关系的合同法规则本身是难以照顾到标的（劳务）之外的提供者的身份属性及其人格要求的"，在这个意义上，劳动合同区别于一般雇佣合同之处在于劳动者从事的是"从属性"或"依

---

〔1〕　关于判断从属性程度的指标体系请参见王天玉："经理雇佣合同与委任合同之分辨"，载《中国法学》2016年第3期。

〔2〕　林佳和："劳工定义：古典还是新兴问题？从保险业务员谈起"，载《月旦法学杂志》2015年第10期。

〔3〕　参见丁宇翔："跨越责任鸿沟——共享经营模式下平台侵权责任的体系化展开"，载《清华法学》2019年第4期。

〔4〕　参见上海市浦东新区人民法院（2014）浦民一（民）初字第37776号民事判决书、广州市中级人民法院（2017）粤01民终13837号民事判决书、上海铁路运输人民法院（2017）沪7101民初621号民事判决书、上海铁路运输人民法院（2017）沪7101民初617号民事判决书、天津市第二中级人民法院（2017）津02刑终62号刑事判决书。

附性"劳动。[1]这一论断凸显了作为劳动关系本质的人格性结合，也表明劳务给付行为从雇佣关系到劳动关系的规则演变，郑尚元教授提出"现代劳工关系可以称为产业雇佣关系"，"劳动关系的调整不仅涉及个别雇佣契约之法理构造，更为重要的是，从整体上追求劳资关系的协调"。[2]据此，雇佣关系与劳动关系在内容上都是劳务给付行为，区别在于当事人在该行为过程中的结合程度。那么，具体到平台，笔者认为平台通过顾客评价系统等方式对劳务提供者施加的控制主要针对劳务结果，而非针对劳务给付行为，那么平台与劳动者间的关系和雇佣关系的根本区别不在于当事人的结合程度，而在于前者的标的为劳务给付结果，而后者的标的为劳务给付行为。

（2）平台涉及的合同属于非典型合同中的混合合同。笔者认为，应充分认识平台的创新性以及现行法对其解释的方式。平台的创新性在于其混合了多种用工特征，不符合现有的任一典型合同，不管以劳动关系还是雇佣关系来解释，都会陷入"单一契约说"的局限。以往人们认识中的非典型合同都是针对零散、个别的交易方式，常见、普遍的交易方式均是在较长时间内形成的，使得民法有充分时间将提炼为典型合同。但网络对社会生活的改造速度超越了以往任何时代，平台正是在短时间内形成了大规模的社会交易方式，以非典型合同的形式达到了典型合同的社会效果。在非典型合同视角下，平台既包含承揽合同对劳务结果的要求，又涉及劳务提供者在经济上的从属性，属于承揽合同与劳动合同特征混合构成的"类型融合契约"，[3]"原则上应当适用此两种类型的规定"。[4]

（三）平台劳务提供者的学理画像：类雇员

平台与劳务提供者之间在现行法下是非典型合同，这并不妨碍对其进行学理构造。理论层面上的阐释应形成一个研究原型的基本想象，称之为"学

---

〔1〕 参见谢增毅："民法典编纂与雇佣（劳动）合同规则"，载《中国法学》2016 年第 4 期。

〔2〕 郑尚元："雇佣关系调整的法律分界——民法与劳动法调整雇佣类合同关系的制度与理念"，载《中国法学》2005 年第 3 期。

〔3〕 平台非典型合同的详细论证过程请参见王天玉："互联网平台用工的合同定性及法律适用"，载《法学》2019 年第 10 期。

〔4〕 王泽鉴：《债法原理》，北京大学出版社 2013 年版，第 141 页。

理画像"。笔者认为平台之劳务提供者在学理上应是"类雇员",这一概念如同从属性一样源自德国,或者说是从属性在学理上的副产品。德国在劳动立法的早期就意识到工人并非唯一有保护需求的人。[1]在 1869 年就有人提出扩大劳动法保障群体的范围,将那些不在工厂生产组织中劳动,却有一定保护需求的人视为在工厂工作的人。[2]1923 年,梅尔斯巴赫(Melsbach)提出对与劳动者同样有保护需求的人,应当制定专门规定(特别调整、单独调整),或者将这类人视为类雇员,通过类比的方法适用劳动法。[3]《德国劳动法院法》于 1926 年首次在法律上界定了类雇员,即不存在于一种劳动关系之中,代表他人并为他人工作负责的人(im Auftrag und auf Rechnung anderer Arbeit leisten)。此后在 1934 年,经济从属性作为类雇员的基本特征被纳入规范中。[4]类雇员的主要人群是家内工作者,其工作本质上是一种"经营性劳动",家内工作者与相对方之间的合同关系"很少是纯粹的雇佣合同,而原则上是买卖合同、承揽合同的因素与雇佣合同的结合。在法律上,家庭劳动者(工作者)的地位介于自由企业主和劳动者之间"。[5]《德国集体协议法》《德国联邦休假法》《德国员工保护法》《德国劳动保护法》等诸多立法均有针对类雇员的规定,将劳动法中关于工资、工时、职业安全等方面部分制度予以组合,形成了适用于类雇员的规范体系。由此,德国形成了"自营业者—类雇员—劳动者"的"劳动三分法"调整框架,法律保障强度随劳动过程受拘束程度而递增。

　　范围教授在分析平台权益保障困境时提出"旧瓶新酒"还是"新瓶旧酒",笔者借用这一形象说法,认为在德国这种有类雇员规范体系的国家,用

---

〔1〕　Vgl. Nicole Neuvians, *Die arbeitnehmerähnliche Person*, Berlin: Verlag Duncker & Humblot, 2002. S. 23.

〔2〕　1869 年《德国工商业管理条例》(GewO)第 119 条继受了当时的《北德联邦工商业管理条例》第 136 条,在工资保护方面,确立了家内工作者与工厂工人同样的权利,理由是他们虽然不在工厂内部工作,但又不低于工人的保护需求。vgl. Pfarr, in: Festschrift fur Karl Kehrmann, S. 75 (77), nach Nicole Neuvians, Die arbeitnehmerähnliche Person, Berlin: Verlag Duncker & Humblot, 2002. S. 23.

〔3〕　Vgl. Melsbach, Deutsches Arbeitsrecht, 1923, S. 23, 24. nach Nicole Neuvians, Die arbeitnehmerähnliche Person, Berlin: Verlag Duncker & Humblot, 2002. S. 24.

〔4〕　Vgl. RGB1. I 1934, S. 319. nach Nicole Neuvians, *Die arbeitnehmerähnliche Person*, Berlin: Verlag Duncker & Humblot, 2002. S. 25.

〔5〕　[德]雷蒙德·瓦尔特曼:《德国劳动法》,沈建峰译,法律出版社 2014 年版,第 356 页。

类雇员规范调整平台，如 Waas 等学者所主张的那样，是"旧瓶新酒"。而在我国这种"从属性劳动—独立性劳动"或者说"劳动者—民事主体"的"劳动二分法"框架下，平台的法律调整是"新瓶新酒"，应根据类雇员之学理，在劳动法中选取适当制度，针对劳务提供者自身的保障需求，构建规范体系，推动现有的"劳动二分法"向"劳动三分法"转型。

（四）平台的劳动本质：承揽合同的社会化

劳动合同的逻辑起点是雇佣合同，如果说雇佣合同的当事人以平等地位实现劳务交易，接受劳务的一方未与给付劳务的一方形成人格性结合，那么可以说该劳动过程仍是"自由劳动"。随着工业化兴起，"自由劳动同实现自由劳动的客观条件相分离"，形成了"一无所有且只能靠出售自身劳动力来维持生存的劳动大军"，[1]自由劳动不复存在，雇佣合同为劳动合同所替代，"不具从属性的一般雇佣关系的比例低、数量少。因此，大部分劳务提供者都作为雇员或'劳动者'受到劳动法的调整和保护"。[2]劳动合同及其制度的形成是雇佣合同社会化的结果，郑尚元教授认为"雇佣契约实际上已经社会化了，契约的履行不单纯是雇佣关系主体之间的私人事件，而是渗入了社会要素"。[3]从雇佣合同到劳动合同，社会化未改变劳务给付行为这一合同标的，但改变了劳务给付行为过程中人的结合方式，从独立性到从属性，劳动立法获得了脱离民法的基础。

笔者认为，从劳动法出发解释平台难以顺畅的根本原因在于，平台的逻辑起点是承揽合同，是承揽合同社会化的结果。由于承揽与雇佣在实践中本就存在区分难题，[4]且承揽在合同法上主要针对有形物，[5]进而在网络技术

---

〔1〕林密："马克思'以时间消灭空间'的空间生产思想及其深层逻辑探微"，载《哲学研究》2019 年第 12 期。

〔2〕谢增毅："民法典编纂与雇佣（劳动）合同规则"，载《中国法学》2016 年第 4 期。

〔3〕郑尚元："雇佣关系调整的法律分界——民法与劳动法调整雇佣类合同关系的制度与理念"，载《中国法学》2005 年第 3 期。

〔4〕参见崔建远："承揽合同四论"，载《河南省政法管理干部学院学报》2010 年第 2 期。

〔5〕特殊场合下，承揽合同中承揽人所提供的是劳务的实施，并要求此种劳务须具有完成特定结果的特性。参见李超："非典型承揽合同的判定及定作人过失的责任承担"，载《人民司法》2014 年第 14 期。

推动下发生了社会化，导致平台更易与劳动关系相混淆。就根本特征而言，承揽要求承揽人独立完成劳务，交付特定结果。定作人不干预承揽人的劳动过程，而承揽人主要服务于一个定作人的情形亦通常不在我们想象之内。但是，工业化将雇佣合同予以社会化的同时，也将承揽合同予以社会化，例如德国工业化形成的社会分工中，存在大量为工厂提供配套加工或服务的人，早在 19 世纪就已经出现"圆珠笔的生产厂家生产出零件以后把组装的工作交给好几个家庭来完成"。[1]这正是类雇员的起源。基于此社会化过程，承揽合同中承揽人的独立性逐步丧失，在承揽合同上附加经济从属性之后，承揽人也就变成了类雇员。

平台作为类雇员在网络环境下的新形式，本质上是将零散的、个别发生的、以劳务为内容的承揽，通过网络技术快速升级为社会化的服务形态。常见之外卖送餐、同城快递的承揽特征鲜明，即便是网约车、代驾，作为运送合同在性质上也属于承揽合同。[2]基于这一视角，平台是承揽人（劳务提供者）面向定作人（平台）以外的第三人完成特定劳务结果，而该劳务结果是定作人与第三人约定的，因此承揽合同亦约定了承揽人面向第三人完成劳务结果的方式和标准，这就是行为外观因素，而顾客评价系统实质是将定作人（平台）对承揽人（劳务提供者）完成劳务结果的评价权部分转移给了第三人（顾客），但最终的评价仍是定作人（平台）作出的，即定作人（平台）根据第三人（顾客）的评价对承揽人（劳务提供者）作出奖惩决定。由于该承揽关系在一段时间内连续发生，因此承揽人的劳务完成情况以及第三人评价对其承揽对价和缔约机会造成影响，这种影响已经客观化为"平台积分"，笔者认为可以纳入"经济从属性"来理解。劳务提供者因"平台积分"与平台之间的经济性结合更紧密，其遵从平台定价机制和服务标准要求的意愿也更强烈，劳务提供者作为承揽人的独立性渐趋弱化，获得社会保护的需求则不断强化。

---

[1] 王倩："德国法中劳动关系的认定"，载《暨南学报（哲学社会科学版）》2017 年第 6 期。

[2] 通说认为运送系具有承揽性质之契约类型，其一定工作之完成即到达目的地，并经交付物品或使旅客安全离开。参见林诚二：《民法债编各论（中）》，中国人民大学出版社 2007 年版，第303 页。

## 五、政策演进及其趋势

人力资源和社会保障部等八部门于 2021 年 7 月 16 日共同印发的《关于维护新就业形态劳动者劳动保障权益的指导意见》将依托互联网平台就业的新就业形态分为三种类型：（1）符合确立劳动关系情形的，企业应当依法与劳动者订立劳动合同。（2）不完全符合确立劳动关系情形但企业对劳动者进行劳动管理（以下简称不完全符合确立劳动关系情形）的，指导企业与劳动者订立书面协议，合理确定企业与劳动者的权利义务。（3）个人依托平台自主开展经营活动、从事自由职业等，按照民事法律调整双方的权利义务。第 1 项、第 3 项对应的是劳动关系和民事关系，分别由劳动法和民法调整，构成我国现行劳动法律框架，称之为"劳动二分法"。而第 2 项"不完全符合确立劳动关系情形"首次出现在我国规范性文件体系中，标志着我国劳动制度正式引入了第三种劳动形态，与之相关的一系列保障措施具有填补"劳动法—民法"之间制度空白的意义，表征着我国劳动法律框架向"劳动三分法"转型。在这样一个历史性的时间节点上，一个不应忽视的问题是，"劳动三分法"是怎样形成的？

回答这一问题须有清晰的线索，可概括为三个阶段、两种立场和一个参照系。三个阶段是指政策层面对于新就业形态从鼓励支持到规范监管的转变，大致可以分为"支持鼓励创新""包容审慎监管""全面规范管理"。两种立场是指保障新业态从业者劳动权益的两种主要方案，一种是固守现行劳动法制度，主张将新业态全部认定为劳动关系，纳入劳动法调整范围；另一种是突破"劳动二分法"，主张根据平台经济下劳动就业的新特点，创设新的劳动类型及保障制度，向"劳动三分法"转型。一个参照系是指英美等西方国家针对新业态进行社会实验和制度探索，为我国的学术讨论和政策制定提供了重要的参考。

（一）支持鼓励创新阶段

2014 年至 2018 年这个时间段可视为新业态发展的第一个阶段。新就业形态是随着移动互联网发展起来的，自 2013 年开始以网约车的形式进入社会生活，随后与 4G 网络的发展和智能手机的普及相结合，快速延伸至外卖送餐、即时配送、同城货运等多个行业，催生出大量新就业岗位的同时，也深刻改变了相关行业的格局和模式，对城市服务水平和民众生活便利程度有显著提升作用。

在这一时期，新就业形态被视为共享经济的组成部分，政策层面的基本态度是"支持鼓励创新"，例如 2016 年 3 月发布的《"十三五"规划纲要》提出，促进"互联网+"新业态创新，积极发展分享经济；同月，发改委等部门发布《关于促进绿色消费的指导意见》，提出支持发展共享经济，鼓励个人闲置资源有效利用；2016 年 11 月，国务院发布《"十三五"国家战略性新兴产业发展规划》，提出以体制机制创新推动分享经济发展，促进交通、旅游、养老、人力资源、日用品消费等领域共享平台企业规范发展，营造分享经济文化氛围。2018 年 7 月，国家发展和改革委员会等十七部门印发《关于大力发展实体经济积极稳定和促进就业的指导意见》，提出大力发展平台经济、众包经济、共享经济等新业态新模式。

这种政策取向对从业者劳动权益的影响集中体现在了 2016 年 7 月交通运输部等七部委发布的《网络预约出租汽车经营服务管理暂行办法》中，其第 18 条规定"网约车平台……根据工作时长、服务频次等特点签订多种形式的劳动合同或者协议"。此项规定赋予网约车平台与司机充分的意思自治空间，并未施加强制性监管要求。鉴于当时几家主要平台竞争极为激烈，司机是各方争夺的主要资源，因此司机在市场机制驱动下获得了较为优厚的回报，其劳动权益保障问题尚未凸显，国内几乎没有网约车平台与司机的诉讼争议。

然而，在大洋彼岸的网约车诞生地美国，司机与平台之间的诉讼已经开始出现。在 2015 年的 Uber 案中，司机诉请法院认定其与平台之间的劳动关系，加州北区联邦地区法院（N. D. Cal.）的主审法官 Edward Chen 虽然判决二者构成劳动关系，但并未掩饰其面对的裁判困境。他指出，依据现有规则不能得出清晰明确的结论，应由议会或上诉法院在新型经济形态下改进或修正现有规则，当然也期待出台专门针对此新型"共享经济"的立法。在 2016 年的 Lyft 案中，另一位法官 Vince Chhabria 更是对裁判困境作出了经典概括：陪审团对平台工作人员进行分类的难题，就像"在两个圆形的孔中选出一个，钉入一个方形的钉子"。美国法官裁判困境的起因在于美国的劳动法律框架与我国同为"劳动二分法",按适用主体分类为"雇员—独立承包人"(employ-ee-independent contractor),以网约车司机为代表的平台从业者已经无法简单归为二者中的任何一类。

事实上,美国法官面对的裁判困境在我国也存在。笔者曾检索平台用工相关案例,发现虽然几乎没有网约车司机或外卖骑手的争议,但已有网约代驾司机的争议。一类争议是代驾司机诉请法院认定其与平台之间的劳动关系,法院均未支持;另一类是代驾司机在行驶过程中发生交通事故,需要判定损害赔偿主体。针对第二类争议,一部分法院认为代驾为司机个人行为,判决司机承担责任;另一部分法院认为代驾是职务行为,判决平台承担责任。这种司法分歧由此已经显现,其中隐含着某种结果导向的裁判思维,即如果争议中不存在从业者受伤或损害赔偿,法院通常不会判决从业者与平台之间存在劳动关系。如果争议焦点是从业者受伤后的救济或造成他人损害的赔偿,部分法院可能会考虑从业者与平台之间的经济实力差距,最终要求平台承担责任。这种裁判困境随着平台用工的发展而延伸,同样出现在网约车、外卖等其他平台与劳动者争议中。

从上述中美两国的司法裁判困境可以看出,"劳动二分法"面对新业态的困境已经逐渐显现。一个直观的事实是,在"劳动二分法"下,如果不认定劳动关系,新业态从业者完全得不到保障。由此一部分人提出,依靠现行劳动法解决平台用工劳动权益保障问题,这是固守劳动法立场的出发点。

(二)包容审慎监管阶段

2019年8月,国务院发布《国务院办公厅关于促进平台经济规范健康发展的指导意见》,明确提出落实和完善包容审慎监管要求,推动建立健全适应平台经济发展特点的新型监管机制,标志着平台经济的监管进入新阶段。该意见将新就业形态从业者权益保障的重点设定为"职业伤害保障",提出开展职业伤害保障试点,积极推进全民参保计划,引导更多平台从业人员参保。2020年2月发布的《中共中央 国务院关于抓好"三农"领域重点工作确保如期实现全面小康的意见》从顶层设计的高度要求开展新业态从业人员职业伤害保障试点。可见,职业伤害保障成为我国在这一时期新业态保障的关键词。

对职业伤害保障的探索有两层含义，一是积极回应新就业形态中最为突出的劳动权益问题，尤其是外卖劳动者的伤害救济问题。经过几年的发展，外卖送餐已经成为平台用工中最活跃和最典型的劳动形态，大量外卖劳动者穿梭于城市的大街小巷，暴露在公共交通风险之下。劳动者受伤的事件频繁见诸媒体，引发了社会公众的广泛关注。二是为综合性的新就业形态治理方案积累经验。劳动者在受伤后因无法认定劳动关系而不能获得工伤待遇的困境，使劳动关系认定问题成为公共舆论的焦点，有人据此提出"平台用工是对劳动法的挑战"。但此时政策层面尚在研究新就业形态的本质与趋势，仍无法确定能否依据劳动法进行调整和规范。为此，暂时不讨论新就业形态的法律关系定性，探索直接针对劳动者的职业伤害保障，是更为稳妥和务实的对策。据此，浙江、江苏、广东等多地开展了职业伤害保障试点，有利于更为全面深入地理解新就业形态及其保障制度的建构。

与此同时，美国在"劳动二分法"下进行了成本极高的社会实验。加州为了扩大劳动法的适用范围，于 2019 年 9 月 11 日通过《AB5 法案》，要求法院引入劳动关系认定的"AB5 测试"，大幅度增加了平台否定劳动关系的证明责任。但此项改革引发了极大的争议，诸多公司为防止其与服务提供者之间被认定为劳动关系而解除了合同，大量灵活就业者因此失业。在此压力下，法院不得不列举极为复杂的豁免适用情形，但仍难平纷争。直到 2020 年 11 月 3 日，加州以全民投票的方式决定了网约车司机不是雇员，而是"应予以工资和福利保障的独立承包人"，标志着加州扩大劳动法适用范围实验的失败，也标志着美国劳动法在"雇员与独立承包人"之外增加了第三类主体，开启了"劳动三分法"的转型。

（三）全面规范管理阶段

如何补齐劳动者法律保障的短板？固守劳动法与创设新制度的两种立场之争可谓激烈。固守劳动法的立场提出降低劳动关系认定标准，以扩大劳动法的适用范围，并对劳动法的制度体系进行拆分，提取其中的部分制度适用于新就业形态。创设新制度的立场则主张对新就业形态进行类型化调整，其中属于劳动关系的用工类型由劳动法调整，无法认定为劳动关系的用工类型应引入"类劳动关系"的概念，将此类平台从业者界定为"类雇员"，并根据平台经济下劳动的新特点探索相应的保障机制，而不应套用劳动法现有制度。两种立场的争论在一定程度上迟滞了政策的出台，并持续影响了后续政策的制定。

在争论胶着期，来自英国的一份判决提供了新的研究样本。英国最高法院于 2021 年 2 月 19 日判决优步（Uber）司机为工人（worker）的案件引起了广泛关注，让很多人意识到雇员是与工人不同的概念。英国法律框架为"劳动三分法"，即"工人（包括雇员、非雇员工人）和自雇者"，工人是包含雇员的概念，雇员与我国劳动法上的劳动者基本一致，强调雇佣的稳定性和长期性，权益保障最为全面充分。非雇员工人主要在临时或不定期工作领域就业，权益保障以最低工资、最低休息时间、防止非法歧视为主。可见，英国的"劳动三分法"首先划分工人与自雇者两大群体，然后在工人群体内划分标准就业的雇员和灵活就业的非雇员工人。保障制度的构建是以非雇员工人为起点，通过基本权益实现底线保障，充分尊重劳动灵活性，在此基础上，针对雇员设置解雇保护等强力保障机制，维护标准就业的稳定性。在此框架下，英国法院通过优步（Uber）案判决，能够同步实现"稳就业"和"保基本"，不至于像美国加州那样在"劳动二分法"下进行高成本的社会实验。

2021 年 7 月 7 日国务院常务会议明确提出"适应新就业形态，推动建立多种形式、有利于保障劳动者权益的劳动关系"。时任总理李克强指出，维护好新就业形态劳动者劳动保障权益，有利于促进灵活就业、增加就业岗位和群众收入。此次会议确定了新就业形态的政策走向，即不拘泥于劳动关系和劳动法，以"多种形式的劳动关系"适应新时代劳动方式变革，构建新业态灵活就业人员劳动权益保障制度。据此，人力资源和社会保障部等八部门文件正式引入了"劳动三分法"，形成了"劳动关系—不完全符合确立劳动关系情形—民事关系"的制度结构。

应注意的是，"不完全符合确立劳动关系情形"并不是一个成熟的法律概念，更类似一种描述性用语。此项表述仍带有固守劳动法的思维，有人解读为"绕开对劳动关系认定的纠缠"，这种折中的做法有可能造成劳动关系与灵活就业的边界不清，增加法律转型的难度。"劳动三分法"虽然已经在我国形成，但仍需长时间的探索和完善。

（四）构建多种形式劳动关系的必然性与可行性

从目前政策走向可以判断，"多种形式、有利于保障劳动者权益的劳动关系"已成为顶层设计思路，这就意味着只要不修改《劳动法》《劳动合同法》，就必然要发展现行劳动法调整的劳动关系之外的类劳动关系。

这种政策选择有其客观背景，主要是三个方面：第一，适应灵活就业的发展趋势。灵活就业已成为我国主要的就业形态之一，覆盖范围广，参与人数多，在社会经济生活中越来越重要。人力资源和社会保障部文件显示，我国灵活就业从业人员规模达两亿左右，在解决劳动者生计的同时，缓解了城镇就业压力，成为吸纳就业蓄水池。在有关会议上，时任总理李克强指出，维护好新就业形态劳动者劳动保障权益，有利于促进灵活就业、增加就业岗位和群众收入。

第二，灵活就业人员的劳动权益保障存在制度短板，引发了诸多争议并增大了社会风险。以外卖骑手为代表的平台用工已经成为社会关注热点，劳动者自身损害以及劳动者造成他人损害的事件频繁出现，如何保障劳动者权益是舆论的主流议题之一。习近平总书记在 2020 年两会期间指出，新冠疫情突如其来，"新就业形态"也脱颖而出，要顺势而为。当然这个领域也存在法律法规一时跟不上的问题，当前最突出的就是"新就业形态"、保护好消费者合法权益问题等。要及时跟上研究，把法律短板及时补齐，在变化中不断完善。

第三，灵活就业人员的劳动权益保障无法在现有制度框架下实现。我国针对劳动的法律框架是"民法—劳动法"构成的"劳动二分法"，分别针对"独立性劳动的民事关系"和"从属性劳动的劳动关系"。灵活就业在我国长期存在，仅非全日制用工由劳动法调整，其他灵活就业形态均为民法调整。"劳动二分法"的弊端是民法与劳动法的保障力度相差过大，使得处于制度中间空白地带的灵活就业人员无法获得相应的保障。人力资源和社会保障部在《对政协十三届全国委员会第三次会议第 3391 号（社会管理类 287 号）提案的答复》中也指出，与平台的关系有别于传统的"企业＋雇员"模式，导致新就业形态人员难以纳入现行的劳动法律法规保障范围。

如何适应新就业形态的发展趋势，突破现行制度的束缚，是政策层面的一道难题。经过较长时间的研究和酝酿，国务院此次常务会议已经给出了明确的答案，那就是引入多种形式的劳动关系，突破"劳动二分法"，建构灵活就业人员权益保障制度。

应当说明的是，此处的"劳动关系"与劳动法所调整的"劳动关系"是有区别的，前者泛指基于劳动的法律关系，后者仅指基于从属性劳动的法律关系。在"劳动二分法"的思维框架下，有保障必要性的劳动被限定为从属性劳动，相应地，基于劳动的法律关系也被默认为劳动法所调整的劳动关系，这就使得劳动关系成了法律保障的唯一入口，垄断了保障的道德性。这种认知在工业流水线时代尚有其正当性，但随着服务业的兴起和社会劳动形态的多元化，从属性劳动越来越不能涵盖有保障必要性的劳动类型，尤其是无法有效地回应平台经济下灵活就业人员的保障需求。

灵活就业的大规模发展是平台经济推动的结果，互联网平台对个体劳动者予以技术赋能，使之能够不借助组织体而灵活地参与社会服务，进而推动灵活就业从以往小额、零散的劳动方式升级为社会化、行业化的新就业形态。当灵活就业不再是正规就业的补充，就应在制度层面肯定灵活就业人员的劳动价值，梳理和提炼灵活就业人员的劳动特征和保障需求。灵活就业人员具有不同于劳动关系下从属性劳动的自主性，但又因服从平台规则而具有弱者性，尤其是以平台用工为主要收入来源的群体，与平台之间形成了较为紧密的经济依附关系。在某一平台的持续性劳动会形成灵活就业人员的"积分"，该积分与其收入和接单机会直接相关，已构成灵活就业人员在平台上的"虚拟财产"，进一步加深了其与平台的结合程度。可见，灵活就业人员因平台用工所形成的法律关系与劳动关系既有相似性，也有差异性。经济上依附于平台的灵活就业人员应界定为"类雇员"，其法律关系应界定为"类劳动关系"，既明确法律对其劳动权益的保障必要性，又显示不同于劳动法的法律制度定位。

据此，新就业形态下，从"劳动二分法"转向"民事关系—类劳动关系—劳动关系"构成的"劳动三分法"。"类劳动关系"引入的意义在于开拓立法空间，创设不同于劳动法的劳动保障制度体系，以适应灵活就业的发展趋势和从业人员的劳动权益保障。在"劳动三分法"下，第一项具体制度将是不同于现行工伤保险制度的职业伤害保障制度，未来将有工作时间、劳动定额、争议处理等多项配套制度出台。

## 第二章
# 新就业形态劳动者权益的法律保障

娄　宇

中国政法大学民商经济法学院教授

　　新就业形态作为伴随着以数字化、网络化为基础的平台经济时代的新型工作方式，带来的是一种以人为本的组织模式和工作方式：从"企业—员工"到"平台—个人"。与传统的劳动关系不同，零工经济[1]下的劳务提供过程是相对独立的，提供方与发放方之间的关系没有那么紧密，双方没有传统劳动关系中的人格从属依赖关系，但是长时间的零工从业者依靠工作获取生活来源，在经济上依靠劳务发放方的本质并没有改变。尤其是在移动互联网、人工智能驱动的系统算法、卫星定位等新技术广泛应用于平台零工工作安排的现实条件下，相关从业者听命于劳务发放方的指挥和安排，也就是与后者存在的人格从属性无限接近于劳动关系。如何为零工经济下的从业者提供类似于劳动者的权益保障，成为当前劳动就业领域的热点问题，同时也成为社会法和社会政策学界普遍关心的问题。

---

　　[1]　零工经济（Gig Economy）这个词中的"Gig"意为"现场演唱会"。由于当时从事流行音乐相关工作的人很多都是短期、临时性从事表演，双方都无需承担其他的责任，后来就被延伸、逐步演化成为零工的含义。零工经济从业者是独立供应商，因此零工在某种程度上是传统自由职业的拓展，但是从经济角度加以认识，这是一种运用移动互联网、大数据、卫星定位、人工智能驱动的算法快速匹配劳动需求方和供给方，可以同时从事多个职业的自由劳动者所构成的经济领域，与传统标准劳动关系相比，其创造了大量的新就业岗位。在"互联网+"时代，人才逐渐发展成为生产要素中最重要的因素，部分劳动者利用业余时间打零工赚取收入，当几份零工结合起来足以支撑他们的收入时，就会有人放弃之前的稳定工作，身份转为从事零工经济的劳动者。参见［英］杰里米亚斯·普拉斯：《零工经济的未来》，张晓思、美事 T2T 团队译，企业管理出版社 2021 年版，前言第Ⅲ页。

## 一、新就业形态劳动者的法律身份判断

主体的法律身份，决定了其法律定位与规制方法，也就框定了权利义务内容。打零工的就业方式自古有之。在前工业社会，零工主要体现为城市手工业者、家庭服务者和农业服务者为其他人提供的、以获取微量报酬为目的的零散服务，从业人员数量不多，经济规模也有限，零工劳务交易与其他商品交易的法律地位相同，立法者没有为从业者设计特别的保障制度。[1]进入工业社会以来，零工经济逐步演变为与正规就业，也就是以建立劳动法意义上的劳动关系为途径的就业并列的劳动交易形式，劳动法为相关从业人员提供了一定的保障，但是考虑到这个群体并不从事持续的劳务活动，与劳务发放方也不存在经济上的从属关系，因此与对劳动关系中的劳动者提供的倾斜性私法保障与强制性公法保障相比，这种保障仅在很低的限度上开展。相应地，对灵活就业人员劳动权益保障的学术研究肇始于工业时代，几乎与劳动法的研究同时期、同步骤。

应当说，新就业形态劳动者是平台经济时代产生的就业群体，企业经营生产的组织结构发生变化也的确让这个群体的身份界定与之前的研究进路有一些差异，但是在劳动关系和民事关系之间游走，通过劳动关系的若干认定标准来判断非正规就业者的法律身份的范式并没有发生实质性的改变。

（一）劳动关系的从属性判断

劳动关系是劳动法的逻辑起点，雇佣（劳动）关系从属性认定标准的体系化研究不能被逾越以致被忽略。劳动法上的所有制度安排，包括为劳动者提供倾斜保护的私法制度和要求用人单位承担行政责任的公法制度都是基于劳动关系而建立，因此深入发掘劳动关系的本质特征，有助于理解这些制度设计的目的并精准适用。

1. 人格从属性

通说认为，劳动关系是劳务提供方对受领方具有人格从属性的特殊雇佣

---

〔1〕 Reinhard Richardi, *Arbeitsrecht im Wandel der Zeit*, *Chronik des deutschen Arbeitsrechts*, C. H. Beck, 2019, S. 10f.

关系，这种从属性体现为雇员在雇主的指挥下依据时间要素给付劳务。[1]也就是说，在劳动关系中，雇主通过布置工作流程与安排工作时间来实现对雇员的控制，前者一般体现为制定劳动纪律与分解工作任务，雇员从事的是内容上的"非自主性劳动"，例如雇主可以要求雇员在工作时间内不得从事私人活动，并设计每一项具体的工作步骤，雇员不能依据自己的意愿安排工作；后者一般体现为考勤制度和专属性用工，雇员从事的是时间上的"非自主性劳动"，例如雇主可以要求雇员按时上下班，不得旷工，并要求雇员亲自提供劳务，不得转托他人，[2]以及在从事本工作的同时不得再从事其他工作，即原则上禁止建立双重劳动关系。雇主通过从属性的雇佣关系达到了使雇员专属于其一个用人主体的目的，由此来保障工作时间和工作质量。在有的文献中，人格从属性被分解成为时间要素和流程要素：时间要素是指劳动者在用人单位处从事的从属性劳动要维持一段相当长的时间，这是由劳动合同的继续性合同性质决定的，这段时间的期限是劳动者与用人单位协商确定的，一旦劳动者选择接受，则受此期限的约束，不可以随意中断、终止，用人单位同样受此约束；流程要素是指劳动关系开展的过程中，由用人单位行使工作指挥权，工作任务的分派、工作步骤的安排、工作过程的监督和控制、工作质量的把关都由用人单位来完成，劳动者从事的劳动是一个不独立、不能自主决定的工作。[3]在雇员的视角下，人格从属性又被拆分成劳务给付的亲自履行性、专属性与利他性。[4]

就此，劳动关系导致了两项客观结果：其一，雇员在工作时间和工作流程中丧失了人身自由，一切工作行为都要听命于雇主，因此法律倾向于将雇员遭受的工作伤害归罪于雇主。其二，雇员长时间听命于某一特定雇主，收入来源也就集中于这个雇主，由此丧失了财务自由，一旦被动丢掉了这份工

〔1〕 Marin Henssler u. a. （Hrsg.）, *Münchener Kommentar zum Bürgerlichen Gesetzbuch*, C. H. Beck, 2016, Bd. 4, § 661a, Rn. 3ff.

〔2〕 See ILO: "The Employment Relationship: An Annotated Guide to ILO Recommendation No. 198", 载 http://www.ilo.org/wcmsp5/groups/public/- ed _ dialogue/- dialogue/documents/publication/wcms _ 172417. Pdf, 最后访问日期: 2022 年 1 月 23 日。

〔3〕 Rolf Wank, "Neues zum Arbeitnehmerbegriff des EuGH", in *EuZW* 2018, 21, S. 22ff.

〔4〕 参见肖竹: "劳动关系从属性认定标准的理论解释与体系构成", 载《法学》2021 年第 2 期。

作，将会在一段时间内衣食无着，因此法律倾向于在经济上对雇员进行救济。

2. 经济从属性

如前所述，第一项客观结果系人格从属性所致，而第二项客观结果系长期的、稳定的人格从属性所致，劳动法理论上就将后一种结果导致的雇员对雇主的依赖性称为经济从属性。[1]不难发现，劳动关系意在强调人身关系上的"非自主性"，这种特性并不一定当然地反映在经济关系中。事实上，在劳务供求关系中，只要提供方持续地服务于一个受领方，经济从属性都可能会产生，例如指向劳务积极价值的承揽关系、基于信赖建立的委托关系、促成交易的居间关系等，[2]那么，经济从属性就不应当作为劳动关系的本质特征，与经济从属性相关的劳动保障制度也不一定全部适用于劳动关系中，而非劳动关系的劳务关系也具备适用的可能性与必要性，这是本部分开展论证的一个重要理论前提。

经济从属性的判断标准是一个难题。劳动者具有多重身份，其收入来源也具有多元化的特征，甚至主要生活来源未必是劳动的对价，在现代社会，资本市场上产生的收益也可以相当可观。如果将劳务提供者对某一工作任务发放者在以货币衡量的经济依附比例关系作为从属性的标准，似乎很难令人信服。从其他国家及地区司法制度来看，采用这一标准的国家不少，例如德国关于经济依赖性经济从属性的一般指标是经由某份工作获得的收入占到总收入的50%，西班牙则将劳务提供方直接为委托人提供经济或专业服务，且至少75%的收入来源于此作为经济依赖性经济从属性的门槛条件。[3]这一界定模式的优点是标准明确，但是缺点也很明显，经济从属性具有具体的量化标准仅是相对于人格从属性而言的，在个案中依然要综合考量低收入者和高

---

〔1〕　亦有学者将经济从属性解释为四个方面的内容：生产组织体系归属于雇主所有、生产工具或器械归于雇主所有，原料由雇主提供、责任与危险由雇主承担。参见黄越钦：《劳动法新论》，中国政法大学出版社2003年版，第95—96页。在笔者看来，这种总结并没有揭露经济从属性的本质特征，并且与人格从属性有诸多重叠之处，尤其是在第三产业比重越来越大的现代社会，生产资料的购置门槛并不高，也不需要原材料，就此否认劳动者对用人单位的经济从属性是不妥当的。

〔2〕　参见娄宇："民法典的选择：劳动合同抑或雇佣合同——《德国民法典》第611a条修订的教义学分析与启示"，载《法律科学》2019年第5期。

〔3〕　Esther Sanchez Torres, "The Spanish Law on Dependent Self-Employed Workers: A New Evolution in Labor Law", *Comparative Labor Law&Policy Journal*, Vol. 32, No. 2, pp. 231-234.

收入者对单一委托人经济依赖程度的差异，例如德国即对此视不同情形而定，低收入通常会被认为是需要社会保护的强烈指征，然而相对高的收入也不必然让法庭排除对类雇员身份的认定。[1]在这个问题上，司法机关不应当享有太大的自由裁量权，因为司法权力永远在个案发生之后才能发挥作用，如果在争议发生之后才去认定某个类雇员的工作收入是否对单一委托方存在经济依赖性经济从属性的话，委托方安排工作时将会陷入不可预知的状态中，因为其无法确认这种收入标准的工作到底是否存在经济依赖性经济从属性。

另外一种判断模式是时间。如果说时间要素在人格从属性中是定性描述的，即劳动关系需要维持相当长的时间，那么在经济从属性中就可以采取定量描述的方式，这方面的立法例是我国《劳动合同法》对非全日制用工标准的界定。在同一用人单位每天平均工作时间不超过 4 小时，每周工作时间累积不超过 24 小时的劳动者被认定为非全日制劳动者，按照《社会保险法》的相关要求，此类劳动者不强制参加社会保险，考虑到社会保险是一项由劳资共担的经济制度，因此不强制的设计大概是因为其工作时间较短，没有与用人单位形成比较稳固的劳动关系，也就是对用人单位的经济从属性不强。[2]由此可见，在《劳动合同法》起草的年代，立法者就已经发现了并非认定了劳动关系就可以对应所有的劳动权益保障制度，在一些不具备典型特征的劳动关系中，部分适用劳动法律才是理性的选择，当然部分适用需要逻辑理性层面上的论证。在这个意义上说，虽然经济从属性没有反映劳动关系的本质特征，不适合作为认定劳动关系的标准，但是其反映出来的劳务提供者与发放者之间的经济关系却可以作为适用某些劳动权益保障制度的注脚。

3. 组织从属性

组织从属性往往也被作为劳动关系的特征，甚至在某些文献中被作为判断劳动关系成立的标准之一。[3]关于组织从属性的内容，亦有多种观点，理

---

〔1〕 Wolfgang Däubler, "Working People in Germany", *Comparative Labor Law&Policy Journal*, Vol. 21, No. 1, 1999, p. 88.

〔2〕 参见郑功成主编：《中华人民共和国社会保险法释义与适用指引》，中国劳动社会保障出版社 2012 年版，第 35 页。

〔3〕 参见班小辉："'零工经济'下任务化用工的劳动法规制"，载《法学评论》2019 年第 3 期；李志锴："组织行为视角下互联网平台劳动关系从属性展开的新进路"，载《河北法学》2022 年第 2 期。

论界比较有代表性的是"组织分子说"，如有的文献指出，在现代企业组织形态下，劳动者的劳务提供多非独立提供即能完成劳动契约之目的，雇主需要将个别劳动力编入其生产组织内方能成为有用之劳动力，所以劳动者将依据企业组织之编制，被安排成为企业从业人员之一，与其他从业者之劳动者共同成为有机的组织，此所谓组织从属性。[1]但是高等教育出版社出版的"马克思主义理论研究和建设工程重点教材"《劳动与社会保障法学》中并没有特别指出组织从属性的内涵与外延，其所列举的"用人单位对劳动力调配、组织、指挥、劳动规范制定、劳动者负有服从义务"更偏重学理上的人格从属性，似乎主流理论并没有接受组织从属性是劳动关系判断标准的观点。[2]在某些司法判决中对这种从属性进行过一些界定，比如北京市第二中级人民法院在一起平台用工法律关系认定争议中指出，劳动关系维持过程中，劳动者始终作为用人单位组织中的一员存在，受用人单位的指挥与控制。劳动者的劳动作为用人单位生产组织的有机组成部分，劳动者需与其他成员协作，共同完成生产经营任务。[3]

可以断言的是，组织从属性也是源于工业化大生产时代劳动关系的特征。聚集在流水线车间的工人劳动共同构成了完整的生产流程，工厂出于成本的考虑，也会将相对独立的业务外包出去，由家庭工人自主完成并按件获得酬劳，同时家庭工人将劳动结果的利用以及与此相应的商人利润和风险都转移给了委托人，[4]但是外包的工作流程由于缺少雇主的指挥和管控，无法构成企业生产组织的一部分，只有流水线上的集中生产才是严格意义上的组织从属性劳动，这是不存在太多疑问的。在第三产业繁荣的现代生产环境下，企业内部组织从属性与劳动独立性的界限日渐模糊，原因有三个方面：首先，组织从属性是人格从属性条件下的劳动关系特征，没有时间要素和流程要素

---

〔1〕　参见李志峣："组织行为视角下互联网平台劳动关系从属性展开的新进路"，载《河北法学》2022 年第 2 期。

〔2〕　参见《劳动与社会保障法学》编写组编：《劳动与社会保障法学》，高等教育出版社 2018 年版，第 43-53 页。

〔3〕　参见唐瑞亭与宜生健康公司劳动争议案〔（2020）京 02 民终 8125 号〕。

〔4〕　参见［德］雷蒙德·瓦尔特曼：《德国劳动法》，沈建峰译，法律出版社 2014 年版，第 355-356 页。

的框定，组织从属性并没有实质的内容，"组织分子说"实际上也暗含着这样的要求；其次，组织是一个难以界定的概念，企业的生产经营是一个完整且宽泛的过程，无论哪种工作内容和工作流程都可以被视为过程中的一个环节，很难说哪一个环节是游离于组织之外的；最后，第三产业的生产去组织化特征瓦解了组织从属性，第三产业以脑力劳动为主要方式，实质上不依赖于或者很少依赖于雇主提供的机器设备，相对独立的工作方式（远程工作最为典型）使得劳动者与单位以及同事之间的联系很少，组织从属性也就越来越淡化。

这里值得特别指出的是，劳动关系还有一项非通用判断标准，即德国学者 Rolf Wank 提出的生产经营风险承担主体说，据此劳动者是不享有经营机会，同时不承担经营风险的人。[1]此观点一度遭到大多数劳动法学者的批评，主要论据是这项标准不能清楚区分劳动者和经济上值得保护的与劳动者类似的人，如自主劳动者，而只是将区分的界限蹩脚地挪动了一下；而且，这个标准在传统学说中"已经被作为个案中支持或者反对是否是劳动关系基础上的劳动提供的指标而被估计"；[2]此外，在与劳动义务有关的指示权不清晰的案件中，也难以找到 Wank 所遵循的依靠每个规范的立法目的而得以领会的划分标准。[3]但是，此标准在某些劳动关系判定争议中可以发挥"一锤定音"的作用，虽然无法判断某种劳务提供关系是劳动关系还是承揽抑或委托等关系，但是可以判断某些行为是生产经营行为还是广义上的劳务行为，因为生产经营行为具有很强的资本机会属性，即此行为的后果可能是正向的获利，也可能导致负向的亏损，而劳务行为的后果只能是正向的，劳务提供者不负担生产经营的风险。此观点在判断新就业形态法律关系陷入僵局时，尤其对自带相对贵重生产工具的网约车司机的法律身份判断而言，往往会收到"柳暗花明"的功效。

---

[1] Rolf Wank, *Arbeitnehmer und Selbständige*, C. H. Beck, 1988, S. 257ff.

[2] BSG-Entscheidung vom 12. Dez. 1990, 11Rar 73/90.

[3] 参见［德］雷蒙德·瓦尔特曼：《德国劳动法》，沈建峰译，法律出版社 2014 年版，第 49-50 页。

（二）新就业形态劳动者的法律身份

1. 传统的"劳动二分法"

在前平台经济时代，很多国家都采用了劳动关系和非劳动关系的劳务关系的二分法，前者系指具备人格从属性的劳务交易关系，后者指代非劳动关系的独立劳务交易关系，例如承揽关系、委托关系等。与之对应的劳务提供者被称为劳动者（"雇员""他雇者"）和一般劳务提供者（"自雇者"）。这种劳动法制度是"套餐式"的，认定了劳动关系则适用劳动法上所有的权益保障制度，反之则遵循契约自由原则，仅由民法来规制，其优点在于应用简便以及界分清晰，司法机关或者行政机关只需要聚焦于劳动关系认定问题，一旦认定了某种劳务交易关系的法律性质，接下来的工作便十分容易，同时劳动法和民法制度的界限泾渭分明，法律管制和当事人自治的事项容易识别；缺点在于确定劳动关系的标准很困难，在面对模棱两可的劳务交易关系时，前述国家机关的压力巨大，一旦认定了劳动关系即意味着高额的人力成本支出和雇主被另行起诉的风险，因此认定机关不仅要考虑法律效果，还要考虑社会效果，裁判的可预见性降低。采用此"套餐式"模式的国家在应对平台用工带来的劳动权益保障问题时，选择了丰富和完善劳动关系认定标准的路径，但是平台企业更希望在提供了某些权益保障的前提条件下被豁免认定为劳动关系。[1]

工业时代的劳动者认定法则没有过时，在识别平台用工的"隐蔽雇佣"时仍然显示出了强大的力量，我国司法机关依据传统的人格从属性判断标准也作出了不少认定为劳动关系的判决。[2]而存在较大争议的情形主要集中在"模糊雇佣"领域，在相关案件中，平台的实际控制权"似有还无"，人格从属性模糊不清，但是这些情形并非平台用工所特有，在工业时代早已有之，一直也没有得到根本的解决，这恰恰是劳动法学研究的起点问题和难点问题，

---

〔1〕 参见娄宇："新就业形态人员的身份认定与劳动权益保障制度建设——基于比较法的研究"，载《中国法律评论》2021 年第 4 期。

〔2〕 如苏州市中级人民法院判定北京三快科技有限公司与送餐员李某成立劳动关系［（2019）苏05 民终 212 号］；北京市朝阳区人民法院判定"好厨师"App 与 7 名厨师成立劳动关系［（2017）京0105 民初 4980 号］等。

不能因为平台经济大量出现了此类问题就急于推翻传统的认定法则，[1]至少从目前比较法的文献来看，各国还没有找到能够形成共识的新标准。

以美国为例，在判断某一劳务提供关系是否为劳动关系时，美国一般采用控制权标准（right to control）和经济现实标准（economic reality test）。前一标准的法理基础是普通法上的代理制度，主要关注劳务提供过程中雇员受到的控制程度，具体判断标准包括此劳务提供类型是不是一项独立的业务或者职业、该业务或者职业是否需要特定的技能、雇主的监督指挥权发挥的作用有多大、工具和场地是否由雇主提供、雇佣时间的长短、支付报酬的方式是按照时间还是工作量、该工作是不是雇主常规业务的组成部分、双方是否建立了主仆关系、委托人是否在经营等内容；后一标准源于引申的代理制度，由于雇员在经济上依赖于雇主，且双方经济地位悬殊，因此雇主不需要控制工作过程或者设立严格的经济条款就可以实现对劳动者的控制，也就是说，只要双方存在经济依赖关系，即使前一标准的控制程度不高，也可以认定为劳动关系，具体判断标准包括雇主潜在控制的性质和程度、雇佣时间的延续性、雇员对生产工具的投资状况、决定雇员盈利或亏损的方式、工作要求的技能和投入精力、工作构成潜在雇主业务组成部分的程度等内容。[2]

值得特别关注的是，美国这种二分法的着眼点就是人格从属性中的时间要素与流程要素，并吸收了生产经营风险说的有益成分，同时在组织从属性方面做了一些拓展。

首先，在生产经营风险说方面，美国创设了"企业家机会"标准。该国劳动关系委员会发布的《建议备忘录》主张，控制权标准中的每一项内容都不一定具备决定性地位，需要在个案中着眼于整体来综合判断劳务提供者是否被赋予了"企业家机会"。按照此文件，Uber 的商业模式赋予了司机"企业家式"的独立性，包括工作过程中的控制因素和报酬支付方式。

第一，Uber 没有为司机设定工作时间和工作地点，也不限制司机在其他平台接单，所有的经济促进措施都是正向激励性的。比如某一时段或地区业

---

〔1〕 参见王茜："平台三角用工的劳动关系认定及责任承担"，载《法学》2020 年第 12 期。

〔2〕 参见柯振兴："美国网约工劳动关系认定标准：进展与启示"，载《工会理论研究》2019 年第 6 期。

务量增加时，Uber 会提高价格并将相关信息提供给司机，司机是否愿意出车并前往该地区完全基于自己的判断；虽然 Uber 也有设定基础价格、要求司机保持车辆整洁、允许乘客给司机服务打分等管理行为，但是司机高度的接单自由大大削弱了这种管理的影响，除非司机被顾客投诉或者长期被打低分，否则司机不会被强制取消接单资格，这与工厂流水线上的工人时刻处于雇主的监督和指挥的情形有本质区别，也就是说，这些评价来源于顾客，而非平台，因此影响的是司机的"企业家机会"。

第二，Uber 设定的司机收入支付方式异于劳动者的工资。Uber 的财务运作方式是从司机的每一笔收入中抽取一定比例的费用，这与劳动关系中的工资比较类似，因为雇主也是从雇员的工作收入中获得收益，但是平台具备强大的财务收支能力，传统的承揽关系中承包人先收取客户费用，再向发包人支付固定费用的模式在网约车行业不适用，平台代收费再向司机支付的模式是为了实现收支的便捷和安全，因此更接近于承揽人的收入获取方式。结合司机高度的工作安排自由权，Uber 并没有对"企业家机会"施加任何的实际控制。

第三，司机自行提供车辆并负担车辆的维护成本，运用自己的驾驶技能而非公司的指示去开车。Uber 不提供税收和社会保险的代收代缴，也不提供带薪病假等福利待遇，因此司机属于独立承包人。

其次，在组织从属性方面，美国着眼于平台业务构成比例。以加州州议会最新颁布的 AB5 法案为例，该法案主张预先把网约工认定为劳动者，除非平台能够证明以下三个条件能够同时满足：第一，合同和实际工作情况都能够证明网约工从事的工作不受平台控制指挥；第二，网约工从事的工作并非企业的日常经营业务；第三，网约工独立开展工作，即使网约工作与雇员向雇主履行的工作职责一致。由此，证明劳动关系的法律事实由肯定性的变为否定性的，大大增加了平台的举证难度，尤其是第二个条件，平台很难证明网约工作不是企业的核心业务，毕竟平台的大部分利润都来源于这种类型的工作，收支时间差带来的利息收入和广告收入所占比例不高，[1] 而且这些收

---

〔1〕　平台企业从劳务供需双方交易中获取管理、服务、推广等收入，主要是金融收益和宣传收益。参见邱婕：《灵活就业：数字经济浪潮下的人与社会》，中国工人出版社 2020 年版，第 63 页。

益也间接来源于每一单服务费用的抽成，如果不提供这种服务，平台也不复存在。

综上不难发现，作为劳动法的起点和传统论证路径，"劳动二分法"围绕着人格从属性徐徐展开，同时吸收了经营风险说与组织从属性的有益成分，具有丰富的内涵，但是，在平台用工的背景下，新技术瓦解了时间要素，原本一项完整的工作业务被切割成了一个又一个的工作任务（project-by-project），而且一个任务结束后，平台也不限制网约工退出或者为其他雇主工作，因此雇佣时间没有延续性。因此无论是在经营风险，还是在企业主营业务上做文章，平台用工的法律性质仍然是"非此即彼"。"二选一"的结果是，在平台经济时代，劳动法和民法的界限仍然套用在平台新就业形态劳动者群体上，与此对应的劳动权益保障依然是"全有或者全无"。这不仅不利于平台劳动者的权益保障，也不利于平台经济健康和可持续发展。

2."劳动三分法"的力量和弱点

"劳动二分法"带来的结果是劳务提供者身份的单一性，"非黑即白"的路径让劳动关系认定机关左右为难，为何不开辟"第三条道路"，让各类劳动权益保障制度具备更多的灵活性呢？尤其对于灵活就业人员而言，他们与劳动者和非劳动者都有所不同，有必要赋予其一个合适的法律身份。很多国家都在积极探索"第三类劳动者"的解决方案，希望在数字经济时代为新业态从业人员找到一个好的身份归宿。

2021年7月16日，最高人民法院、人力资源和社会保障部等八部委联合发布的《关于维护新就业形态劳动者劳动保障权益的指导意见》中指出，符合确立劳动关系情形的，企业应当依法与劳动者订立劳动合同；不完全符合确立劳动关系情形但企业对劳动者进行劳动管理的，指导企业与劳动者订立书面协议，合理确定企业与劳动者的权利义务；个人依托平台自主开展经营活动、从事自由职业等，按照民事法律调整双方的权利义务。这是部委文件中首次出现"不完全符合确立劳动关系"的概念。2021年12月24日，国家发展和改革委员会等九部委联合发布的《关于推动平台经济规范健康持续发展的若干意见》进一步提出，完善新就业形态劳动者与平台企业、用工合作企业之间的劳动关系认定标准，探索明确不完全符合确立劳动关系情形的认定标准，合理确定企业与劳动者的权利义务。同一时期，各省、市政府也颁布了相关的地方规章，要求合理把握认定劳动关系的尺度，既不能泛劳动关系化，不考虑新就业形态的特殊性，简单将企业与劳动者认定为劳动关系，过多增加平台企业负担，最终损害劳动者的长远利益；也不能去劳动关系化，将原本属于确立劳动关系情形的劳动者，认定为不完全符合确立劳动关系情形的劳动者，拉低劳动者的劳动权益保障水平。[1]

从上述政府规范性文件中可以大致解读出以下四个方面的内容：第一，平台经济时代劳动者的法律身份多元化，简单的"劳动二分法"难以适应新时代的需求；第二，传统的"劳动二分法"虽然欠缺灵活性，但是胜在标准相对明确，"不完全符合确立劳动关系"的内涵和外延模糊，这给司法实务提出了挑战；第三，"不完全符合确立劳动关系"对应的是一个不确定的法律身份领域，可能是第三类劳动者，也可能包含更多的劳动者类型，问题似乎被带入了一个更加未知的地带；第四，将劳动者区分为更多的类型只是手段，为其提供精准的劳动权益保障才是目的，以目标为导向的类型与标准确定方符合制度设计的本意。

（1）"劳动三分法"的其他国家和地区实践与评价。

在我国，"劳动三分法"是随着平台用工而诞生的新概念，在各部委和各地区政府部门密集出台规范性文件之前，我国社会法学界虽然有所讨论，但是仅限于理论层面，且未形成通说，尤其在是否存在第三类劳动者的问题上分歧还比较大。[2]2021 年下半年，随着规范性文件的颁布，"劳动三分法"的理念似乎逐渐被接受，越来越多的学者认为传统劳动关系概念和判定标准难以包容复杂的平台用工关系，应当为平台劳动者设立专门的法律身份和规

---

　　[1]　如山西省政府多部门联合印发的《关于贯彻落实人社部等八部门〈关于维护新就业形态劳动者劳动保障权益的指导意见〉的实施方案》、河北省政府多部门联合印发的《关于维护新就业形态劳动者劳动保障权益的实施办法（暂行）》等。

　　[2]　我国社会法学界对"劳动三分法"的讨论参见王天玉："超越'劳动二分法'：平台用工法律调整的基本立场"，载《中国劳动关系学院学报》2020 年第 4 期；王天玉："互联网平台用工的'类雇员'解释路径及其规范体系"，载《环球法律评论》2020 年第 3 期；等。反对"劳动三分法"的讨论参见常凯、郑小静："雇佣关系还是合作关系？——互联网经济中用工关系性质辨析"，载《中国人民大学学报》2019 年第 2 期；谢增毅："互联网平台用工劳动关系认定"，载《中外法学》2018 年第 6 期。

则。然而，"劳动三分法"毕竟在我国还仅存在理论和规范性文件层面上，无论在司法实践中还是制度安排上，还处于探索阶段。在这种背景下，不妨将视野转向其他国家和地区，考察一下具有代表性的"劳动三分法"国家的经验和教训。

欧洲各国在"第三类劳动者"的法律身份认定标准方面积累了大量的立法和司法经验，应当说，这些标准并非为应对平台灵活用工而产生。在前平台经济时代，灵活就业人员被赋予独立的身份，部分适用劳动法的现象即广泛存在，在平台经济中，这种解决问题的思路被广泛接受，且被迄今的实践证明是一种相对较好的思路。

德国劳动法上的"类雇员"（Arbeitnehmerähnliche Person）及其标准是"第三类劳动者"的典型模式。《德国民法典》将雇佣合同（Dienstvertrag）作为劳动合同（Arbeitsvertrag）的上位概念，前者指向允诺的劳务，与指向允诺劳动或劳务创造的积极成果的承揽合同（Werkvertrag）相区分，后者以主体之间的人格从属性与前者相区分，即劳动合同系具备人格从属性的雇佣合同。[1]人格从属性以工作时间的延续性和工作流程的他控性为基本标准，由此可能导致雇员对雇主在经济层面上的从属性，即雇员依靠这份工作生活。但是，人格从属性并不必然引发经济从属性，雇员该份工作的时间较短或者收入比例较少，都可能在经济上不依赖该雇主，例如非全日制用工即属于这种情况，同时在其他劳务交易关系中，提供劳务者也可能在经济上依赖于单一购买方。就此，提供劳务方被划分为四种类型：既有人格从属性又有经济从属性的一般雇员、有人格从属性但无经济从属性的非全日制雇员、无人格从属性但有经济从属性的"类雇员"、无人格从属性也无经济从属性的独立承包人。平台企业广泛应用移动互联网、算法、卫星定位控制网约工，但是又不强制要求工作时间，因此只是部分地满足人格从属性特征，但是大部分收入来源于一家平台的网约工在经济上又依赖于该平台企业，因此可以认定为"类雇员"。德国为此类型就业人员提供相当于雇员的集体权益保障，赋予该

---

[1] 参见 Reinhard Richardi, "Der Arbeitsvertrag im Licht des neuen § 611 a BGB", in *NZA*, 2017, S. 36ff.

群体结社以及就工资待遇与劳务委托方进行协商，自治经办社会保险，尤其是意外事故保险的权利。

日本工会法的调整对象与德国"类雇员"基本一致，也是以经济从属性作为界定标准的。[1]此外，加拿大的"依赖性承包人"（dependent contractor）、意大利的"准从属性劳动者"（il lavoro c. d. parasubordinato）、西班牙的"经济依赖性自雇佣劳动者"（trabajador autonomo economicamente dependiente）等类型要么以来源于单一委托方的收入比例为标准、要么以劳动提供者与接受者持续协同合作为标准，与德国"类雇员"采用的经济从属性标准都大同小异，这些群体一般都被赋予集体行动、合理报酬、健康与安全保障等权益。[2]

英国在 20 世纪 90 年代为了应对数量不断攀升的灵活就业者无法纳入雇员（employee）权益保障体系的状况，颁布了《英国就业权利法》等法律，在雇员和自雇者（self-employed）之外创造了"工作者"（worker）概念，认定标准包括：第一，在劳动合同下工作；第二，以任何约定方式与另一方订立亲自履行或承担任何工作或服务合同的个人，且另一方不是个人从事事业或职业的委托人或顾客。[3]第一项强调了亲自履行，第二项实际上是运用了不完全归纳法把自雇者的若干类型，如承揽人、商事主体等排除出去，也就是说，立法将无法证明符合自雇标准的其他劳务提供者作为了第三种类型，由于此类型很难归纳出具体的标准，因此立法排除那些不是始终一致地与雇员或自雇者相联系的先行情况。工作者享有最低工资、带薪年假、病假等与工资、工时相关的劳动基准权利。近年来，英国各级劳工法庭通过将 Uber、CitySprint、Deliveroo 等平台企业的灵活就业人员认定为工作者，从而支持了相关劳动权益保障的请求。

"劳动三分法"下的"第三类劳动者"作为解决新就业形态人员法律身

---

[1]　参见仲琦："日本平台经济下的'类雇员'概念建构及其启示"，载《中国劳动关系学院学报》2020 年第 4 期。

[2]　参见肖竹："第三类劳动者的理论反思与替代路径"，载《环球法律评论》2018 年第 6 期。

[3]　参见林欧："英国网约工劳动权益保障的思路、困境及启示"，载《中国人力资源开发》2019 年第 4 期。

份认定的思路并非无懈可击，其至少为司法实践带来了三大新问题。

首先，经济从属性的标准如何确定？经济从属性意味着提供劳务方依靠着某一个委托方支付的报酬生活，于是收入的比例当然地成为判断标准。加拿大将这一标准定为 80%，在德国和西班牙分别为 50% 和 75%，这些都是在长期司法适用中约定俗成的标准，并无太多理论依据，而且对不同收入水平的提供劳务方适用统一的标准并不合理，例如德国劳动法实务中还要求法官同时考虑劳动保护的"社会需求性"，由于低收入者可能对占比较低的收入份额也会非常依赖，法官还需要在个案中综合考量当事人的家庭收支状况，这不仅降低了司法裁判的可预见性，难以实现同案同判，而且对委托方而言也有失公平，因为其分发工作任务时无从调查提供劳务方的财务状况，但是事后可能被要求提供很多劳动权益待遇。[1] 相比而言，意大利采用"持续、协同与合作""项目工作"和"由委托人组织合作"为认定原则，[2] 似乎赋予了司法机关更大的自由裁量权，实践效果甚至还不如上述收入比例标准。

其次，如何防止"第三类劳动者"范围不合理拓展？"第三类劳动者"的认定标准是不存在人格从属性但存在经济从属性，但是相比更容易实现量化的经济从属性，人格从属性只能定性判断，由此导致在相当多的情况下，很难认定委托方是否控制了劳务提供方的工作流程，从而可能忽略了存在人格从属性的情形，将雇员认定为"第三类劳动者"，没有提供完整的劳动权益保障，或者反之，为"第三类劳动者"提供了劳动者的保障。英国在一起确定网约车工作时间的案件中即反映了这样的问题，在劳动关系中，工作时间是反映雇主控制权的重要因素，在工作时间内，即使雇主没有安排工作任务，雇员也需要随时待命，时刻准备着服务于雇主，而英国 Uber 公司认为，司机打开 App 后等待订单的时间里也有可能为其他网约车平台服务，因此对司机没有实施控制，而法院认为，Uber 的接单规则是，司机需要保证 80% 的接单率（即必须接受至少 80% 的 Uber 派单）且 10 秒钟之内连续 3 次不接单即强

---

〔1〕 See Wolfgang Daeubler, "Working People in Germany", *Comparative Labor Law & Policy*, 1999, 21, pp. 77-98.

〔2〕 参见王全兴、粟瑜："意大利准从属性劳动制度剖析及其启示"，载《法学杂志》2016 年第 10 期。

制退出 App，这表明司机在等待派单时间里并没有实质上的自由。[1]平台工作的复杂性决定了其无法简单套用传统劳动关系中的从属性标准，至少在没有形成共识之前，混淆雇员和"第三类劳动者"注定不会是个别现象。

最后，英国模式下如何将"亲自履行"适用于不同的网约工作？网约配送员和网约司机是目前各国规模最大的两类平台新业态从业者群体，二者的工作性质和工作完成方式有着明显的不同：出于公共安全的考虑，网约车平台都会对司机资质进行严格的审查，且一般情况下不允许已经接单的司机将工作转给其他司机，而网约配送工作由谁来完成并不会对顾客造成什么影响，因此配送平台一般不会限制网约工彼此之间转让订单，那么将"亲自履行"作为承包人或"第三类劳动者"的认定标准是不恰当的。事实上，与网约车司机相比，配送员的工作更为繁重且职业安全系数更低，更需要立法建立劳动权益保障的机制。2018 年，英国一地方法院驳回了当地工会代表 Deliveroo 平台劳动者进行集体谈判的请求，理由是该平台与劳动者的合同中约定，劳动者可以找其他人代替完成配送工作，此判决受到了多方的批评。[2]

尽管如此，"劳动三分法"仍有着"劳动二分法"不可比拟的优势。应当说，灵活性与精准的劳动权益保障是其力量的来源。从已有的立法例来看，"第三类劳动者"概念是从人格从属性和经济从属性的关系之中创设出来的。其首先肯定了人格从属性是劳动关系的本质特征，经济从属性仅仅是工业社会中典型劳动关系产生的客观结果，但是劳动权益保障制度并非全部基于人格从属性产生，其中很多类型旨在提升雇员在经济上与雇主博弈的能力，而很多劳务提供关系中也存在这种受托方与委托方经济地位不平等的现象，那么基于经济从属性建立权益保障制度的思路也相应地准用于这些关系之中。[3]

（2）"劳动三分法"在我国的未来。

上述考察显示，美国的实践表明新的认定标准很难达成社会共识，平台

---

[1] 参见 [2017] 11 WLUK 238.
[2] 参见林欧："英国网约工劳动权益保障的思路、困境及启示"，载《中国人力资源开发》2019 年第 4 期。
[3] 参见娄宇："新就业形态人员的身份认定与劳动权益保障制度建设——基于比较法的研究"，载《中国法律评论》2021 年第 4 期。

可以接受的方案是，在不认定劳动关系的前提下为从业者提供一些劳动权益保障措施，但是这些措施与从业者身份之间是否符合法律逻辑尚不明晰，似乎更像是一场平台用工领域的"辩诉交易"，这种交易更加依赖当时的社会经济环境与社会公众的接受程度，如果不纳入法律规范，难以构建为一项长期的法律制度，且无法为他国所仿效；以欧洲各国为代表的"第三类劳动者"模式有着较为严密的法理基础，虽然也存在诸多认定标准上的难题，但是这个思路显然更为合理，论证方向也更容易实现法律移植。

从属性标准是劳动法的起点问题，而劳动法治的发展就是一个不断突破从属性的过程。[1]如果将人格从属性与经济从属性作为两项标准，将劳务提供的各种类型进行排列组合，那么可以得出四类法律关系，对应四类劳务提供者：第一类，既有人格从属性，又有经济从属性，对应的是典型劳动关系与劳动者；第二类，无人格从属性，但有经济从属性，对应的是隶属于单一发包方的持续性承揽等关系与承包方，他们与劳动者很类似，所以也称为"类雇员"；第三类，有人格从属性，但无经济从属性，对应的是工作时间短或者从某一雇主处获得的收入占全部收入不高的劳动关系与相应的劳动者；第四类，既无人格从属性，也无经济从属性，对应的是偶尔性、自主性的劳务提供关系与提供者，也就是纯粹的自雇者。

从属性意味着双方主体的不平等性，于是产生了倾向性私法保护与强制性公法保护的必要性，因此，前三类法律关系都应当设计特殊的保护机制，不应当放置于奉守意思自治与契约自由理念的民法之中。在我国，第一类和第三类法律关系由典型性劳动法与非全日制用工的劳动法调整，第四类由民法调整，唯独第二类与相应的类雇员没有专门的法律调整，而相当多的网约工属于这个群体。当然，第三类法律关系仍然归属于劳动关系，原因在于人格从属性的两大要素在非全日制劳动关系中都表现得非常明显，虽然工作时间要短于正规劳动关系，但是也在实质上具备了继续性法律关系的特征，因此，这种法律关系下的劳动者仍然是正规劳动者，不能构成这里所言的"第

---

〔1〕 参见阎天："平台用工规制的历史逻辑——以劳动关系的从属性理论为视点"，载《中国法律评论》2021年第4期。

三类劳动者"。

此标准的问题在于，各国的经济从属性标准聚焦于收入比例，个案差异较大，司法适用性欠佳。笔者倾向于我国《劳动合同法》对非全日制劳动关系的界定标准，即在同一用人单位平均每日工作时间不超过 4 小时，每周工作时间累计不超过 24 小时。工作时间是一个适用于所有劳务提供者的标准，因为任何人的工作时间与私人时间总和都是固定的（1 天 24 小时），工作时间与工作量和收入水平之间的联系最为密切，如果一名就业人员将一天中大部分时间都用来服务于某一工作发放者，那么可以得出该人员依靠这份工作维持生计，即对工作发放者存在经济从属性。[1]该标准简单易操作，不仅可以有效地约束司法自由裁量权，而且符合人力资源的一般规律，任何企业都无法在减少劳动者工作时间的情况下保证服务质量，平台企业用工也不例外。

绕开人格从属性，在经济从属性上另辟蹊径，赋予处于模糊地带的劳务提供者一个新的身份，准用一些劳动权益保障制度，此思路经得起法理的推敲，并已经为许多国家所实践。尽管也暴露出来一些问题，证明其并不是最好的方案，但是与"劳动二分法"下的"套餐式"保障相比，其缺点最少，至少是一个最不坏的方案。目前对"劳动三分法"的批评主要集中在如果设置了这样一种新的法律身份，很可能会将原本作为劳动关系的新型平台用工关系认定为"第三类劳动关系"，从而将全面的劳动保障制度部分适用于这个群体，缩小了保障的范围，降低了保障的程度。笔者的观点是，一方面，这一问题可以通过完善"第三类劳动关系"的认定标准来解决，通过教义学方法总结归纳司法规则从来都是法学研究的本职工作，既然在工业社会我们可以确立劳动关系的认定标准并构建一套完整的劳动法律体系，在平台经济时代也同样可期。另一方面，"劳动三分法"的优势在于通过多样化的类型实现劳动权益保障制度的精准适用，一个可能的负面结果是全面的保障通过设置新的类型仅获得了部分的保障，但是反之亦成立，一个原本无

---

〔1〕　参见娄宇："平台经济灵活就业人员劳动权益保障的法理探析与制度建构"，载《福建师范大学学报（哲学社会科学版）》2021 年第 2 期。

保障的民事劳务关系也获得了部分的保障，如果这种保障具备合理性，那么这个结果则是正面的，正是所谓"千鸟在林不如一鸟在手"，部分的有总归强于"套餐式"的全无。这大概就是"劳动三分法"在平台经济时代力量的源泉。

## 二、新就业形态劳动者权益保障的法理基础

传统劳动法诞生于 18 世纪初期的社会化大生产时代，当时的产业结构单一、用工方式简单，雇员的典型形象是处于流水线车间的产业工人，运用雇主提供的生产场所和生产工具从事依附性劳动，劳方对资方的人格从属性与经济从属性呈现出较为原始的状态，即前者一旦选择让渡劳动力，则在工作时间内完全向后者让渡了人身自由，由于技术条件所限，劳动力只能与生产资料紧密结合才能完成生产，而生产资料的稀缺性与独占性决定了雇员只能依附雇主从事劳动生产，[1]且一旦离开了雇主则生计堪忧，因此具备人格从属性必然也产生了经济从属性，劳动法没有再细分两类从属性的必要，在工人阶级、政府的多方推动下，劳动监察、劳动合同、集体协商、社会保险等保障劳动者权益的制度逐步建立起来。然而，随着新技术的应用，在平台企业的经营过程中，劳方对资方的依附性发生了很大的变化，人格从属性不断削弱，经济从属性却依旧存在，原有制度在新经济形式下显得捉襟见肘。

### （一）经济从属性的价值

人格从属性为本质特征，经济从属性为辅助特征，因此有必要探寻劳动法制度究竟服务于两类从属性的哪些目标，这种"抽丝剥茧"式的研究有助于细化劳动法制度的功能，从而确定哪些制度可以或者必须适用于作为"类雇员"的网约工群体。

在社会化大生产时代，雇员深度参与雇主组织，对雇主产生了高度的黏性，再加之人格从属性的影响，雇员为了生计选择为雇主劳动，需要在工作

---

〔1〕 参见闫冬：《劳动法的时代序章：社会化小生产时代的劳动保护研究》，中国法制出版社 2020 年版，第 87 页。

时间里全面听从雇主的指挥和调度，那么发生的意外伤害就可以直接或者间接地归罪于雇主，因此产生了以雇主缴费和无过错补偿为主要特征的工伤保险制度；雇员对雇主的高黏度与生产资料为雇主所独占共同决定了，雇员一旦选择为某一雇主工作则高度依赖该雇主，法律需要通过维护劳动合同的稳定性来保障雇员收入的稳定性，因此产生了以稳固劳动关系为基本功能的劳动合同制度，而雇员离开雇主就意味着生计无着，因此产生了旨在提供生活帮助的经济补偿和失业保险制度；同时，由于存在高度的人格从属性与黏度，雇主在客观上就获得了增加工作时间和提高劳动强度的优势地位，因此产生了保障雇员基本生存权的休息休假、职业安全健康等劳动基准法制度。[1]由于这几类制度都是基于人格从属性产生的，因此在网约工群体类推适用时应当慎重。

经济从属性发端于劳资双方占据生产资料能力上的差异，由于雇主能够独占稀缺性资源，双方的经济博弈能力有别，因此劳动法赋予雇员群体结社的权利，使其可以联合起来获得与雇主平等协商劳动力的价格与劳动条件，打破雇主对相关价格的垄断权，产生了旨在实现劳资意思自治力量对等性的集体劳动法；[2]对于劳动者而言，劳动已经耗费了全部的时间和精力，但是创造价值的能力仍不及资本，依靠个人力量难以解决老龄、疾病、失能造成的劳动力丧失风险和健康损害，因此建立了以劳资共担为主要特征的社会保险制度（不含工伤保险）。[3]这两类制度基于经济从属性产生，长时网约工与平台企业之间也具备经济从属性，因此可以探讨类推适用的可能性。

（二）基本权利与衍生权利

劳动法的基本功能是保障劳动者的权利和利益，前者由法律直接赋予实体内容，后者由法律规定程序性保障机制，再由该机制实现实体内容。劳动者的权利有基本权利和衍生权利之分：劳动基准法通过公权力手段对劳动关

---

〔1〕　参见《劳动与社会保障法学》编写组编：《劳动与社会保障法学》，高等教育出版社2018年版，第72—151页。

〔2〕　Marina Lao, "Workers in the 'gig economy': the case for extending the antitrust labor exemption", in *UC Davis Law Review*, 2018, 51（4）, p. 1543.

〔3〕　参见娄宇："新就业形态群体的社会保险制度设计"，载《中国医疗保险》2020年第1期。

系适度干预，保障劳动者的基本权利，因此生命安全和身体健康、生存所依赖的劳动报酬收入和保险福利待遇这些基本权利归于这个法律部门，劳资双方通过意思自治排除无效，且要求雇主承担行政责任，从而在整体上归于效力性规范；而对于基本权利衍生出来的经济性权利，法律一方面建立了以管理性规范为主的劳动合同制度，虽倾向于保护劳方权利，但是不否认协议的效力，另一方面建立了程序性的集体协商制度，平衡劳资双方的博弈力量，允许劳方以团体的方式争取基本权利之上的利益。劳动者权利的层级也应当成为探讨劳动法类推适用于作为"类雇员"的网约工的说理依据。

1. 作为基本权利的生存保障权利

虽然网约工的工作缺少人格从属性的实质内容，但是长时网约工通过为平台工作维持生计，且面临的职业安全风险状况与传统劳动者并无本质区别，因此可以初步判断，劳动基准法大概可以类推适用于全日制网约工，考虑到所有就业人员都应当享有平等的生存权和健康权，甚至兼职网约工也有类推适用的必要。

但是综合人格从属性的要求来看，劳动基准法中的大部分内容都应当排除在外，因为工作时间要素是重要的决定因素。平台就业的特点即灵活和自主，如前所述，平台不会限制网约工的工作时间，也不会提出工作时间的专属性要求，这意味着，网约工的工作时间长短实质上是自行决定的，那么工作时间和休息休假制度基本上没有适用的空间，[1]同理，女职工劳动保护制度也没有适用的必要，由于女性网约工没有女性劳动者那样的强制工作时间，

---

[1] 劳动经济学研究认为，出于地域、行业的差异以及信息不对称的原因，劳动者在不同工作岗位之间转换需要付出机会成本，因此只能在相当长的时间内委身于一家用人单位，法律需要保障劳动者长时间工作之后恢复体力和脑力的权利，因此设置了休息休假制度以及节假日工作的加班工资制度，其实质上是一种实现劳动力市场供需均衡的策略。参见蔡昉主编：《劳动经济学》，中国社会科学出版社2015年版，第119-122页。但是，平台就业具备灵活性和便捷性的特点，就业者很容易在不同工作与平台工作之间转换，以及在多个平台之间转换。一方面，网约工的工作自由自愿，可以自行安排休息休假；另一方面，工作信息交互的便捷性使得劳动力供需平衡很容易达到，数倍于工作日工资的节假日工资并不能保证就业者实际获利。打个比方，如果"十一"假期的接单报酬为平时工作日的三倍，那么可能吸引更多的网约工接单，平均接单量就会减少，实际收入未必会增加。当然，平台企业为了保障节假日的运力，通过额外发放接单补贴的方式吸引更多的网约工也应当支持和鼓励，这种情况则另当别论。

也就没有强制的工作安排，完全可以依据对自身健康状态的了解自行决定是否接单，因此也就没有法律强制保障的必要。有学者指出，平台算法会对女性网约工造成歧视，导致派单和收入状况处于不利的地位，这个群体处于工作权利无保障的状态。[1]笔者认为此问题可以通过"算法透明"，即要求平台披露算法要素的中立性来解决，没有必要建立单独的女性网约工保障制度，同理还有残疾人网约工的保障制度。[2]职业安全保障则不同，因为虽然接单是自行决定的结果，但是完成该单任务的过程面临的安全风险却是被动接受的，而且网约工处于与劳动者相同的工作监控之中，因此即使在时间和场所的问题上难以区分工作性质和生活性质，法律也应当建立强制的职业伤害保障制度。

经济从属性的另一要求是为全日制网约工提供收入和劳动条件保障。我国网约工在经济来源的稳定性和收入数额方面并不亚于普通劳动者，[3]因此以最低工资和工资支付保障为主要内容的工资支付制度没有适用的必要。目前这个群体亟需的是获得与平台平等的劳务议价权和劳动条件协商权，各类算法的应用导致网约工的工作强度与收入越来越不成比例，建立一个行之有效的集体协商机制势在必行。职工社会保险是一项为劳动者提供生存保障的经济性制度，基本医疗保险旨在保障参保人的生命权和健康权，所有公民应当无差别地享有这两项权利，但是受限于城乡差别和收入差别，无稳定收入的居民缴费低、待遇低，短时期内无法做到与职工群体"并轨"，而全日制网约工对平台的经济从属性与职工对单位并无区别，劳资共担劳动者疾病风险的制度理应也适用于这个群体。

---

〔1〕　参见张凌寒："共享经济平台用工中的性别不平等及其法律应对"，载《苏州大学学报（哲学社会科学版）》2021年第1期。

〔2〕　也有偏离性观点认为，平台应当主动承担规避算法歧视的责任。参见网址：https://baijiahao.baidu.com/s? id=1613836141610858908&wfr=spider&for=pc。笔者的观点是，平台接单歧视并非就业歧视，而是系统算法的歧视，不应当由劳动法来解决，可尝试通过算法的法律规制和一般平等待遇法的路径来解决。

〔3〕　数据来源：北京义联劳动法援助与研究中心："新业态从业人员劳动权益保护（2020）"，载http://www.yilianlabor.cn/yanjiu/2021/1909.html，最后访问日期：2022年1月24日。

2. 作为衍生权利的经济性权利

原则上，劳动者的经济性权利属于衍生权利，法律不会过度介入其实体内容。以倾斜性保护条款和管理性规范为主要特色的劳动合同法制度保障的即是这类权利，职工社会保险中的权利义务对等型险种，即养老保险和失业保险也旨在保障这类权利，这些劳动法制度难以适用于网约工群体。

劳动合同法制度虽采倾斜性保护的设计理念，但是仍然遵循契约自治原则，如在经济补偿金的问题上，双方在真实意愿的基础上也可以作出偏离法律的约定，多支付或少支付，抑或不支付都具备效力，那么将这一类任意性条款和管理性条款适用于网约工群体的必要性就打了折扣。更为重要的是，劳动合同法保障的权利多为劳动者的衍生性经济性权利，人格从属性的色彩强烈，难以适用于网约工。经济性权利的主要表现形式是工资收入、停工期间的工资损失补偿（主要是病假工资、带薪年休假等）、长期或短期退出劳动力市场的工资损失补偿（主要是经济补偿金、养老保险、失业保险等），由于人格从属性中的时间要素在这些领域发挥着至关重要的作用，因此经济性权利的衡量标准与工作时间密不可分，例如劳动合同法倾向于为长期受雇于一家用人单位的劳动者提供无固定期限劳动合同，保障其稳定的收入；病假期与劳动者的实际工龄以及在该企业的工龄有关，带薪年休假要求劳动者至少为单位连续工作一年；经济补偿金按照劳动者在单位的工作年限来计算，旨在对经年累月的劳动贡献进行补偿等。概因为雇员选择一家雇主建立了劳动关系之后，在工作时间方面就只能听命于雇主，而工作的积极成果无法作为劳动关系的标的，所以雇主也只能基于劳动关系的时间要素来发放薪酬和决定各类福利待遇。[1]网约工自主选择接单，也就自定了工作时间，平台计酬的标准是接单量，整个工作流程欠缺时间要素，因此也就欠缺了上述经济性权利所依赖的衡量标准，法律介入的可能性不复存在。

失业保险的待遇与缴费相关，缴费又与工作时间相关，劳动者在用人单位的累计缴费时间和缴费额越高，失业之后获得的待遇越高，网约工的工作

〔1〕 See Stefan Greiner, "Erfolgsbezogene Vergütungen im Arbeitsverhältnis-oder: derArbeitsvertrag als spezieller Werkvertrag?", In *RdA*, 2015, S. 218.

欠缺时间要素，这个群体的就业和失业状态表现为登录系统接单和退出系统不接单，这意味着失业状态系其自主选择的结果，与失业保险原则上要求的被动失业有着本质的区别。另外，在平台经济时代，平台提供的就业机会理论上是无穷尽的，很难认定网约工被动陷入了失业状态。

这里存在争议的是基本养老保险。网约工，尤其是全日制网约工在年轻力壮时服务于平台企业，年老丧失劳动能力之后，同样也有对经济保障的需求，在这一点上他们与劳动者并无本质差别，法律似乎不应当将网约工排除在这个制度之外。本书的观点是，职工养老保险制度不宜适用于网约工，理由有三：首先，基本养老保险遵循权利义务一致的原则，衍生性权利的色彩浓厚。养老保险遵循"多缴多得、少缴少得"的待遇确定原则，我国的基本养老保险没有保障最低生活标准的功能，其旨在保障退休之后的生活与在职相比不严重下降，因此更接近于一项私法制度，[1]保障的是衍生性权利。其次，我国职工养老保险缴费率高，不利于平台经济发展。基本养老保险是缴费率最高的，也是用人单位负担最重的社会保险险种，没有必要要求以灵活便捷为主要特点的平台就业形态背负上沉重的包袱。最后，灵活就业人员可以选择参保职工保险和居民保险。我国职工基本养老保险为灵活就业人员预留了制度空间，这个群体可以以自己缴纳保费的方式参保，同时也可以选择参保缴费更低、政府补贴更高的居民保险。

### 三、新就业形态劳动者权益的类型与实现机制

劳动法上为劳动者提供的权益保障有三类：私法性保障、公法性间接保障及公法性直接保障。私法性保障通过劳动合同制度中的倾斜性保护条款实现，主要以解雇保护制度为核心；公法性间接保障通过规定单位作为和不作为的义务间接为劳动者提供权益保障，以劳动基准制度和集体劳动关系制度为核心；公法性直接保障制度通过规定劳动者、单位、国家的作为义务直接为劳动者提供权益保障，以社会保险制度和就业促进制度为核心。值得指出的是，无论是

---

　　[1]　参见董保华、李干："我国社会保险权利救济制度的理论悖论与现实困境——'裕元事件'引发的思考"，载《法学》2015 年第 1 期。

建立在新标准上的"雇员"，还是二分法之外的"第三类劳动者"都仅仅是放置劳动权益的盒子，这个盒子里面究竟有哪些劳动权益是因国而异的，因此切不可将这些标准奉为认定新业态从业人员法律身份的普世原理，简单套用于我国，那无异于"买椟还珠"，最后出现的肯定是"南橘北枳"的结果。

要把必要的法律制度应用于实践还需要解决可行性问题，即如何设计制度的问题。由于网约工群体在计酬方式和发放方式、工作时间与工作地点以及身份分类等方面与劳动者存在诸多差别，因此相关制度的结构性特征也必然存在差别，劳动法上的制度无法直接适用于网约工群体。

（一）基本医疗保险制度

我国的职工社会保险由职工和用人单位共同承担保费，这是由前者对后者的经济从属性决定的，因此费用共担原则也适用于相关的网约工和平台企业参保基本医保的制度安排，缴费基数应当类推适用，多重保险关系问题应当妥善解决。

1. 参保与缴费

满足全日制工作时间标准的长时网约工系"类雇员"，与平台存在经济从属性关系，因此应当作为职工基本医疗保险的强制参保人，前文已经交代了这个参保资格的确定标准问题，这里不再赘述。值得继续探讨的是，网约工接入接单系统之后的等待派单时间是否应当算作工作时间？笔者认为，网约工等待派单的时间与劳动者的待命时间具有实质差别，由于劳动者需要遵守考勤制度，因此工作场所内的待命时间是不自由的，仍需要听从单位的指挥，整体上应当认定为工作时间，[1]但是平台灵活就业一般没有考勤制度，网约工在等待派单的时间里可以自由退出系统，只有接单之后才听从平台的指挥，因此接单之后至该单完成的时间宜计为工作时间。

另外需要确定的问题是缴费基数和缴费方式。在传统职工医保中，将该企业全部职工工资作为缴费基数，由用人单位缴纳单位负担部分并代扣职工负担部分，工资一般按月支付，因此医保也按月缴费。而在平台经济灵活用工中，即使全日制网约工的收入也按照接单量计算，虽然定期支付，但是每

---

〔1〕 参见孙国平："劳动法上待命时间争议的认定"，载《法学》2012 年第 5 期。

一笔接单收入更类似于承揽合同的酬劳，与职工保费数额按照工作时间来统计存在较大差别，如何扣缴成了一个难题。本书主张借鉴以完成一定工作任务为合同期限的劳动者的参保缴费方法，即将以工作量计酬的工资核算到每个月，以月收入作为费基，对应相应的费率。未来可以要求平台企业在每一单的酬劳中预扣一定比例，月末计算满足参保条件的网约工的缴费基数，按照费率扣除个人缴费部分之后，将预扣部分多退少补。

2. 多重保险

平台经济就业作为一种灵活就业的方式，有可能被劳动者作为普通劳动关系的补充，也就是通常所谓的兼职工作，如果在普通劳动关系之外再从事网约工作，或者从事多份网约工作，就会产生这样的问题，多份工作是否构成了多重劳动关系？由于普通劳动关系被要求强制参加各类社会保险，那么多份工作是否需要建立多份社会保险关系？另外，由于网约工还可能具备城乡居民身份，如果其参加了居民社会保险，主要是居民基本养老保险和居民基本医疗保险，同时又被强制或者自愿参保了职工社会保险，那么满足退休条件或者发生疾病之时是否可以重复给付？[1]

（1）多重社会保险关系。

从实践来看，除了网约工在一家平台企业工作的简单就业状态之外，可能有三种复杂的状态：第一种，劳动者已经与其他用人单位建立了正规劳动关系，再通过平台企业获得一份兼职工作；第二种，网约工没有与任何单位建立正规劳动关系，但是在多个平台企业从事网约工作，在其中一家平台企业的累计工作时长已经达到了全日制劳动关系的标准；第三种，网约工在多家平台企业工作，但是在任何一家平台的累计工作时长都未达到全日制劳动关系的标准，而全部累计工作时间达到了这一标准。其中第一种又可以分为两种情况，一种是在平台企业的工作时长达到了全日制劳动关系的标准，另一种是未达此标准。按照本书的设计，工作时间较长的网约工由于与平台企业存在经济从属性，也应当成为强制参保人，因此就产生了多重社会保险关

---

〔1〕　相关内容可详见娄宇："平台经济从业者社会保险法律制度的构建"，载《法学研究》2020年第 2 期。

系的问题。

首先，由于平台就业被认定为劳动关系比较困难，[1]因此在这种情况下，劳动者应当在其用人单位处参加社会保险，不能因为其有多重劳动关系或兼职而推诿社会保险义务和责任，这是毋庸讳言的。[2]退一步讲，即使在例外情况下，平台就业被认定为劳动关系，即建立了多重劳动关系，也并非不被法律所认可，按照《劳动合同法》的相关规定，劳动者同时与其他用人单位建立劳动关系，对完成本单位的工作任务造成严重影响，用人单位可以在劳动者拒不改正的情况下解除劳动关系，也就是说，多重劳动关系的认可权掌握在用人单位手中，而按照我国《社会保险法》的要求，国家为公民建立全国统一的个人社会保障号码，而社会保障号码为公民身份证号码，也就是说，多重劳动关系也不会产生多重的职工社会保险关系。对于第一种状态下的第一种情况，与其他单位建立了劳动关系的网约工即便是平台工作时间达到了全日制劳动者的标准，被强制参加社会保险，也不会产生多重社会保险关系，劳动者还是应当在建立劳动关系的用人单位参保职工基本医疗保险。

其次，与其他用人单位建立劳动关系的劳动者又从事工作时长相当于非全日制就业的网约工作的，可以参照非全日制劳动者参保社会保险的办法。非全日制劳动者与用人单位的经济从属性较弱，不作为强制参保职工基本医疗保险的参保人，因此第一种状态下的第二种情况也不强制参保职工基本医疗保险。

再次，在多个平台企业就业的网约工如果在一家平台企业的累计工作时间达到了全日制劳动者的标准，那么根据经济从属性原理，该平台应当为网约工参保职工基本医疗保险。为了给从业者提供更多的保障，可以通过税收手段鼓励平台企业为其投保商业意外事故险。

最后，网约工在多家平台企业就业，全部累计工作时长已经达到了全日制

---

〔1〕 根据北京市朝阳区人民法院公布的数据，2015年至2018年第一季度，在受理的188件互联网平台用工劳动争议案件中，确认平台与从业者建立劳动关系的为39件，仅占全部案件的五分之一。有鉴于北京市朝阳区是大量平台经济企业的驻地，服务产业发达，因此这些数据具有较强的代表性。参见朝阳区人民法院：《互联网平台用工劳动争议审判白皮书》，载 https://www.chinacourt.org/chat/chat/2018/04/id/49414.shtml，最后访问日期：2021年11月29日。

〔2〕 参见问清泓："共享经济下社会保险制度创新研究"，载《社会科学研究》2019年第1期。

劳动者的标准，但是在任何一家平台企业都没有达到此标准的，此情况与非全日制就业类似。经济从属性强调的是就业者在某一家用人单位获得的报酬构成了其收入的主要来源，因此不应当强制此类网约工参保职工基本医疗保险。

（2）社会保险的重复参保。

按照前述分析，网约工作为社会保险制度的强制参保人，应当体现在职工基本医疗保险之中，职工社会保险的参保资格对应其身份证号码，一个职工只能参保一次职工基本医疗保险，因此基本医疗保险不存在重复参保的可能，也就不可能出现待遇给付方面的重合。

网约工的重复参保主要体现在以居民身份以及以职工身份参保的基本医疗保险和基本养老保险之中。这实质上并不是一个伴随着平台经济就业形态产生的新问题，而是自我国 2010 年颁布的《社会保险法》将非全日制就业和灵活就业人员作为职工社会保险的自愿参保群体之后就已经产生的问题，由于这些群体往往也参保了居民社会保险，于是就产生了重复参保能否重复给付的问题。共享经济的蓬勃发展为城乡居民提供了更多的灵活就业机会，于是这个老问题被重新提起，成了共享经济从业者参保社会保险制度设计中不能忽略的内容。

整体而言，网约工的重复参保制度应当从保险的基本原理出发，并综合考虑各项社会保险作为国家福利制度要实现的功能来设计。

首先，在基本医疗保险方面，应当遵循补偿型保险的基本理念。商业保险可以依据其给付方式区分为补偿型保险和定额给付型保险。前者系保险人的责任，是以补偿被保险人的经济损失为限的保险，后者系按照合同约定，对符合保险理赔条件的，按保单载明的保险金额全额给付的保险。一般而言，以财产为保险标的的保险一般都是补偿型保险，由此遵循损失补偿原则，即被保险人获得的保险赔付不得超过保险标的本身的价值，以人的生命和健康为保险标的的保险一般都是定额给付型保险，原因在于人的价值难以用金钱来衡量。[1]由于医疗费用也是以金钱来衡量的，因此医疗保险也有以医疗费

---

[1]　参见韩长印：“中间型定额保险的契约危险问题——中间型保险重复投保引出的话题”，载《中外法学》2015 年第 1 期。

用为标的的补偿型保险。[1]社会医疗保险遵循实物给付原则，这是其与商业保险的区别之一，因此如果借鉴商业保险的分类方法，社会医疗保险可以归入补偿型保险之列。

按照《社会保险法》对实物给付原则的相关规定，基本医疗保险的参保人在本统筹地区就医时产生的医疗费用除自付部分外，由医保支付的部分由医疗机构和社会保险经办机构直接结算，而在异地产生的医疗费用在目前已经建立异地直接结算制度的统筹地区之间也按照这一方式结算，在没有建立该制度的统筹地区之间由参保人先行垫付，而后在参保地报销。由于原始报销单据是独一无二的，因此在实践中并无重复支付的可能，这也是基本医疗保险作为定额补偿型保险的特征所决定的。

唯一值得提出的是，参保人以多种身份参保基本医疗保险，实质上是为各项保险都贡献了保费，但是获得待遇却只能来源于某一种保险，这对于参保人而言无疑是承担了不必要的负担。鉴于我国的城乡居民基本医疗保险以家庭为单位参保（除了建立劳动关系的家庭成员，所有成员都应当缴费参保），应当允许已经以强制参保人身份参保职工基本医疗保险的网约工豁免作为家庭成员参保居民医保。如果网约工在两项保险中都参保，在发生医疗费用时可以选择待遇水平较高的职工基本医疗保险支付，同时允许其在参保职工基本医疗保险的期间在居民医保中退保。由此，全面贯彻了基本医疗保险作为定额补偿型保险的性质并遵守了社会保险的实物给付原则，同时还兼顾了在多个险种中参保和缴费的公平性。

应当特别提出的是，在应然的层面上，工作时间长、收入并不低的网约工参保居民医保是值得商榷的。既然经济从属性是社会医疗保险的法理基础，那么就应当允许与平台企业具备该从属性的网约工参保职工基本医疗保险，鉴于目前医保大多在地市级统筹，以及各地退休免缴费参保在累计缴费年限的限制，短暂从事网约工作的新业态劳动者在就业地参保职工基本医疗保险既不划算，也不合理，[2]未来应当允许新业态劳动者选择在户籍地以灵活就

---

[1] 参见温世扬："'中间性保险'及其私法规制"，载《北方法学》2013年第3期。

[2] 例如，北京市规定，男职工累计缴费25年，女职工累计缴费20年，退休后不缴费，继续享受医疗保险待遇。参见北京市人民政府2001年2月20日颁布的《北京市基本医疗保险规定》。

业人员身份参保职工基本医疗保险。

其次，在基本养老保险方面，应当遵循便携和可折算的基本理念。按照上述设计，网约工可以以灵活就业人员的身份自愿参保职工基本养老保险，同时还可以自愿参保城乡居民基本养老保险，则在达到各自要求的领取养老金待遇条件时是否可以同时申领？

在我国的社会保险法律制度体系中，职工和居民是两种不同的身份，分别对应了不同的参保和缴费方式，同时，政府补贴的方式迥异。职工基本养老保险采取自愿和强制相结合的参保方式，并采用社会统筹和个人账户积累相结合的缴费方式，缴费基数和比例由法律统一规定，政府补贴主要体现在养老金给付阶段；而居民基本养老保险采取自愿参保的方式，只建立个人账户，分为若干项缴费标准，参保人自行选择，贯彻多缴多得的原则，集体补助和政府补贴体现在对缴费的补贴中，同时政府补贴还体现在作为养老金待遇组成部分的基础养老金中。我们可以明显地观察到，居民基本养老保险的参保人享有更多的契约自由，同时享受了更高比例的政府补贴，与职工基本养老保险相比，居民保险更像是一项带有私法色彩的国家福利制度。也就是说，这两项制度是针对不同的公民群体设立的，有着各自不同的功能，同一公民不可能在同一时期拥有两种不同的身份，因此不应当允许重复参保，即使重复参保也不应当领取两份待遇。[1]按照人力资源和社会保障部、财政部联合发布的《城乡养老保险制度衔接暂行办法》的规定，参保人若在同一年度内同时参加城镇职工养老保险和城乡居民养老保险的，其重复缴费时段计算城镇职工养老保险缴费年限，并将城乡居民养老保险重复缴费时段相应个人缴费和集体补助退还本人，也就是说，参保人在重复缴费时段被认定为职工，不应当再作为居民享受政府补贴。

当然，在不同的时期，同一公民可以基于身份的变化在两种制度中参保，应当设计合理的衔接转移制度，保障参保人在两种制度中的公平参保权，这

---

〔1〕 这种制度设计与我国官方所持的意见是一致的，人力资源和社会保障部曾表示，参保人员应只有一份基本养老保险待遇，不能同时领取城镇职工养老保险和城乡居民养老保险两份待遇，对重复领取待遇的要进行处理。参见 http://www.mohrss.gov.cn/SYrlzyhshbzb/shehuibaozhang/zcwj/yanglao/201402/t20140228_125020.html，最后访问日期：2021 年 12 月 10 日。

对于工作时间灵活的网约工而言十分重要。按照《城乡养老保险制度衔接暂行办法》的规定，参保人员从城乡居民养老保险转入职工养老保险的，居民养老保险的个人账户全部储存额并入职工养老保险个人账户，居民养老保险缴费年限不合并计算或折算为城镇职工养老保险缴费年限；而从职工养老保险转入居民养老保险的，职工养老保险个人账户全部储存额并入居民养老保险个人账户，参加职工养老保险的缴费年限合并计算为城乡居民养老保险的缴费年限。对于居民保险转成职工保险的参保人而言，先前的缴费额低，转入高缴费额的险种之后却不能计算或者折算成缴费年限，这并不是一个合理的激励机制，不利于促进城乡居民积极进入劳动力市场，为平台经济行业提供劳动力资源。

对于职工保险转入居民保险的参保人而言，其只能转移个人账户的资金，作为职工的缴费年限只能合并计算为居民保险的年限也不甚合理。按照国务院颁布的《关于完善企业职工基本养老保险制度的决定》的相关规定，灵活就业人员按照当地上一年度职工的平均工资作为基数承担20%的缴费比例，其中8%计入个人账户，也就是12%进入了社会统筹部分，这个比例是相当高的，但是却只能将缴费年限1∶1计算成为低缴费额的居民保险的年限，相当于将12%的社会统筹缴费大部分留在了职工保险制度之中，这对于达到退休条件，准备回家乡养老的网约工而言并不划算，实际上是在鼓励这个群体继续补缴职工基本养老保险至最低缴费年限，不利于公民在不同身份之间自由转换。

就此，未来可以尝试在允许携带个人账户资金的同时，将居民保险的累计缴费年限适当折算成为职工保险的年限，同时提高职工保险的累计缴费年限折算成为居民保险年限的比例，在鼓励就业的同时保障公民转换身份的自由。

（二）职业伤害保障制度

在市场经济中，资方倾向于劳动力市场的灵活性，而劳方更强调劳动条件的安全性。在平台经济时代，这种劳资博弈的特点依旧存在，网约工从事的驾驶、物流、配送等工作对职业安全的需求非常强，频繁发生的意外事故同时威胁到了网约工（很多情况下也包括第三人）的生命健康，平台企业也陷入了被追究侵权责任的深渊中，社会舆论要求平台承担责任的声音不绝于耳，相关的司法判决亦不鲜见。[1]如果说社会保险是平台灵活就业者劳动权益保障领域最受关注的问题，职业伤害保障则是重中之重。

目前，平台企业采用的职业伤害保障措施呈现出两大特点：第一，平台强制网约工投保商业意外事故险并在接单收入中代扣保费，缴费不高，待遇水平也较低；第二，在相当多的平台就业造成的交通意外事故中，网约工与第三人同时伤亡，由于风险的同质性，很多平台将此两种风险同时投保，例如某配送平台要求众包劳动者（平台的网约工）投保个人意外保险与第三者责任险的集合，要求合作劳动者（平台合作商雇用的劳动者）投保雇主责任险与第三者责任险的集合，[2]实际上是要求网约工为第三人的伤亡负责。应当指出的是，虽然从表面上看，追究对第三人的侵权责任不属于传统意义上的职业安全保障，但是实践中频发的意外事故给第三人造成的伤害也让网约工担负着沉重的赔偿责任，此责任基于工作行为而产生，也可视为广义上的劳动权益，笔者拟在广义的层面上探讨这些问题。

出于经济从属性的考虑，全日制网约工应当作为职工基本医疗保险的强制参保人，在医疗待遇项目方面可以与工伤保险保持一致，因此通过商业保险解决意外事故风险的做法并不可取。同时，劳动法上的雇主替代责任似乎也有类推适用于网约工作导致的侵权行为的必要性。

1. 现行地方政策

目前各地的政策可以按照与传统工伤保险的关联度为标准，划分为"直接加入工伤保险""自愿参加单工伤保险""非工伤保险"，其中"非工伤保

---

〔1〕 "司机接单途中身亡仅1万元赔偿，网约工的'伤'该找谁赔？"，载 http://www. legaldai-ly. com. cn/index/content/2018-09/25/content_ 7652680. htm？node＝20908，最后访问日期：2021年2月13日。又如在"饿了么"劳动者杜某造成行人于某十级伤残的案件中，北京市朝阳区人民法院以受害人于某无法知悉"饿了么"与杜某的法律关系，如果要求于某去追究两方存在劳动关系再去追偿，将会加重诉讼负担为由，要求"饿了么"及"蜂鸟配送"平台的经营者承担相应责任。"'饿了么'骑手送餐撞人致十级伤残，公司被判赔偿27万"，载腾讯网，https://new. qq. com/rain/a/20201222a0ciw000，最后访问日期：2021年2月13日。

〔2〕 参见美团网骑手招募广告，载 http://i. meituan. com/peisong/rider，最后访问日期：2021年2月13日。

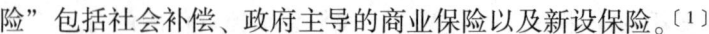

险"包括社会补偿、政府主导的商业保险以及新设保险。〔1〕

（1）"直接加入工伤保险"模式。

该模式在平台经济到来之前即已存在。一些地区早就作为试点推行过灵活就业人员参保工伤保险的办法，并建立了与职工不同的缴费和基金统筹制度，〔2〕但是这些试点政策的实施效果并不理想，粗线条的理论设想在多样化的社会实践面前显得捉襟见肘。

障碍主要表现在两个方面，第一，在传统工伤保险制度中，医疗期内工资福利待遇、护理费、一次性就业补助金等待遇由用人单位支付，灵活就业人员无"单位"，这些待遇无法落实；第二，工伤保险系"有因式"给付，在工作时间和工作场所基于工作原因发生的意外伤害方可补偿（即"三工原则"），这与基本医疗保险原则上不问缘由、统一支付具有本质差别。〔3〕灵活就业人员工作时间不定，且工作场所与生活场所容易混杂，很难区分工作原因和非工作原因，工伤调查取证难、认定难。〔4〕考虑到工伤认定的"三工原则"本就不是一个确定的法律概念，在实践中还需要司法机关对所有工作关联性做整体考量，即便如此，同案同判的效果都不甚理想，〔5〕更遑论确定灵活就业人员意外伤害的性质。如果说第一个障碍尚可以通过建立单独的基金，排除用人单位待遇给付项目来消解，那么第二个障碍几乎就是致命的，相当于直接为网约工的工伤保险制度宣判了"死刑"。

---

〔1〕 参见王天玉："试点的价值：平台灵活就业人员职业伤害保障的制度约束"，载《中国法律评论》2021年第4期。

〔2〕 如江苏省南通市、太仓市，山东省潍坊市都推行了类似的试点政策，有的采用了与职工工伤保险基金合并的模式，有的采用了建立单独基金的模式。

〔3〕 根据我国《社会保险法》第30条，除由工伤保险支付、第三人负担、公共卫生负担、境外就医四种情况之外，其他诊疗费用都可由基本医保基金支付。

〔4〕 不存在劳动关系也强制参保工伤保险的实例亦有之，除了前文列举的在校实习生，最高人民法院司法解释还规定，当土木工程、建筑行业存在违法转包、分包的情形时，用工单位承担职工的工伤保险责任不以存在劳动关系为前提。因此，有学者以此制度为例阐述"互联网+"下灵活就业者的工伤保险制度的可行性，但是这些行业的工作时间和工作场所往往是比较确定的，意外伤害也容易归因于工作，工伤认定方面难度较小。而平台经济工作的特点是，从业者借助移动互联网与平台企业交流信息，因此工作时间灵活，工作场所不固定，工作行为与生活活动混淆不分，此工作与实习生、土木建筑工作并不具有可比性。参见李坤刚："'互联网+'背景下灵活就业者的工伤保险问题研究"，载《法学评论》2019年第3期。

〔5〕 参见郑晓珊："工伤认定一般条款的建构路径"，载《法学研究》2019年第4期。

（2）"自愿参加单工伤保险"模式。

"单工伤保险"不以存在劳动关系为前提。以广东省为例，广东试点将新业态职业伤害险适用于"通过互联网平台注册并接单，提供网约车、外卖或者快递等劳务"的情形，但是同时也明确提出"未建立劳动关系的新业态从业人员"，这表明新业态从业人员中同时存在劳动关系与非劳动关系两种状态，那么现行工伤保险与职业伤害险亦应并存。

在待遇给付方面，以平台大数据的记录为准。将平台的派单、接单记录作为认定工作时间、工作地点、工作原因的重要依据；在多个新业态企业参保工伤保险的，由发生事故伤害时正在送单的派单企业承担工伤保险责任。此做法看似比"直接加入工伤保险"模式合理一些，但是人格从属性带来的问题实质上仍然没有得到解决。

曾有学者指出，如甲在某地服务中介平台联系到个体家政工乙，请乙到甲家中做保洁，乙在做保洁时不慎跌伤，乙与服务平台仅为中介关系，要求平台承担用工主体责任实际上是要求其负担难以实施的劳动控制行为，任何一家平台都将难以为继；又如外卖骑手送完一单之后关闭某一平台软件，后发生意外事故，外卖骑手主张是回家途中发生的事故，要求认定为工伤，又当如何处理？[1] 笔者在平台企业调研时，也有人提出假设，如果有人崴脚导致骨折，可以立刻登录平台接单，而后谎称取货时发生，当如何认定？平台记录也无法反映这类信息。如果再考虑到由平台支付的以上一年度社会平均工资为标准计算的病假工资，则荒谬之处愈加凸显。"48 小时"工伤条款的适用恐怕问题更多，假如平台劳动者在多家平台接单工作之后猝死，应当归责于哪一家平台？就工伤认定实务而言，这些悖论是致命的，无疑会大大加重工伤认定机关的负担，即使勉强作出认定，也难以统一标准，从而削弱行政确认行为的权威性。如前所述，山东潍坊、江苏南通和太仓等地多年前即已作为试点推行过灵活就业人员参保工伤保险的办法，有的采用了单独建立基金的办法，有的与职工工伤保险合并实施，但是效果并不理想，有因式给

---

〔1〕　参见王天玉："新业态就业中的'单工伤保险'"，载《中国社会科学报》2021 年 3 月 31 日，第 A05 版。

付的工伤保险演变成了无因式的、待遇更加优厚的医疗保险，无视法理依据的后果就是两个险种的功能混淆并发生了一定的重合，如果考虑到灵活就业人员还可以自愿参保职工基本医疗保险，那么很多人实际上是参加了两份医疗保险。

（3）"非工伤保险"模式。

"非工伤保险"模式其一以江苏省太仓市为代表。按照该地区的做法，灵活就业人员无须缴费，职业伤害保险基金由就业专项基金列支，但是参保条件严格，既要求本地户籍，又要求参加本市基本养老保险和基本医疗保险并正常缴费，还不能存在任何劳动关系，不能与工伤保险并存。而且保障范围有限，仅保障参保人员受伤待遇，如果灵活就业人员因职业伤害死亡的，则按照职工或居民养老保险规定享受丧葬费和抚恤金。[1]有学者指出，虽然该试点名为"职业伤害保险"，但制度设计并非保险，不能用社会保险的思维和框架去解释。被保障的灵活就业人员在发生职业伤害后不是基于保险关系获得补偿，而是公共资金直接给付了职业伤害保障待遇，[2]其实质为行政给付性质的"社会补偿"。[3]

其二以苏州市吴江区为代表。该地区灵活就业人员职业伤害保险通过政府购买服务的方式，委托商业保险公司承办，由此区别于其他试点的工伤保险思路，定位为独立于工伤保险的政府主导商业保险。在做法上更符合人力资源和社会保障部等八部委联合颁发的《关于维护新就业形态劳动者劳动保障权益的指导意见》的要求。此模式独立于工伤保险而且超越了工伤保险的认定限制，只要是"参保人员在从事的职业岗位上，因工作原因受到突发的、非本意的、非疾病的事故伤害，造成身故、残疾、受伤的，均可享受职业伤害保险待遇"，[4]但是似乎也难以解决上述的偶然接单造成的伤害问题。

---

〔1〕 详见太仓市人民政府2014年11月15日印发的《太仓市灵活就业人员职业伤害保险暂行办法》。

〔2〕 参见王天玉："试点的价值：平台灵活就业人员职业伤害保障的制度约束"，载《中国法律评论》2021年第4期。

〔3〕 参见娄宇："论社会补偿权"，载《法学》2021年第2期。

〔4〕 详见苏州市吴江区人民政府2018年3月9日印发的《吴江区灵活就业人员职业伤害保险办法（试行）》。

其三以江西省九江市为代表。大多数做法与吴江类似，只是由社会保险经办机构经办和管理，面临着几乎同样的问题，此处不再赘述。

2. 医疗待遇与社会自治保险

按照上述设计，全日制网约工应当参保职工基本医疗保险，由平台企业和网约工各自负担相应缴费，由此产生了以下两个问题。

第一，强制参保了职工基本医疗保险的网约工依然无法获得与普通劳动者相同的工伤保险待遇，如何解决医保无法涵盖的待遇？医保与工伤保险的差别在于，首先，医保支付医疗费用有起付线和封顶线，工伤保险全面覆盖了医疗费用；其次，医保不支付康复性治疗、辅助器具、生活护理、一次性伤残补助金、伤残津贴、丧葬补助金、供养亲属抚恤金等费用，工伤保险全面支付这些费用。最后，职工在病假期间的工资由用人单位支付，工伤职工在停工期间的工资福利和护理费用由用人单位支付，用人单位还应当实施旨在预防工伤和职业病的安全生产措施，网约工均无法享受这些待遇。原因在于，平台企业不是网约工的用人单位，在不存在人格从属性的情形下，网约工的接单行为是独立自愿的，且工作时间自由，不受考勤制度的制约，与一旦建立了劳动关系就与用人单位捆绑在一起的劳动者有着本质的区别。在某种程度上，劳动者罹患疾病与职业伤害之后无法工作与人格从属性决定的"捆绑"密切相关，用人单位的保障责任由此产生，而把这种责任强加于平台企业显然欠缺法理基础。

解决网约工这些意外伤害补偿费用的思路是回溯到社会保险制度最初的形态。社会保险源于中世纪欧洲各国高风险职业的工人自发组织的疾病基金会组织，他们自愿成为该组织成员，但是作为成员必须向一项基金提供捐助，当其他成员患疾病或者受到职业伤害时，用该基金支付医疗费用。这种基金经办方式没有雇主的参与，完全依赖同行业工人的自愿加入和加入之后的强制参保，因此被视为一种"半强制"的社会保险。[1]德国俾斯麦立法运动将这种抵御疾病风险的传统形态以法律的力量予以保障，建立了现代意义上的社会保险，但是，这种工人互助传统并没有完全退出历史舞台，在灵活就业

---

〔1〕　See Michael Stolleis, *Geschichte des Sozialrecht in Deutschland*, Sttutgart, 2003, S. 11ff.

大行其道的当代社会，劳动关系中的人格从属性日渐模糊，认定劳动关系越来越困难，这种传统为社会保险制度的发展注入了新的活力。德国现行的工会法允许自由职业者成立互助组织，并赋予该组织通过自治规章强制成员参保意外事故保险（unfallversicherung）的权利，此险种与职工工伤保险合并经办，除雇主支付的项目以外，其他待遇与工伤保险相同，此类保险被称为"依据规章的事故保险"（unfallversicherung kraft satzung）。

我国未来可以发挥社会自治的优势，赋予高工作风险的网约工群体以集体权利，并将该权利聚焦于职业安全领域，建立与德国类似的半强制意外事故保险，一方面，通过合理的费率设计建立基金，支付职工基本医疗保险无法涵盖的医疗护理费用，切实解决网约工的后顾之忧；另一方面，实施职业风险预防措施，防患于未然。政府也是平台经济灵活就业的受益者，因此应当给予该险种以税收优惠，并适当予以保费补贴。值得一提的是，停工损失补偿、伤残津贴等待遇基于人格从属性设计，不应当适用于网约工群体。

第二，非全日制网约工虽然工作时间短，但是在完成每单的工作过程中也面临着同样的事故风险，应当如何克服？从一些社会组织发布的统计数据来看，外卖派送员、快递员等风险较高的网约工群体中短时工的比重很小，几乎可以忽略不计。[1]而短时网约车司机的身份可能是接单顺风车的兼职劳动者或者城乡居民，那么职工基本医疗保险和居民医保已经可以解决司机的医疗待遇问题，同时，机动车交通事故责任强制保险可以负担第三者的伤亡赔偿，因此也无需为这个群体单独建立一个保障制度。

3. 第三者赔偿责任

《民法典》第1191条第1款规定，用人单位的工作人员因执行工作任务造成他人损害的，由用人单位承担侵权责任；用人单位承担侵权责任后，可以向有故意或者重大过失的工作人员追偿。该条款并没有采用劳动法上"劳动者"的概念，而采用了外延更为宽泛的"工作人员"，考虑到《民法典》颁布于《劳动法》《劳动合同法》之后，立法者显然希望拓展用人单位的替代责任。

---

〔1〕 北京义联劳动法援助与研究中心："新业态从业人员劳动权益保护2020年度调研报告（一）"，载 http://www.yilianlabor.cn/yanjiu/2021/1909.html，最后访问日期：2022年1月24日。

目前劳动法学界对于此替代责任范围的通说有以下内容：第一，致害人与单位存在管理控制的关系，或者利益的归属，由于工作人员的工作行为由单位安排和指挥（单位的工作组织义务），且为的是实现单位利益，因此侵权责任可以视为单位的经营风险，而经营风险理应由单位负担；[1]第二，轻过失的工作人员的侵权责任由单位的组织过失吸收，有利于保护经济能力较弱的工作人员，同时也保护了受害人；第三，如果致害人过失较重，法律也不过分苛责于用人单位，单位如果证明已经尽到了组织义务但是仍不能避免损害，则可以由经济能力强的单位先行承担责任，而后向致害人追偿，由此激励用人单位积极履行组织义务，减少损害事故发生。[2]

由此观之，单位替代责任产生于工作行为可能具备的两种特征：一是人格从属性要求的管理和监督，单位在指挥工作时，不能只考虑如何高速有效地达成工作目标，需要同时兼顾工作行为可能对第三人造成的损害，未尽此兼顾义务造成的损害将被视为单位的经营风险；二是经济地位差异产生的替代责任和先行赔付责任，要求单位承担责任的同时保护经济能力较差的致害人和受害人，而先行赔付与代位求偿制度平衡了单位与个人的利益。不难发现，这两种特征也存在于对平台具备经济从属性的网约工作中，虽然平台就业没有考勤时间的要求，但是接单与完成接单之间的工作过程受到平台的严格监管，而经济从属性也意味着双方经济地位上的差异性，因此要求平台承担替代责任具备法理基础，平台当然可以通过保险机制分散风险，但是需要自行投保并承担保费。由此，目前某些平台要求网约工投保个人与第三者意外事故集合险的做法是不合理的。

这里需要特别讨论的是与平台不存在经济从属性的非全日制网约工对第三者的赔偿责任问题，实践中频发的是非全日制网约车司机对乘客的侵权责任赔偿。由于第三人无法获悉网约工与平台之间的关系，他们只是通过平台软件与网约工建立了关系，因此要求第三人向真正的致害人主张赔偿是欠缺公平的。笔者主张将合同法上的信赖利益原则扩展到平台就业的侵权责任领

---

[1] See Rolf Wank, "Der Arbeitnehmer-Begriff im neuen § 611a BGB", in *AuR* 2017, Heft 4, S. 140ff.

[2] 参见郑晓剑："揭开雇主'替代责任'的面纱——兼论《侵权责任法》第 34 条之解释论基础"，载《比较法研究》2014 年第 2 期。

域，即无论侵权责任如何分配，统一要求平台先行赔偿，而后向网约工追偿，以此全面平衡平台、网约工、第三人之间的利益，实现法律效果和社会效果的高度统一。目前已有司法判决采用了这一观点。[1]

（三）集体协商制度

集体协商系改善个体劳动关系中谈判地位不平等而设计的程序性劳动法制度，旨在解决无实体法律依据可引的利益争议。在平台经济灵活就业中，平台深度参与劳务交易并掌握着定价权，而且平台用工的主要市场已经形成了一家或几家主导的格局，平台与企业的运作方式类似，即试图垄断信息而非释放信息，平台就业市场并非一个完全竞争型市场，[2]因此，与平台存在经济从属性的网约工应当得到反垄断法的豁免，享有与劳动者类似的组织工会、在劳务价格和劳动条件领域开展集体谈判和采取集体行动的程序性权利。

不过，从其他国家和地区动态来看，集体协商制度进展得并不顺利。西班牙、美国等大多数国家主张集体行动权利不适用于非雇员群体，这些国家的平台工作者都曾经自发组织起来，争取其他社会组织的支持，如西班牙的Riders X Derechos 平台系维护劳动者权益的组织，虽然不享有集体协商与组织罢工的权利，但是可以向劳动者提供战略与法律援助。比利时的自雇者合作社组织——"艺术工作者联合会"（Société Mutuelle des Artistes）也积极吸收平台工作者入会，致力于为其争取权益。法国是少数通过立法认可平台工作集体权益的国家，2016 年的《埃尔霍姆里法案》（El Khomri Act）规定，如果平台有权决定劳务或所出售货物的性质以及价格，那么就不得在合同条款中要求工作者放弃以集体拒绝提供劳务为目标的行动，并且不得以集体行动为由惩罚工作者，原因是平台工作者丧失了劳务定价权和劳务条件决定权，这大概与法国历来对罢工行动采取的宽松态度有关。[3]德国和日本也都将经

---

[1] "'饿了么'骑手送餐撞人致十级伤残，公司被判赔偿 27 万"，载腾讯网，https://new. qq. com/rain/a/20201222a0ciw000，最后访问日期：2021 年 2 月 13 日。

[2] See Julia Tomassetti, "Does Uber redefine the firm? The post-industrial corporation and advanced information technology", *Hostra Labor & Employment Law Journal*, 2016, 34 (1), pp. 321-330.

[3] 参见 [法] 伊莎贝尔·道格林、[比] 克里斯多夫·德格里斯、[比] 菲利普·波谢编：《平台经济与劳动立法国际趋势》，涂伟译，中国工人出版社 2020 年版，第 78 页。

济从属性作为确定集体劳动法主体的标准，以赋予集体谈判权以及与休息休假相关的劳动基准权利。德国通过同行业灵活就业人员工会意外事故保险，补偿无法满足工伤认定的意外事故伤害的制度也很有特色。从社会政策层面上的劳动权益保障来看，集体协商制度在世界各国推进不顺利的原因主要是对罢工的忌惮，如果局限于社会保险和部分基准权利，则被平台企业接受的难度不大。

1. 集体权利主体的范围

如果将经济从属性作为集体权利主体应当具备的要件，那么权利主体的范围很明确，即作为"类雇员"的网约工，但是与建立在传统工业化生产模式上的工会相比，平台就业中的劳动力工作轮换非常频繁，地理位置非常分散，[1]且工作方式相对独立，由于物理空间上的不临近，传统工会很难获得生存和发展的土壤，再加之大型平台企业多与地方加盟商合作，以"阻断"与网约工构成劳动关系的方式拒绝与这个群体开展集体协商，[2]在平台就业中实现集体权利困难重重。

明确集体权利的主体范围与提供制度性保障是建立网约工集体协商制度的两大关键。首先，需要进一步明确经济从属性在集体协商制度中的标准。只有稳定的劳务交易关系才能形成同质化特征，在平台就业的收入和劳动条件的诉求方面，长期满足经济从属性时间标准的网约工显然优于偶尔或者不连续满足标准的网约工，对于通过集体协商争取利益机制的态度亦是如此，因此经济从属性要求的时间标准应当继续细分，未来可以尝试允许较长时间连续满足经济从属性的网约工群体建立工会，考虑到长时间和高强度的工作压力导致网约工的工作流动性很强，大多数网约工的从业时间不会超过 3 年，[3]因此这个标准应以 1 年以下为宜。当然，为了减少平台企业对拥有工会成员身份的网约工的歧视，应当将集体协商的内容扩大到非工会成员群体，此集体合

---

〔1〕 参见 [法] 伊莎贝尔·道格林、[比] 克里斯多夫·德格里斯、[比] 菲利普·波谢编：《平台经济与劳动立法国际趋势》，涂伟译，中国工人出版社 2020 年版，第 164 页。

〔2〕 参见班小辉："超越劳动关系：平台经济下集体劳动权的扩张及路径"，载《法学》2020年第 8 期。

〔3〕 参见北京义联劳动法援助与研究中心："新业态从业人员劳动权益保护 2020 年度调研报告（一）"，载 http://www.yilianlabor.cn/yanjiu/2021/1909.html，最后访问日期：2022 年 1 月 24 日。

同的扩张性效力在传统工会制度中即有之，应当类推适用。其次，发挥现代技术手段的优势的同时积极引导建会和入会。移动互联网的社交特性为网约工相互交流提供了便利，通过各种形式的社交媒体可以实现非面对面的交流，这在某种程度上克服了物理空间的限制，当前急需各级政府和工会组织的引导措施。结合平台就业和工会实践现状，未来不妨将扩大网约工工会组织的覆盖面、推进行业性集体谈判的层次与定期开展集体谈判作为相关机构业绩考核的指标，提高引导工作的积极性。

2. 集体协商的内容

结合我国平台就业的特点，网约工集体协商的内容主要表现为收入待遇和工作条件，具体包括确定接单收入与奖惩方案、公开算法支持的派单规则、逐步提高职业安全保障三项。

（1）确定接单收入与奖惩方案。与传统集体谈判的内容类似，接单收入和奖惩方案是平台就业集体协商最重要的内容。网约工工会应当定期与平台企业开展谈判，打破平台对劳务定价的垄断权，确保网约工获得与当地经济社会发展水平和工作贡献相匹配的接单收入，平台企业制订奖惩方案时应当征求工会的意见，通过履行民主协商程序提高网约工群体的获得感，促进平台就业中的劳资和谐。

（2）公开算法支持的派单规则。派单规则直接关系网约工的接单量并影响其收入水平，目前各大平台企业广泛使用建立在大数据和人工智能技术基础上的算法来制定相关规则，虽然平台宣称算法不夹杂主观意图，但是算法形成于人，受控于人，无法做到纯粹中立。近来，在平台用工领域通过算法来压缩工作时间、恶化劳动条件的事件频发，这表明了放任算法支持的派单规则将损害网约工的经济利益。[1]应当在不侵害商业秘密的前提下要求平台向网约工工会公开算法，并允许双方就算法规则开展协商。

（3）逐步提高职业安全保障。如前所述，同行业工会在社会自治管理方面拥有同质性强、灵活、公信力高等立法手段和行政手段不具备的优势，应当鼓励工会组建网约工职业安全保障机制，通过创新行业自保和意外事故保

---

〔1〕 参见赖祐萱："外卖骑手，困在系统里"，载《人物》2020 年第 8 期。

险等措施来克服传统工伤事故认定"三工原则"的障碍，逐步提高网约工的职业安全保障水平。

值得关注的是，2021年中华全国总工会《关于切实维护新就业形态劳动者劳动保障权益的意见》中提出了强化思想政治引领、加快推进建会入会、提升网上服务水平、加强素质能力建设等工作举措。目前依托的主体是产业工会，该文件要求产业工会积极与行业协会、头部企业或企业代表组织就行业计件单价、订单分配、抽成比例、劳动定额、报酬支付办法、进入退出平台规则、工作时间、休息休假、劳动保护、奖惩制度等开展协商，维护新就业形态劳动者的劳动经济权益；同时要求产业工会督促平台企业在规章制度制定及算法等重大事项确定中严格遵守法律法规要求，通过行业职工代表大会、行业劳资恳谈会等民主管理形式听取劳动者意见诉求，保障好劳动者的知情权、参与权、表达权、监督权等民主政治权利。在社会保险方面，该文件要求各产业工会配合政府及其有关部门，加快完善工时制度，推进职业伤害保障试点工作。

中华全国总工会显然是将新业态劳动者作为集体协商主体的职工，"真正做到哪里有职工，哪里就应该有工会组织，哪里的职工合法权益受到侵害，哪里的工会就要站出来说话"成为新时代工会工作的要求。

第三章

# 远程工作的法律规制

谢增毅

中国社会科学院法学研究所研究员

　　近年来，随着互联网和通信技术的发展和普及，远程工作越来越成为一种流行的用工和工作方式。远程工作主要起源于 20 世纪 70 年代的美国加州，是信息产业发展的产物。[1]进入 21 世纪以来，远程工作在欧美等国家逐渐流行，许多国家和地区以远程工作为常态的劳动者比例较高。国际劳工组织 2019 年的研究报告显示，美国远程工作者（teleworkers）占全部劳动者（employees）的比例约为 20%，欧盟 28 个国家的总体比例为 8%，日本为 16%，印度为 19%。[2]英国国家统计办公室 2020 年 3 月发布的报告表明，2019 年英国 3260 万雇员中，约有 170 万人主要在家工作，约 870 万人表示曾经在家工作。[3]国际劳工组织 2020 年发布的一份报告指出，新冠疫情暴发之前，国际劳工组织根据 118 个国家的数据，估算全世界劳动力中常规性地从事家庭办

---

　　[1]　Jon C. Messenger, "Introduction: Telework in the 21st Century-an Evolutionary Perspective", in Jon C. Messenger eds. , *Telework in the 21st Century-an Evolutionary Perspective*, International Labour Organization, Edward Elgar Publishing Limited, 2019, p. 4.

　　[2]　Jon C. Messenger, "Conclusions and Recommendations for Policy and Practice", in Jon C. Messenger eds. , *Telework in the 21st Century-an Evolutionary Perspective*, *International Labour Organization*, Edward Elgar Publishing Limited, 2019, p. 294. 该数据是对一些研究报告的综合。该数据中不同国家和地区关于常规性远程工作的使用频率和时间要求、劳动者的范围界定等有所不同。关于远程工作者的数量及其比例，不同统计口径往往得出不同的数据。

　　[3]　Office for National Statistics, "Coronavirus and Homeworking in the UK Labour Market: 2019", 24 March 2020, p. 2, https://www.ons. gov. uk/releases/coronavirusandhomeworkingintheuklabourmarket2019 (Last visited on September 12, 2020).

公的比例约为 7.9%，人数约 2.6 亿人。[1]随着我国互联网技术的发展和普及，远程工作在我国亦被广泛使用。2020 年新冠疫情暴发，远程工作一时成为一种普遍的工作方式。一款知名在线办公平台的统计数据显示，2020 年 2 月 3 日当天，全国有上千万家企业、近两亿人开启在家远程工作模式。[2]远程工作有利于减少人员流动和人员聚集，推动复产复工，对政府机构和企事业单位的正常运转及疫情防控发挥了独特作用。2020 年 2 月，我国人力资源和社会保障部、中华全国总工会等部门联合发布的文件也鼓励企业"安排职工通过电话、网络等灵活的工作方式在家上班完成工作任务"。[3]2020 年 2 月，工业和信息化部也发布文件，提出"面对疫情对中小企业复工复产的严重影响，支持运用云计算大力推动企业上云，重点推行远程办公、居家办公、视频会议、网上培训、协同研发和电子商务等在线工作方式"。[4]可见，远程工作已成为一种重要的用工方式，并在疫情防控期间发挥了独特作用。

虽然实践中远程工作已被广泛使用，但目前我国劳动法律法规并没有关于远程工作的规定，远程工作立法尚属空白。近年来，随着远程工作的流行，司法实践中因远程工作产生的纠纷数量亦不少，特别是关于用人单位是否允许劳动者在家办公、[5]劳动者在家是否提供了劳动、[6]在家工作如何视为提

---

〔1〕 International Labour Organization, "Working from Home: Estimating the Worldwide Potential", Policy Brief, April2020, p. 2, https://www.ilo.org/wcmsp5/groups/public/---ed_protect/---protrav/---travail/documents/briefingnote/wcms_743447.pdf (Last visited on September 12, 2020).

〔2〕 参见王鹏："远程办公不误工"，载《人民日报》2020 年 2 月 11 日，第 5 版。

〔3〕 人力资源和社会保障部、中华全国总工会等《关于做好新型冠状病毒感染肺炎疫情防控期间稳定劳动关系支持企业复工复产的意见》指出，"对因受疫情影响职工不能按期到岗或企业不能开工生产的，要指导企业主动与职工沟通，有条件的企业可安排职工通过电话、网络等灵活的工作方式在家上班完成工作任务"。

〔4〕 《工业和信息化部办公厅关于运用新一代信息技术支撑服务疫情防控和复工复产工作的通知》于 2020 年 2 月 18 日发布。

〔5〕 参见案例：上海市第一中级人民法院（2019）沪 01 民终 7247 号、重庆市第五中级人民法院（2018）渝 05 民终 4219 号、上海市闵行区人民法院（2018）沪 0112 民初 27685 号民事判决书。

〔6〕 参见案例：广东省深圳市中级人民法院（2018）粤 03 民终 15410 号、广东省珠海市中级人民法院（2018）粤 04 民终 1072 号、上海市第一中级人民法院（2017）沪 01 民终 3615 号民事判决书。

供了正常劳动、劳动者在家办公的工资如何计算发生了不少争议，[1]甚至发生了多起劳动者一方认为其在家工作，用人单位认为劳动者旷工，而将劳动者解雇的案件。[2]2020 年 4 月 29 日，北京市高级人民法院、北京市劳动人事争议仲裁委员会《关于审理新型冠状病毒感染肺炎疫情防控期间劳动争议案件法律适用问题的解答》专门针对居家办公的相关问题进行了解答，也说明了疫情防控期间在家办公可能发生的纠纷。因此，远程工作成为我国立法、司法等方面需要深入研究的重要课题。目前，学界对这一问题的研究严重不足。因此，远程工作的法律问题亟待深入研究。本章拟从比较法角度，分析远程工作的定义、利弊以及远程工作的立法理念和相应的制度建构，以期为我国远程工作的立法完善以及司法裁判提供有益参考。

## 一、远程工作的概念与特征

关于"远程工作"（telework）的概念，不同地区和国家略有不同。在不同概念中，欧洲工会联合会（ETUC）和欧洲商业联合会（UNICE）等组织在 2002 年达成的《远程工作框架协议》（Framework Agreement on Telework）对"远程工作"的定义影响最为广泛，并被许多欧洲国家采用。[3]根据该协议，远程工作是指"使用信息技术，在劳动合同或劳动关系背景下，常规性地在雇主场所（employer's premises）之外从事工作（该工作也可在雇主场所完成）的一种组织和（或）履行工作的形式（a form of organising and/or performing

---

〔1〕 参见案例：江苏省无锡市中级人民法院（2018）苏 02 民终 3920 号、江苏省淮安市清江浦区人民法院（2019）苏 0812 民初 7238 号、广东省深圳市龙岗区人民法院（2019）粤 0307 民初 14681 号民事判决书。

〔2〕 参见案例：上海市第二中级人民法院（2019）沪 02 民终 1880 号、上海市第一中级人民法院（2018）沪 01 民终 412 号、上海市第一中级人民法院（2017）沪 01 民终 9709 号、江苏省苏州市中级人民法院（2015）苏中民终字第 05045、05046 号、上海市闵行区人民法院（2018）沪 0112 民初 27685 号、上海市静安区人民法院（2018）沪 0106 民初 15403 号民事判决书。

〔3〕 Commission of the European Communities, "Report on the Implementation of the European Social Partners' Framework Agreement on Telework", Commission Staff Working Paper, Brussels, 2.7.2008, p.4, http://csdle. lex. unict. it/docs/labourweb/Commission-Staff-Working-Paper-accompanying-the-COM-2008-412---Report-on-the-implementation-of-the-E/4151. aspx (Last visited on September 12, 2020).

work）"。〔1〕该定义强调了远程工作的四个特征：一是工作地点是"远程"，二是使用信息技术和电子数据传输，三是工作具有常规性，四是存在劳动关系。其中前两个要素，即"远程"以及使用信息技术和电子数据传输是远程工作定义的核心要素。〔2〕该定义对远程工作要素的规定较为严格。这一定义被欧洲一些国家的成文法所采纳。法国是较少在劳动法中对远程工作下定义的国家之一。根据其 2018 年修订的《法国劳动法典》第 L1222-9 条规定，远程工作指"雇员在自愿基础上借助信息和通信技术完成本应在雇主场所完成的工作的任何工作组织形式"。〔3〕该定义体现了《远程工作框架协议》关于"远程工作"定义的主要特征。除此之外，该定义还强调了远程工作是建立在"自愿"基础上的。美国在 2010 年制定的《美国远程工作促进法》（Telework Enhancement Act of 2010）中，将远程工作界定为"一项工作弹性安排，据此，雇员（employee）在其本应工作的地点以外被许可的工作地点履行该雇员岗位义务和职责及其他被授权的活动"。〔4〕该定义强调雇员在一般雇员的工作场所之外的地点履行工作职责，而且强调"雇员"身份，即存在劳动关系。

与远程工作相近的概念是"家庭工作"（home work）。国际劳工组织在 1996 年《家庭工作公约》（Home Work Convention）中指出，"家庭工作"是指，雇员为获得劳动报酬，在其"家中"或者其选择的"雇主工作场所之外的其他场所"，按照雇主的要求提供相应的产品或者服务，而无论生产设备、材料或其他投入由谁提供。〔5〕可见，"家庭工作"和远程工作概念非常相近，都强调在雇主场所之外的地点履行工作。因此，也有学者认为家庭工作是远程

〔1〕 "Framework Agreement on Telework", (2), Brussels, 16, July, 2002, https://www.etuc.org/en/framework-agreement-telework (Last visited on September 12, 2020).

〔2〕 Commission of the European Communities, "Report on the Implementation of the European Social Partners' Framework Agreement on Telework", Commission Staff Working Paper, Brussels, 2.7.2008, pp.33-34, http://csdle.lex.unict.it/docs/labourweb/Commission-Staff-Working-Paper-accompanying-the-COM-2008-412---Report-on-the-implementation-of-the-E/4151.aspx (Last visited on September 12, 2020).

〔3〕 法国于 2017 年、2018 年通过法令对《法国劳动法典》第 L1222-9、L1222-10、L1222-11 条有关远程工作的条款进行了修改，以下如无特别说明，有关《法国劳动法典》远程工作的条款均为 2018 年修订后的条文。

〔4〕 Telework Enhancement Act of 2010, § 6501, https://www.telework.gov/guidance-legislation/telework-legislation/telework-enhancement-act/ (Last visited on September 12, 2020).

〔5〕 Article 1, Home Work Convention (C177), 1996.

工作的前身。[1]不过，严格而言，"家庭工作"和"远程工作"二者存在较大差异：第一，家庭工作属于传统的工作方式，主要强调工作地点位于家中，并没有强调使用信息通信技术。第二，《家庭工作公约》没有强调"家庭工作"一定存在劳动关系，现实中，很多家庭工人可能与雇主不存在劳动关系而属于独立承包人。第三，家庭工作的地点一般为家中，而远程工作的工作地点除了家中，还可能是家庭之外的其他场所，例如公共部门或私人机构运营的位于雇主场所和家庭之外的"远程工作中心"（telework center）。[2]不过，随着信息通信技术的普及，大量在家工作者也使用网络通信技术，而大量远程工作者亦在家办公，因此，二者存在很大程度的交叉，并经常混用。

  由于远程工作是灵活用工和信息技术发展的产物，因此，随着用工方式的不断变化以及技术的不断发展，"远程工作"的内涵和外延也处于发展变化中。2020年欧洲改善生活和工作条件基金会（Eurofound）发布了《远程工作及基于网络通信技术的移动工作：数字时代的灵活工作》报告（Telework and ICT-based Mobile Work：Flexible Working in the Digital Age），提出了"远程工作及基于网络通信技术的移动工作"（TICTM）的整体概念，认为"TICTM"指，"工人使用数字技术，例如网络、移动电脑、移动手机和互联网，在雇主场所或固定地点之外进行远程工作的任何类型的工作安排"，"其为工人提供了何地工作、何时工作的前所未有的灵活性"。[3]可见，"TICTM"比欧洲《远程工作框架协议》关于远程工作的定义更为宽泛。根据2015年的统计，欧盟大约19%的工人在工作中使用"TICTM"安排，其中大约一半具有"劳

---

  〔1〕 Jon C. Messenger, "Introduction：Telework in the 21st Century-an Evolutionary Perspective", in Jon C. Messenger eds. , *Telework in the 21st Century-an Evolutionary Perspective*, International Labour Organization, Edward Elgar Publishing Limited, 2019, pp. 11-12.

  〔2〕 W. C. Bunting, "Unlocking the Housing-Related Benefits of Telework：A Case for Government Intervention", 46 *Real Estate Law Journal* 285, p. 312 (2017).

  〔3〕 Eurofound, "Telework and ICT-based Mobile Work：Flexible Working in the Digital Age", New Forms of Employment Series, Publications Office of the European Union, Luxembourg, 2020, p. 1, https://www. eurofound. europa. eu/publications/report/2020/telework-and-ict-based-mobile-work-flexible-working-in-the-digital-age（Last visited on September 12, 2020）.

动者"（employee）身份。[1]虽然"远程工作"的概念和具体形式可能发生变化，但其核心要素相对稳定，即工作地点的灵活性以及使用信息通信技术。远程工作的使用也日益广泛。本章主要使用 2002 年欧洲《远程工作框架协议》关于远程工作的定义。

## 二、远程工作的利与弊

### （一）远程工作的优势和作用

信息和通信技术的发展促进了远程工作的流行。远程工作的广泛使用和流行得益于远程工作本身的特点和优势。相比在雇主场所工作的传统模式，远程工作具有下列优势和作用。

第一，有利于减少雇员通勤以及雇主办公场所等成本。减少雇员通勤时间和金钱成本是远程工作最直接、最明显的效果，尤其是对于居住地和雇主场所较远的劳动者，这一效果更为明显。在大城市，这一作用更为突出。与减少通勤相关，大量人员远程工作有助于减少车辆使用、公共交通拥挤以及相应的碳排放，从而有利于环境保护。雇员在家办公，还可以节省其他费用。例如，雇员可以选择在远离市中心的郊区或农村等购买房屋，降低购房成本，雇员还可以节省因在雇主场所上班而可能支出的其他费用，包括购买车辆的费用、停车费、午餐费以及服装费等。[2]远程工作也有利于雇主减少办公场所的成本，尤其是对位于城市中心、办公场所价值或租金昂贵的企业，雇员远程工作可以大大减少雇主办公场所成本以及相关费用。

第二，有利于提高雇员工作自主性，尤其是工作时间自主性。通常实行远程工作的雇员可以根据个人偏好，选择最有效率或者最有利于平衡工作和其他职责的时间和方式进行工作。此外，由于在家办公，雇员可以以更适合自己的方式工作，还可以减少在雇主场所工作可能面临的各种干扰。工作时

---

〔1〕 Eurofound, Telework and ICT-based Mobile Work: Flexible Working in the Digital Age", New Forms of Employment Series, Publications Office of the European Union, Luxembourg, 2020, p. 7, https://www.euro-found. europa. eu/publications/report/2020/telework-and-ict-based-mobile-work-flexible-working-in-the-digital-age (Last visited on September 12, 2020).

〔2〕 W. C. Bunting, "Unlocking the Housing-Related Benefits of Telework: A Case for Government Intervention", 46 *Real Estate Law Journal* 285, 2017, pp. 287-288, 292.

间和工作方式的灵活性对雇员也具有很大吸引力。例如，美国 2015 年的一项研究表明，除了高薪和福利，吸引雇员的重要因素中，靠前的因素包括"可以灵活地工作，并处于被提拔的轨道"，以及"和同事包括上司共事，且上司支持雇员灵活工作的努力"。2013 年的一项研究也表明，80% 的受访者认为工作日程（work schedule）的灵活性对于工作和生活的平衡是极其或非常重要的。[1]

第三，有利于雇员兼顾家庭职责，尤其是照顾未成年人、老年人等，从而促进工作和生活的平衡。选择远程工作尤其是在家办公，雇员可以利用部分时间承担家庭责任或者在工作间隙承担家庭责任。例如，在欧洲，职场的数字化以及平衡工作和生活需求的提高，这两项趋势是欧洲远程工作共同的推动力。2012 年对德国工人的一项调查显示，62% 的受访者表示选择在家办公的远程工作是为了平衡受薪工作和个人生活；相比之下，只有 27% 的受访者表示选择在家工作是由于提高了工作满意度。[2] 远程工作的这一特点和优势在日本受到了极大重视。根据日本土地、基础设施、交通和旅游省的报告，2016 年日本约有 14.2% 的工人从事远程工作。政府热衷于推动远程工作，将其作为改善"工作—生活"平衡以及增加劳动力数量的措施之一。[3]

第四，促进特定人群尤其是残疾人的就业。远程工作可以为行动不便的残障人士提供就业机会。特别是随着信息通信技术的发展，雇员通过技术手段接受工作任务、完成工作内容、提交工作成果、与同事沟通、接受雇主指挥管理等工作的各个环节大都可以通过网络完成，因此，远程工作为出行不便的残障人士提供了更多的就业机会，对于他们更好融入社会，提高平等就业机会和福利具有重要作用。2002 年欧洲《远程工作框架协议》在制定之初

---

〔1〕 Kate Lister & Tom Harnish, "Telework and its Effect in the United States", in Jon C. Messenger eds., *Telework in the 21st Century-an Evolutionary Perspective*, International Labour Organization, Edward Elgar Publishing Limited, 2019, pp. 133-134.

〔2〕 Lutz Gschwind & Oscar Vargas, "Telework and its Effects in Europe", in Jon C. Messenger eds., *Telework in the 21st Century-an Evolutionary Perspective*, International Labour Organization, Edward Elgar Publishing Limited, 2019, pp. 38-39.

〔3〕 Akio Sato, "Telework and its Effect in Japan", in Jon C. Messenger eds., *Telework in the 21st Century-an Evolutionary Perspective*, International Labour Organization, Edward Elgar Publishing Limited, 2019, p. 76.

就将"提高残障人士在劳动力市场的机会"作为其目标之一。[1]

第五，有利于克服极端天气、重大疫情、恐怖活动等突发事件对工作的影响，保持紧急状态下工作的正常开展。当出现极端天气、重大疫情、恐怖活动等突发事件时，劳动者往往不易或者不宜出行，此时远程工作一方面可以避免出行，减少风险，另一方面可以保障工作的正常开展，特别是可以保障政府机关等承担特殊职责的公共部门或其他重要私人部门开展工作。美国有关远程工作立法的直接原因就是为了保障联邦政府雇员在禽流感等特殊时期在家工作而避免政府机构停摆。自2000年起，美国联邦法律要求联邦政府雇员尽最大可能地在家工作，最初的推动力是担心由于禽流感导致政府停摆。此后，恐怖行为、极端天气以及其他疫情的威胁不断提醒美国领导人有必要采取策略，使远程工作成为政府持续运转的基石。经过多年努力，美国最终于2010年通过了《远程工作促进法》。[2]在法国，远程工作也被立法者视为应对疫情等不可抗力的手段。《法国劳动法典》第L1222-11条规定："在特殊情况下，尤其是受到传染病威胁或不可抗力，施行远程工作可以被视为是维持公司的运转和保护员工必要的工作岗位的调整。"因此，远程工作作为应对疫情等突发事件的重要措施，其价值应得到重视。

远程工作的上述优势和作用得到普遍认可。《美国远程工作促进法》通过后，美国人事管理办公室（United States Office of Personnel Management，OPM）于2011年制定了《联邦政府远程工作指引》（Guide to Telework in the Federal Government）。该指引指出，联邦远程工作计划建立的主要目的是满足政府机构的使命和运行需要。[3]在欧洲，远程工作也得到了政府、企业和工会的普

---

〔1〕 Commission of the European Communities, "Report on the Implementation of the European Social Partners' Framework Agreement on Telework", Commission Staff Working Paper, Brussels, 2.7.2008, p.6, http://csdle. lex. unict. it/docs/labourweb/Commission-Staff-Working-Paper-accompanying-the-COM-2008-412---Report-on-the-implementation-of-the-E/4151. aspx ( Last visited on September 12, 2020).

〔2〕 Kate Lister & Tom Harnish, "Telework and its Effect in the United States", in Jon C. Messenger eds., *Telework in the 21st Century-an Evolutionary Perspective*, International Labour Organization, Edward Elgar Publishing Limited, 2019, pp.157-158.

〔3〕 United States Office of Personnel Management, "Guide to Telework in the Federal Government", April 2011, p.2, https://www.telework.gov/guidance-legislation/telework-guidance/telework-guide/guide-to-telework-in-the-federal-government. pdf ( Last visited on September 13, 2020).

遍认可。许多国家的研究表明，远程工作劳动者相比普通劳动者具有更高的生产率（productivity）。例如，英国 2013 年的一项研究表明，雇员的灵活性和自主性有利于改进业绩。根据该研究，在家工作的远程工作者生产率更高。在法国也有类似的研究结果。依据 2015 年一项研究，84% 的远程工作者表示他们的生产率由于远程工作提高了，81% 的人表示他们的远程工作相比办公室工作具有更高质量。[1]2021 年世界卫生组织和国际劳工组织联合发布的《健康和安全的远程工作：技术简报》（Healthy and Safe Telework：Technical Brief）指出，如果组织和执行得当，远程工作可以有益于身心健康和社会福祉。它可以改善工作与生活的平衡，减少交通和通勤时间，减少空气污染，所有这些都可以间接改善身心健康。远程工作还可以带来公共卫生和社会的效益。[2]

（二）远程工作存在的弊端及带来的问题

远程工作在具备上述优点和带来积极作用的同时，其本身也存在一定的缺陷，并带来了相应问题。远程工作本身存在的缺陷包括：第一，雇主的指挥管理较难实现，雇员难以接受雇主的指挥监督。美国有专家指出，对雇主而言，实行远程工作的主要成本是监督雇员表现以及评价雇员表现潜在的困难。[3]因此，并非所有岗位均适合远程工作。第二，在家庭办公中，雇员工作场所和家庭难以区分，如何认定雇员处于工作场所及处于工作状态、如何计算雇员工作时间以及是否存在加班、如何判定雇员所受伤害是否属于工伤等难度较大。第三，雇员隐私权以及雇主信息安全都存在风险。居家办公一方面使雇员的隐私或个人信息容易暴露，另一方面公司的信息数据也容易遭到泄露。第四，远程工作使雇员与雇主以及雇员之间的交流受到一定影响，劳动者集体权利的行使也受到一定影响。因此，尽管较多的研究表明远程工作提高了生产率，但也有研究认为远程工作对生产率的影响是不同的，其特

---

〔1〕 Lutz Gschwind & Oscar Vargas, "Telework and its Effects in Europe", in Jon C. Messenger eds. , *Telework in the 21st Century-an Evolutionary Perspective*, International Labour Organization, Edward Elgar Publishing Limited, 2019, p. 58.

〔2〕 World Health Organization and the International Labour Organization："Healthy and safe telework：technical brief", Geneva, 2021. Licence：CC BY-NC-SA 3. 0 IGO, p. V.

〔3〕 W. C. Bunting, "Unlocking the Housing-Related Benefits of Telework：A Case for Government Intervention", 46 *Real Estate Law Journal* 285, p. 295 (2017).

别取决于远程工作者与管理者和家庭成员之间社会互动的质量，或者组织及工作相关的因素。而且，远程工作和雇员福利之间的关系也存在争议。[1]

由于上述缺陷，远程工作也带来相应的劳动保护问题。第一，工作时间长。例如，一项针对欧洲国家的研究报告表明，远程工作者相比一般劳动者的工作时间更长，许多远程工作者存在加班而没有获得加班工资的情形。[2]第二，工作和生活边界模糊。远程工作一方面促进了工作和生活的平衡，另一方面也模糊了工作和生活的边界，工作和休息时间界限模糊，从而容易导致更长工作时间，甚至造成工作和生活的冲突。第三，远程工作也带来危害安全和健康的问题，包括生理和心理问题。远程工作带来的健康问题包括：（1）肌肉骨骼问题，在家久坐、使用计算机工作加重了身体部位的肌肉骨骼问题。（2）孤独和沮丧。远程工作者通常和同事交流较少，长时间的远程工作可能导致孤独和沮丧。（3）压力和劳累。远程工作一方面给远程工作者带来了更多自由，同时也使其面临承担家庭责任、工作和生活边界模糊、家庭冲突等压力，而且工作时间长也会导致压力和劳累。[3]国际劳工组织 2020 年的报告也指出，远程工作的主要弊端是：导致更长的工作时间、受薪工作和个人生活的重叠，以及工作量加大。[4]2021 年世界卫生组织和国际劳工组织的报告也指出：远程工作环境可能无法满足传统工作场所的职业安全和健康标准。恶劣的物理环境和工作场所设计以及设备和支持不足会导致肌肉骨骼疾病、眼睛疲劳和受伤。在与同事物理隔离的数字环境中工作，加上在雇主直接控制之外的场所管理工作与私人生活平衡的潜在困难，可能导致心理健康问题和不健

〔1〕　Anne Aguilera, et al. , "Home-based Telework in France: Characteristics, Barriers and Perspectives", *Transportation Research* Part A 92 1-11, p. 3 （2016）.

〔2〕　Lutz Gschwind & Oscar Vargas, "Telework and its Effects in Europe", in Jon C. Messenger eds. , *Telework in the 21st Century-an Evolutionary Perspective*, International Labour Organization, Edward Elgar Publishing Limited, 2019, pp. 48-50.

〔3〕　Aida Isabel Tavares, "Telework and Health Effects Review", *International Journal of Healthcare*, Vol. 3, No. 2, pp. 33-34 （2017）.

〔4〕　International Labour Organization, "Promoting Employment and Decent Work in a Changing Landscape", International Labour Conference, 109th Session, International Labour Office, Geneva, 2020, p. 232, https://www. ilo. org/wcmsp5/groups/public/---ed_ norm/---relconf/documents/meetingdocument/wcms_736873. pdf （Last visited on September 13, 2020）.

康行为。[1]可见，远程工作产生的问题与其优点是相伴相随的。因此，远程
工作的缺陷以及引发的问题是远程工作立法和实践需要加以克服或者减少的。

正因为远程工作具有上述优点和缺点，比较理想的工作方式是采取雇员
部分时间远程工作的模式，实行办公室工作和远程工作相结合，雇员在一周
某些时段，例如一至三天进行远程工作，其余时间从事办公室工作。这种方式
可以发挥远程工作的优势，同时可以克服或减少远程工作带来的问题。当然，
远程工作的最佳或合理的实施方式取决于不同行业和雇主的特点、文化等因素。

### 三、远程工作立法的国际经验

#### （一）欧盟

欧盟是对远程工作政策和立法最早进行探索的地区。进入 21 世纪以来，
欧洲理事会（European Council）邀请社会合作方（social partners），主要是产
业或雇主组织和工会组织的代表就工作组织（organization of work）的现代化，
包括灵活的工作安排进行协商。[2]2002 年各方签署了《远程工作框架协议》。
该协议并非欧盟成员国签署的正式法律文件或欧盟正式指令，而是产业和雇
主组织以及工会组织作为社会合作组织签署的协议。该协议建立了远程工作
规则的总体框架，目的在于促进这种工作新形式的发展，并为雇员保护和雇
主利益提供保障。该协议一方面强调远程工作者享有和在雇主场所工作的雇
员同样的保护，另一方面指出了远程工作需要雇主作出调整或给予特别关注
的方面。[3]该协议的主要内容包括十个方面，主要有：强调远程工作的自愿
性，远程工作应由工人和雇主自愿协商后采用；强调远程工作者和其他工作
者享有同等权利；规定了雇主和雇员在数据保护方面的权利义务、雇主在技
术设备提供及相关费用上的义务、雇主对远程工作者健康和安全的保障义务；

---

[1] World Health Organization and the International Labour Organization: "Healthy and safe telework: technical brief", Geneva, 2021. Licence: CC BY-NC-SA 3.0 IGO, p. V.

[2] "Framework Agreement on Telework", (1), 2002.

[3] Commission of the European Communities, "Report on the Implementation of the European Social Partners' Framework Agreement on Telework", Commission Staff Working Paper, Brussels, 2.7.2008, p.4, http://csdle. lex. unict. it/docs/labourweb/Commission-Staff-Working-Paper-accompanying-the-COM-2008-412---Report-on-the-implementation-of-the-E/4151. aspx（Last visited on September 12, 2020）.

远程工作者隐私权保护等。此外，协议还对工作的组织、培训和集体权利等方面，以及协议执行作了规定。该协议主要通过签署协议的社会合作方在欧盟成员国的成员组织负责实施，成员组织有义务报告对该协议的执行情况。[1]

该协议对欧洲远程工作的政策和立法产生了重要影响。签署协议的国家采取不同方式实施了协议内容，包括签署全国性跨行业或者行业集体协议、"社会合作方之间的协议"（劳资双方的集体协议）、"指引或建议""联合声明""社会合作方推荐的模范协议"等"软法"以及国家立法等"硬法"。协议所产生的重要影响体现为推动欧洲许多国家出台了远程工作的集体协议及相关立法，特别是许多国家将远程工作纳入劳动法。目前已有波兰、匈牙利、斯洛伐克、捷克、葡萄牙、斯洛文尼亚，[2]以及法国、意大利等国家对远程工作及类似工作形态在法律上作出了明确规定。

（二）欧盟部分成员国

法国是目前欧洲主要国家中将远程工作纳入劳动法典的国家之一。2002年《远程工作框架协议》签署之后，法国于2005年形成了一个全国性的跨行业集体合同。这一集体合同通过政府2006年的法令，对该国国内所有雇主和劳动者具有法律效力。[3]2012年3月，法律将远程工作制度予以规范并引入劳动法典。根据2008年的一项统计，法国远程工作的劳动者占劳动人口的比例约为8%，其中偶尔从事远程工作的劳动者占比为5%，从事常规性远程工作的劳动者占比为3%。[4]法国先后于2017年、2018年对远程工作的相关条款进行了修改，目前有关远程工作的内容规定在《法国劳动法典》第 L1222-

〔1〕 "Framework Agreement on Telework", (12), 2002.

〔2〕 Commission of the European Communities, "Report on the Implementation of the European Social Partners' Framework Agreement on Telework", Commission Staff Working Paper, Brussels, 2. 7. 2008, p. 49, http://csdle. lex. unict. it/docs/labourweb/Commission-Staff-Working-Paper-accompanying-the-COM-2008-412---Report-on-the-implementation-of-the-E/4151. aspx (Last visited on September 12, 2020).

〔3〕 Commission of the European Communities, "Report on the Implementation of the European Social Partners' Framework Agreement on Telework", Commission Staff Working Paper, Brussels, 2. 7. 2008, pp. 15-16, http://csdle. lex. unict. it/docs/labourweb/Commission-Staff-Working-Paper-accompanying-the-COM-2008-412---Report-on-the-implementation-of-the-E/4151. aspx (Last visited on September 12, 2020).

〔4〕 Anne Aguilera, et al., "Home-based Telework in France: Characteristics, Barriers and Perspectives", *Transportation Research* Part A 92 1 – 11, p. 5 (2016).

9 条、第 L1222-10 条、第 L1222-11 条，每条内容都相当丰富，涵盖远程工作和远程工作者的定义、远程工作使用条件、集体协议和章程有关远程工作的内容、远程工作者主要权利以及雇主主要义务。与法国劳动立法总体比较一致，法国远程工作立法较为完善，许多理念和规则值得借鉴。

意大利主要通过全国性的主要雇主组织和工会组织联合会签署协议实施《远程工作框架协议》。该协议对签署的组织覆盖的雇主和工作者具有约束力。[1]2007 年政府和主要的工会组织签署了一项协议，规定了若干措施推进公共部门的现代化，包括提高意大利远程工作者数量的措施。[2]2017 年，意大利通过了《自主劳动工作法》（Jobs Act on Autonomous Work No. 81），该法引入了"智能工作"（smart work）的概念。根据该法，"智能工作"是当事人依据书面协议确立的一种从属劳动（subordinate work）模式。智能工作可以根据阶段、周期和目标进行安排，而没有事先确定工作时间和工作地点，并且允许使用技术装置。从定义看，智能工作和远程工作非常相似。根据统计，意大利大约有 30 万名"智能工人"（smart workers），约占意大利工人总数的 8%。超过 50% 的大公司采用"智能工作"，且生产率提高了 15%，原因是缺勤率下降、出行成本降低、工作和生活的更好平衡以及污染的下降。[3]由于"智能工作"的定义宽泛，其和远程工作的关系也存在争议。但意大利将与远程工作类似的"智能工作"纳入法律，无疑具有积极意义。

在通过立法规定远程工作的欧盟成员国中，波兰关于远程工作的立法较为详尽，值得关注。波兰于 2007 年通过修改劳动法典以及其他法律将远程工作纳入劳动法典。[4]《波兰劳动法典》第 67-5 条至第 67-17 条共 13 个条文

〔1〕 Commission of the European Communities, "Report on the Implementation of the European Social Partners' Framework Agreement on Telework", Commission Staff Working Paper, Brussels, 2. 7. 2008, pp. 20-21, http://csdle. lex. unict. it/docs/labourweb/Commission-Staff-Working-Paper-accompanying-the-COM-2008-412---Report-on-the-implementation-of-the-E/4151. aspx (Last visited on September 12, 2020).

〔2〕 European Foundation for the Improvement of Living and Working Conditions, "Telework in the European Union", 2010, Annex: Forms of Implementation of European Framework Agreement on Telework, https://digitalcommons. ilr. cornell. edu/intl/428/ (Last visited on September 13, 2020).

〔3〕 Olga Rymkevich, "An Overview of the Regulatory Framework for Smart Work in Italy: Some Critical Remarks", *Kutafin University Law Review*, Volume 5 Issue 1, p. 48-49 (2018).

〔4〕 Krzysztof W. Baran, ed., "Outline of Polish Labour Law System", *Wolters Kluwer*, 2016, p. 144.

均是关于远程工作的规定，内容十分详尽。[1]其立法的重要特点是，远程工作的使用必须经过工会同意或者经由雇主和工会或雇员代表协商。[2]除了远程工作的定义，其劳动法典对使用远程工作的程序、远程工作协议、雇主的义务以及远程工作者的权利作了规定。[3]波兰等国家采用立法形式规制远程工作具有重要意义，可以扩大对远程工作保护和规制的覆盖面，提高强制力。当然，这些国家采用立法的形式也有其特殊背景，他们相对缺乏发达的集体谈判特别是行业层面集体谈判的传统，而且雇主组织和工会组织等社会协商组织的入会率相对较低，因此，通过立法可以扩大远程工作规则的覆盖面，提高强制力。[4]可见，对远程工作的规制方式也和一国传统的调整劳动关系方式，比如劳资双方自治程度、集体协商发达程度等相关。

（三）美国

美国由于其长期的技术领先优势，远程工作一直较为流行。雇主也普遍重视远程工作的使用和规则制定，2013 年，大约 29% 的美国雇主制定了正式的远程工作政策。[5]美国远程工作立法和政策的突出特点是重视联邦政府远程工作的使用和推广。2010 年通过的《美国远程工作促进法》对联邦政府机构如何推广使用远程工作作了详尽规定。近年来，美国将远程工作作为应对极端天气和其他紧急情况干扰的战略措施，以及降低联邦政府办公场所和其他费用的一项对策，确保联邦政府可以持续向公众提供及时的服务。[6]

《美国远程工作促进法》要求美国联邦政府机构在远程工作方面必须做

---

〔1〕 "The Labour Code（Kodeks Pracy）", Translated by Agnieszka Jamrozy, Wydawnictwo C. H. Beck, 2019, p. 71-81. 如无特别说明，本书关于波兰劳动法典的条文均出自该波兰语和英语译本。

〔2〕 Krzysztof W. Baran, ed., "Outline of Polish Labour Law System", *Wolters Kluwer*, 2016, p. 144.

〔3〕 Krzysztof W. Baran, ed., "Outline of Polish Labour Law System", *Wolters Kluwer*, 2016, p. 145.

〔4〕 European Foundation for the Improvement of Living and Working Conditions, "Telework in the European Union", 2010, p. 10, https://digitalcommons.ilr.cornell.edu/intl/428/（Last visited on September 13, 2020）.

〔5〕 Kate Lister & Tom Harnish, "Telework and its Effect in the United States", in Jon C. Messenger eds., *Telework in the 21st Century-an Evolutionary Perspective*, International Labour Organization, Edward Elgar Publishing Limited, 2019, p. 139.

〔6〕 参见美国有关远程工作的官方网站（www.telework.gov）关于远程工作立法背景和历史的介绍，载 https://www.telework.gov/guidance-legislation/telework-legislation/background-history/，最后访问日期：2020 年 6 月 7 日。

到：制定政策使适格雇员被允许从事远程工作；指定一名远程工作管理官员；决定可远程工作雇员的资格（eligibility）；指定一名高级管理人员负责协调各个机构的远程工作计划；要求机构管理人员以及被允许远程工作的雇员之间签订书面协议；为管理人员和雇员开发和实施远程工作培训项目；确保为适格雇员及其管理人员提供互动式培训；将远程工作作为机构持续运行计划（Continuity of Operations Plan）的一部分，等等。[1]该法还规定了美国人事管理办公室在该法中的职责，包括为远程工作提供咨询、制定政策和政策指引，帮助联邦机构建立远程工作的目标和措施，等等。[2]美国远程工作立法和政策大大促进了联邦政府本身对远程工作的使用。随着《美国远程工作促进法》的签署，联邦政府雇员每周从事一天以上远程工作的比例从 2011 年的 4%提高到 2014 年的 14%。[3]另一份 2005 年至 2014 年的统计也表明，政府部门以及非政府部门从事远程工作的雇员数量增长较快。2005 年至 2014 年，联邦政府使用远程工作的雇员数量增长 424.3%，州政府远程工作雇员数量增长 130.9%，地方政府远程工作雇员数量增长 78.5%；在非政府部门，营利性公司远程工作雇员数量增长 94.8%，非营利性公司远程工作雇员数量增长 105.1%。[4]从统计数字可以看出，政府部门尤其是联邦政府部门在立法和政策的推动下，远程工作雇员数量的增长速度明显高于私营机构。值得关注的是，虽然美国非政府部门的远程工作也较为流行，远程工作者数量增长较快，但迄今为止美国并没有专门立法对一般的远程工作加以规范。[5]其原因可能是美国向来崇尚市场体制和自由竞争，原本在劳工保护方面的立法和政策并

---

〔1〕 Kate Lister & Tom Harnish, "Telework and its Effect in the United States", in Jon C. Messenger eds., *Telework in the 21st Century—an Evolutionary Perspective*, International Labour Organization, Edward Elgar Publishing Limited, 2019, p. 158.

〔2〕 United States Office of Personnel Management, "Guide to Telework in the Federal Government", April 2011, pp. 7-8, https://www.telework.gov/guidance-legislation/telework-guidance/telework-guide/guide-to-telework-in-the-federal-government.pdf (Last visited on September 13, 2020).

〔3〕 Kate Lister & Tom Harnish, "Telework and its Effect in the United States", in Jon C. Messenger eds., *Telework in the 21st Century—an Evolutionary Perspective*, International Labour Organization, Edward Elgar Publishing Limited, 2019, p. 159.

〔4〕 W. C. Bunting, "Unlocking the Housing-Related Benefits of Telework: A Case for Government Intervention", 46 Real Estate Law Journal 285, pp. 290-291 (2017).

〔5〕 参见徐婉宁："日本对于电传劳工劳动权益之保护"，载《台北大学法学论丛》2016 年第 99 期。

不周全，远程工作属于灵活用工方式，自然也主要依靠市场规则和当事人的意愿加以调整。联邦政府为了应对疫情等突发事件，将立法和政策推动的重心放在联邦政府雇员远程工作的推广和使用上也不足为奇。

## （四）巴西

巴西近年来对远程工作以及立法问题也较为重视。根据 2012 年的相关报告，其使用远程工作的比例约为 16.2%。[1]在巴西联邦政府层面，许多部门已实行远程工作，致力于创造一种有利于雇员和提高生产效率的灵活用工模式。2011 年以来，巴西多项立法涉及远程工作。2011 年的联邦法律（No. 12. 551/2011）对巴西劳动法典（CLT）进行了修订，该法规定：只要劳动关系存在，工作在雇主场所、家庭或者远程履行并无差异。2012 年的一项法律（4. 793/2012）对远程工作的报酬作了规定。[2]2017 年的一项重要法律（No. 13. 467）对劳动法进行了改革，并将以往涉及远程工作的法律条款以及立法设想纳入劳动法典。该法律涉及远程工作的主要内容包括：进一步明确了工作时间的概念；减少了对积极从事远程工作劳动者日常工作日程的控制；规定远程工作的实施必须通过书面劳动合同或者补充协议约定；规定了远程工作技术设备设施提供和相关费用支付的义务；雇员远程工作和在雇主场所工作方式转换的要求；雇主维护雇员健康和安全的义务；远程工作中的集体协商，等等。[3]

从上述国家远程工作立法看，有几个趋势值得关注：一是无论发达经济体，比如美国和欧洲，还是新兴经济体，比如巴西，普遍重视远程工作立法，尤其是近年来许多原来主要依靠集体协议规范远程工作的国家也采用立法形

---

〔1〕 Alvaro Mello & Armando Dal Colletto, "Telework and its Effects in Brazil", in Jon C. Messenger eds., *Telework in the 21st Century-an Evolutionary Perspective*, International Labour Organization, Edward Elgar Publishing Limited, 2019, pp. 215-217.

〔2〕 Alvaro Mello & Armando Dal Colletto, "Telework and its Effects in Brazil", in Jon C. Messenger eds., *Telework in the 21st Century-an Evolutionary Perspective*, International Labour Organization, Edward Elgar Publishing Limited, 2019, pp. 233-234.

〔3〕 Alvaro Mello & Armando Dal Colletto, "Telework and its Effects in Brazil", in Jon C. Messenger eds., *Telework in the 21st Century-an Evolutionary Perspective*, International Labour Organization, Edward Elgar Publishing Limited, 2019, pp. 237-238.

式，包括法国、意大利、巴西等。二是许多国家对远程工作这一灵活的用工方式采取国家立法和集体协议、行动指引等"硬法"和"软法"相结合的方式，许多国家都是在集体协议等"软法"的基础上，再采取国家立法的方式，传统的集体协议、规章制度、行为守则等柔性规则目前依然发挥了重要作用。三是一些国家重视政府机构远程工作的推广和使用，并通过立法加以推进，例如美国、意大利、巴西等。远程工作对政府机构的特殊意义值得关注。四是不同国家虽然劳动法律制度有所差别，但在远程工作立法上存在一些共通原则和相似制度。因此，总结这些相同或类似的原则和规则，有利于认识远程工作的本质，并为我国的立法完善提供参考。

## 四、远程工作立法的基本原则和规制重点

根据远程工作自身的特点及远程工作的利弊，并借鉴境外远程工作的立法经验，远程工作立法应体现如下原则，并通过具体规则加以实现。

### (一) 自愿原则

#### 1. 远程工作的使用应经双方协商同意

远程工作的地点较为灵活，工作场所可能是雇员家中，也可能是其他远程场所，与此相关，雇员工作时间一般也较为灵活，因此，远程工作对雇主管理雇员的方式，包括考核方式等带来挑战，雇主因远程工作也可能需要支付额外的设备和技术上的成本和费用等。对劳动者而言，远程工作虽然带来了诸多便利，但同时也可能带来诸如占用家庭空间、工作和生活界限模糊、远离雇主和其他同事等弊端。雇主和雇员并非都愿意从事远程工作。因此，相比传统的办公室工作方式，远程工作对雇主和雇员双方的权利义务产生了重要影响。故而，对远程工作的采用须充分体现双方的意愿，尤其是劳动者的意愿，只有双方达成一致方可采用。从欧洲《远程工作框架协议》和大部分国家立法看，一般都要求双方对使用远程工作采取书面协议的方式，以充分体现双方的自由意志。换言之，雇主或者雇员都不可单方要求远程工作。为了保护双方的自由意愿，一些立法或文件还专门规定雇员拒绝远程工作的，不得成为雇主解雇雇员的理由。例如，欧洲《远程工作框架协议》第3条明确指出，工人拒绝或接受远程工作，并不构成工人劳动关系终止或者劳动条

款或条件变化的理由。[1]《法国劳动法典》第 L1222-9 条第 3 款规定，雇员"拒绝接受远程工作岗位，不构成终止雇佣合同的理由"。

2. 雇员是否享有远程工作的请求权

原则上远程工作的采用须由双方协商确定。如果雇员提出远程工作的请求，雇员是否具有法律上的请求权，雇主是否负有同意义务，是一个值得探讨的问题。美国明确雇主有权拒绝雇员远程工作的请求，即雇员并不享有远程工作的请求权，其《联邦政府远程工作指引》明确指出，"远程工作并不是雇员的一项权利，联邦法律要求联邦政府机构实施远程工作计划，但并没有给予雇员远程工作的法定权利（a legal right）"。[2] 在英国，自 2014 年开始，所有雇员享有请求灵活工作的权利（the right to request flexible work），包括在家办公，但雇员不享有要求灵活工作的权利（the right to demand flexible working），雇主只需对雇员的请求给予适当考虑（due consideration）。[3] 换言之，雇员也不享有请求从事远程工作的法律上的权利。

由于远程工作总体上对雇员有利，特别是对于负有家庭责任以及出行不便的雇员而言，其优点更为突出，因此当雇员尤其是特殊雇员请求从事远程工作时，雇主也负有一定义务。例如，《法国劳动法典》第 L222-9 条第 1 款规定，"如果本法典第 L5212-13 条所指的残疾雇员或符合《社会行动与家庭法典》第 L113-1-3 条规定的看护人要求远程工作，雇主如果不同意则应提供理由"。换言之，雇主负有说明拒绝远程工作理由的义务。波兰似乎更进一步，在一定程度上规定了雇主同意雇员关于远程工作请求的作为义务。《波兰劳动法典》第 67-7 条第 3 款规定，在雇佣过程中，履行工作的条件可以应雇员或雇主一方请求，或通过双方协议，改变为远程工作。雇主在"可行时"

---

〔1〕 "Framework Agreement on Telework", (3), 2002.

〔2〕 United States Office of Personnel Management, "Guide to Telework in the Federal Government", April 2011, p. 6, https://www.telework.gov/guidance-legislation/telework-guidance/telework-guide/guide-to-telework-in-the-federal-government.pdf (Last visited on September 13, 2020).

〔3〕 Eurofound and the International Labour Office, "Working anytime, anywhere: The Effects on the World of Work", Publications Office of the European Union, Luxembourg, and the International Labour Office, Geneva, 2017, p. 47, https://www.ilo.org/wcmsp5/groups/public/---dgreports/---dcomm/---publ/documents/publication/wcms_ 544138.pdf (Last visited on September 13, 2020).

（when feasible），应同意雇员以远程工作的形式履行工作的请求。从该条文看，雇主应根据情况，对雇员的请求给予考虑。当然，雇主作为义务的程度尚不清晰。对于一些特殊雇员，雇主负有更高义务。《波兰劳动法典》第67-6条第6款规定，对于符合特定条件的儿童的父母亲以及需要照顾残疾子女等的雇员（符合其劳动法典第142-1条第1款第2至3项的规定）请求以远程工作形式履行劳动的，除非因工作的组织或者雇员从事的工作类型而不可能的（unless it is not possible），雇主应同意雇员的请求。雇主不同意的，应以书面或电子形式告知雇员拒绝请求的理由。可见，总体上雇员并不享有使用远程工作的法律上的请求权，但对于雇员尤其是特殊雇员的请求，雇主负有适当考虑义务和说明义务。这也体现了雇主对特殊雇员的照顾义务。

3. 特殊情形下雇主的单方决定权

虽然远程工作的实施原则上必须经过双方同意，但在特殊情况下，雇主可以单独作出决定。例如，如前所述，《法国劳动法典》第L1222-11条规定，"在特殊情况下，尤其是受到传染病威胁或不可抗力，施行远程工作可以被视为是维持公司的运转和保护员工必要的工作岗位的调整"。换言之，当疫情等不可抗力发生时雇主可以自行安排远程工作，不必经雇员同意。当疫情等不可抗力发生时，从合同法角度看，一方当事人可以依法请求变更或解除合同，在劳动法中直接规定当出现疫情等不可抗力等情形时，雇主可单方使用远程工作，有利于事先明确双方的权利义务，避免紧急情形下的协商过程，有利于应对紧急情况，值得肯定。

（二）平等原则

远程工作在工作地点和工作时间上具有特殊性和灵活性，但远程工作者与雇主之间的劳动关系与一般的劳动关系并没有本质区别，因此，远程工作者享有一般劳动者的权利，雇主也负有一般雇主的义务。远程工作者不应因其特殊性和灵活性而受到歧视或者权利受到减损。因此，作为一种灵活用工方式，劳动法的一般规则都可以适用于远程工作。这是远程工作立法的重要原则，也是远程工作者的重要权利。例如欧洲《远程工作框架协议》第4条明确指出，"关于劳动条件，远程工作者享有受适用的法律和集体协议保护的，与相对应的（comparable）在雇主场所工作的工作者相同的权利"。《法国劳动法典》第 L1222-9 条第 3 款明确规定，"远程工作雇员与在雇主场所工作的雇员享有同等的权利"。《波兰劳动法典》第 67-15 条规定，不得对远程工作者实施歧视：远程工作者相比相同或类似岗位的工作者，在建立或终止劳动关系、劳动条件、晋升以及为改善职业水平的培训机会方面，不得受到不利的对待。平等原则还意味着，应根据远程工作者的特点，特别是其远离雇主的不利因素，通过相应规则保证其平等权利的实现。例如，《波兰劳动法典》针对远程工作者不在雇主场所工作的特点，专门规定了雇员"进入工作场所"（access to the workplace）的权利。该法典第 67-16 条规定，"雇主必须确保远程工作者根据适用于所有雇员的规则，可以进入雇佣机构的场所，与其他雇员联系，使用雇主的办公场所、技术设备和社交设施，并且参与雇主的社交活动"。远程工作者远离雇主场所和其他雇员，彼此分散，因此，在法律上应该保障雇员获取信息、与雇主及其他雇员沟通，以及参与集体活动、表达集体声音等方面的权利。

（三）保护原则

远程工作作为一种灵活用工方式，雇主负有劳动法上的一般义务，包括保护雇员的义务。劳动法上一般雇主的保护义务对远程工作者的雇主都是适用的。除此之外，基于远程工作的特点，远程工作者的雇主还应履行对其的特殊保护义务。

1. 因工作地点特殊产生的义务

第一，雇员工作地点不在雇主场所，因此，雇主有关对工作场所的义务和责任，特别是有关保护雇员健康、安全的义务应相应延伸至雇员的工作场所。例如欧洲《远程工作框架协议》第 8 条明确指出，雇主有义务按照欧盟相关指令、国家立法和集体协议保护远程工作者的健康和安全。雇主应告知雇员公司有关职业健康和安全的政策。

关于雇主保障雇员健康和安全的义务，工伤保护是一个重要问题。远程工作雇员的工作场所往往在家中，且工作和生活的界限模糊，为工伤认定带来了一定困难。远程工作者的工伤认定首先应适用工伤认定的一般规则。由于双方约定工作地点为家中，雇员住所可以视为工作地点，因此判断伤害是否为工伤的关键是伤害是否和工作相关。如果伤害发生于履行工作过程中，或者属于与工作密不可分的活动，诸如如厕、必要的休息等，导致的伤害也可认定为工伤。在美国，"个人舒适原则"是工伤认定的重要规则，若雇员在工作期间从事满足个人需求的行为是劳动关系所必不可少的，或者有利于提升雇主利益的，也可将其纳入工伤保护范围。[1]"家内劳动者在工作时间内基于一些基本生理需求而发生事故时，应当认定为工伤。"[2]关于远程工作的工伤，也有一些国家专门作了规定。比如，《法国劳动法典》第 L1222-9 条第 3 款规定，"远程工作员工在远程工作地点和工作时间内发生意外事故，应推定为符合《社会安全法典》第 L411-1 条所定义的工伤事故"。这一规定对远程工作者更为有利，雇主负有举证责任，证明伤害不属于工伤。法国的规定可资借鉴。

第二，由于雇员往往在家办公，雇员隐私权应受到关注。首先，与雇主对雇员的健康和安全义务相关，传统上雇主和行政部门可对工作场所进行检查或监察，但在远程工作中，雇主和行政部门进入雇员家中应受到限制，通常只有得到雇员同意，雇主或者行政部门才能进入雇员家中。例如，欧洲《远程工作框架协议》第 8 条明确规定，为了确保有关健康和安全的规定得到正确实施，雇主、工人代表和/或有关机构，在国家立法和集体协议的限定下，可以进入远程工作地点。如果远程工作者在家办公，则需要事先通知远程工作者，并得到其同意。此外，雇员的其他隐私权也应受到保护，尤其是雇主可能对雇员采取远程监控，或者为了实时了解雇员的工作情况采取其他措施，雇主的这些行为不得侵犯远程工作者的隐私。欧洲《远程工作框架协议》第 6 条明确规定，"雇主尊重远程工作者的隐私"。"如果设置任何类型的监控系统，其应当与目标成比例，并且按照有关视频显示装置的指令（90/270）而引入。"

第三，由于雇员远离雇主场所，一般雇员所享有的权利应给予关注。例如，远程工作者获取信息的权利、进入雇主场所的权利、参加雇主组织的活动的权利以及集体表达的权利等。这类权利原本就是一般雇员应享有的权利，

---

〔1〕 参见谢增毅："'工作过程'与美国工伤认定——兼评我国工伤认定的不足与完善"，载《环球法律评论》2008 年第 5 期。

〔2〕 班小辉："远程工作形态下职业安全保护制度的困境与因应"，载《甘肃政法学院学报》2019 年第 5 期。

只是由于远程工作者工作地点的特殊性，其权利行使容易被忽视或受到影响，而有必要加以强调。欧洲《远程工作框架协议》第9-11条明确规定，雇主应采取措施防止远程工作者和公司中其他雇员的隔离，包括为其提供与其他雇员经常性见面的机会，为其提供获取公司信息的渠道；远程工作者和其他雇员享有同样的接受培训和职业发展机会，并且适用相同的评价政策；远程工作者享有和在雇主场所工作的工人同样的集体权利。《匈牙利劳动法典》（2016年修订）第196条明确规定，雇主应向远程工作的雇员提供与其他雇员相同的所有信息。雇主应允许远程工作雇员进入雇主场所，并与其他工人交流。

因远程工作者的最大特点是工作地点为"远程"，因此上述措施在远程工作立法中应予以特别关注。

2. 因使用信息通信技术产生的义务

远程工作一般需要借助信息通信技术，由此产生了两方面的义务和责任。第一，因有关技术设备、设施的安装、维护和使用以及相关的费用而发生的义务。除非双方有相反约定，原则上雇主应承担设备的安装及相关费用。第二，雇主和雇员关于数据保护的义务。远程工作往往使用信息通信技术，涉及数据传输等，因此，雇主应规定数据保护的规章制度，远程工作者也应遵守。例如，欧洲《远程工作框架协议》第5条规定，雇主负责采取适当措施，特别是使用软件，以确保远程工作者为职业目的而使用和处理的数据得到保护。雇主应告知远程工作者所有有关数据保护的相关立法和公司规则。远程工作者也有义务遵守这些规则。《法国劳动法典》第L1222-10条规定，雇主应告知远程雇员使用信息技术设备、工具和电子通信服务的各种限制，以及违反该限制的处罚措施。

3. 因工作时间灵活产生的义务

与工作地点的灵活性相适应，远程工作雇员的工作时间往往较为灵活，雇主对雇员的管理方式和考核方式较为灵活，因此，对雇员的工作时间和工作内容应给予关注。工作时间长是远程工作普遍存在的问题，因此，应合理控制远程工作者的工作时间。而工作时间往往取决于工作内容和工作成果要求，因此，对雇主分配给雇员的工作内容，包括工作量以及工作成果要求，也应给予关注。

第一，工作时间的规制。原则上远程工作者应适用工作时间的一般规则。但远程工作者一般工作时间较为灵活，且工作和休息时间界限模糊，因此，双方在遵守法律规定以及保证雇员休息权的前提下，对工作时间应进行约定或者通过雇主的规章制度明确。例如欧洲《远程工作框架协议》第9条规定，在适用的法律、集体协议和公司规则的框架内，远程工作者管理其工作时间安排，该规定突出了法律、集体协议和公司规则的作用，以及远程工作者的自主性。《法国劳动法典》第L1222-9条第2款也明文规定，适用的集体协议或雇主制定的规则应明确说明的内容包括"控制工作时间或调节工作量的方式"。关于具体工作时间，由于雇员并非在雇主场所工作，原则上雇员负有记录和报告的义务。远程工作的工作时间首先依赖于双方约定，其次对于实际工作时间和约定不同的，雇员负有记录并报告雇主的义务，对于加班，原则上应征得雇主的同意或者双方事先存在约定。

第二，远程工作者的"离线权"。工作时间过长是远程工作普遍存在的问题，因此，如何既保持远程工作者工作时间的灵活性，又控制其工作时间，保障远程工作者的生活安宁和休息权成为一个关键问题。近年来，一些国家通过立法规定雇员"不被联系的权利"（the right to be disconnected）。由于雇主通常通过网络技术等线上方式向雇员发布指示或与雇员联络，雇员的这一权利也被称为"离线权"。法国于2016年修改劳动法典，明确规定雇员的"离线权"，法律要求拥有50名以上雇员的公司应和雇员就"信息通信技术"的使用进行协商，旨在尊重雇员的休息和假期时间，以及他们的个人和家庭生活。[1]除了法国，比利时、意大利和西班牙也通过立法，赋予一定范围的雇员"离线权"。[2]

---

〔1〕 Eurofound and the International Labour Office, "Working anytime, anywhere: The Effects on the World of Work", Publications Office of the European Union, Luxembourg, and the International Labour Office, Geneva, 2017, p. 50, https://www.ilo.org/wcmsp5/groups/public/---dgreports/---dcomm/---publ/documents/publication/wcms_544138.pdf (Last visited on September 13, 2020).

〔2〕 Eurofound, "Telework and ICT-based Mobile Work: Flexible Working in the Digital Age", New Forms of Employment Series, Publications Office of the European Union, Luxembourg, 2020, p. 48, https://www.eurofound.europa.eu/publications/report/2020/telework-and-ict-based-mobile-work-flexible-working-in-the-digital-age (Last visited on September 12, 2020).

　　"离线权"对于传统的工作时间较为固定的工作并无多大新意。对于传统工作，通常双方约定了雇员固定的工作时间，不管法律是否规定"离线权"，雇主通常不得在雇员休息时间向其发出指示。"离线权"的价值主要体现在远程工作或者其他工作时间自由的工作方式中。例如，意大利规定的"离线权"只适用于灵活用工方式——"智能工人"（smart workers）。[1]原因在于，由于工作时间灵活，如果双方对工作时间没有具体约定，雇主可能随时通过信息通信技术（如邮件或其他实时联系的社交媒体）联系雇员，从而影响雇员的休息和生活，因此法律规定雇主在特定时间内不得"联系"雇员具有较大意义。质言之，"离线权"主要是一项原则，其最终实现有赖于雇主和雇员对雇员的工作时间以及"免受联系"的具体时间作出安排。因此，"离线权"的立法规则中通常会要求雇主和雇员就雇员"离线"的具体时间进行协商并作出安排。协商方式包括行业或公司层面的集体协议或者个体协议等，以使"离线权"得到落实。[2]需要指出的是，即便法律上没有规定"离线权"，企业和雇员仍可通过集体协议、公司规则等规定"离线权"的内容。因此，"离线权"的主要功能在于要求雇主事先采取措施，通过集体协议等形式明确雇主对雇员发出指示的时间限制，以保护雇员的休息权。故而，如果一国有关工作时间的规则较为完善、集体协商机制较为发达，则是否规定"离线权"似乎并不重要。例如，在德国，法律上并没有规定雇员的"离线权"。联邦政府认为没有必要通过另外的立法规定"离线权"，因为雇员在休息时间并不负有为雇主服务的义务。政府认为，集体协议是规制过度工作和保护雇员私人生活的最佳方式。丹麦是欧洲国家中使用远程工作比例最高的国家，但其法律也没有规定"离线权"，有关远程工作的内容仅通过行业和公司层面的集体

---

〔1〕　Eurofound, "Telework and ICT-based Mobile Work: Flexible Working in the Digital Age", New Forms of Employment Series, Publications Office of the European Union, Luxembourg, 2020, p. 49, https://www. eurofound. europa. eu/publications/report/2020/telework-and-ict-based-mobile-work-flexible-working-in-the-digital-age（Last visited on September 12, 2020）.

〔2〕　Eurofound, "Telework and ICT-based Mobile Work: Flexible Working in the Digital Age", New Forms of Employment Series, Publications Office of the European Union, Luxembourg, 2020, p. 51, https://www. eurofound. europa. eu/publications/report/2020/telework-and-ict-based-mobile-work-flexible-working-in-the-digital-age（Last visited on September 12, 2020）.

协议加以规制。目前在欧洲，对在法律上规定"离线权"的必要性还缺乏共识。[1]可见，"离线权"主要是对劳动法工作时间规则的一种实施手段，其实现也需要集体协议等雇主和雇员之间的协议加以落实。因此，对于集体协商机制较为发达的国家，在法律上未必要规定"离线权"，但对于集体协商不发达的国家，在法律上规定"离线权"，并要求雇主和雇员就雇员"不受联系"的权利作出具体安排则具有较大意义，尤其是对远程工作者的保护具有特殊意义。

第三，工作量的控制。雇主对远程工作者工作过程的控制较难，因而，雇主对远程工作者的管理并非以工作时间和工作过程为主，而是以工作内容（工作量）和工作成果要求为主。因此，为了避免远程工作者工作时间过长，也有必要关注雇主对远程工作量的分配。欧洲《远程工作框架协议》第9条指出，远程工作者的工作量及其履行标准应和在雇主场所工作的类似雇员相同。如上所述，《法国劳动法典》第L1222-9条第2款规定，集体协议或雇主制定的规则应明确说明的内容包括"控制工作时间或调节工作量的方式"，此外，第L1222-10条规定，雇主对雇员还负有"就员工的工作条件和工作量每年组织一次谈话"的义务。这些原则表明雇主对远程工作者的工作量安排应和普通劳动者相同，工作量应适当，且雇主和雇员要定期沟通协商，确保雇员不因其远程工作而承担过重的工作量，从而导致工作时间过长。

（四）协商原则

由于远程工作的工作地点和工作时间较为灵活，雇主对雇员的监督管理也较为松散，加上实行远程工作的多为非传统的新兴产业，不同行业也有不同需求，因此在法律上不宜也难以将远程工作双方的权利义务详细规定下来，否则远程工作的"灵活性"就会下降，也可能不符合当事人的意愿。特别是雇主难以对雇员实行实时监督，雇员工作时间的确认、雇员日常的监督管理等都需要双方作出适当的自主安排。欧洲2020年的一份报告指出，在大部分

〔1〕 Eurofound, "Telework and ICT-based Mobile Work: Flexible Working in the Digital Age", New Forms of Employment Series, Publications Office of the European Union, Luxembourg, 2020, pp.51-52, https://www.eurofound.europa.eu/publications/report/2020/telework-and-ict-based-mobile-work-flexible-working-in-the-digital-age (Last visited on September 12, 2020).

国家，集体协议是规范远程工作及与其相关的实践中安排工作和生活平衡的主要方式。[1]因此，虽然许多国家对远程工作进行了专门立法，但在法律上仍给当事人留下了较大空间，甚至在法律上要求双方应就某些事项进行协商，以体现远程工作的灵活性，这也是远程工作立法的重要特征。当事人之间的协商既可以通过集体协议、企业规章制度实现，也可以通过双方的劳动合同或单独的协议实现。在这方面，许多国家的法律都突出了这一特征。例如《法国劳动法典》第 L1222-9 条第 1 款、第 2 款规定，"远程工作应根据集体协议或者（在没有集体协议的情况下）根据雇主在咨询社会和经济委员会（如果该委员会存在）后制定的章程施行"。"在没有集体协议或章程的情况下，员工与雇主就远程工作达成一致的，可采用任意方式形成协议。"集体协议或雇主制定的章程应明确说明：采取远程工作的条件，员工接受远程工作施行条件的方式，控制工作时间或调节工作量的方式，雇主通常可以联系远程工作员工的时间段的确定，等等。值得关注的是，巴西的立法赋予远程工作集体协议高于法律的效力。巴西 2017 年的立法规定，远程工作，包括内部管理（internal regulation）、远程工作条件（telecommuting conditions）以及工作日的控制、监督、待命等，都可进行集体协商。作为一项规则，工作日程（work schedule）可通过集体协商确定，因为劳动法典第 611-A 条规定，有关远程工作事项的集体协议优先于法律。[2]由此可见有关远程工作的集体协议的重要地位。换言之，法律尊重当事人之间的自由协商，法律不可能也不应将远程工作双方的权利义务一一列明，以在强制性和灵活性之间保持平衡。

远程工作立法必须坚持上述四项原则，并通过具体规则加以落实。自愿原则是远程工作采用的前提。平等原则是对远程工作者的基本保护，着眼于远程工作者和一般雇员的共性。保护原则着眼于远程工作者的特殊性，对雇

---

〔1〕　Eurofound, "Telework and ICT-based Mobile Work: Flexible Working in the Digital Age", New Forms of Employment Series, Publications Office of the European Union, Luxembourg, 2020, pp. 47-48, https://www.eurofound.europa.eu/publications/report/2020/telework-and-ict-based-mobile-work-flexible-working-in-the-digital-age (Last visited on September 12, 2020).

〔2〕　Alvaro Mello & Armando Dal Colletto, "Telework and its Effects in Brazil", in Jon C. Messenger eds. , *Telework in the 21st Century-an Evolutionary Perspective*, International Labour Organization, Edward Elgar Publishing Limited, 2019, p. 238.

主施加特殊义务。协商原则着眼于远程工作的灵活性，旨在实现法律强制和当事人自治的协调配合。因此，上述四项原则围绕远程工作的适用前提、本质属性、特殊性以及灵活性，构成相对完整的远程工作立法的原则体系。

### 五、我国远程工作的政策措施和立法进路

#### （一）远程工作对我国的特殊意义

上文分析了远程工作的优点和作用，这些优点和作用对我国而言，具有特殊的重要意义。

第一，我国人口众多、大中城市数量较多，远程工作对于减少出行成本和环境污染的作用显著。我国拥有 14 亿人口，人口百万以上的城市数量众多。特别是我国存在一些特大城市，例如，北京市 2019 年末，全市常住人口为 2153.6 万人，[1] 上海市 2019 年末，全市常住人口为 2428.14 万人。[2] 大城市人口多，城市面积大，许多劳动者居住地距离上班地点较远，通勤时间较长，远程工作的优势凸显。例如，2019 年北京市发布的研究报告显示，整体看，北京六环内，通勤出行约占每天全部出行量的一半，约 2300 万人的平均通勤时间为 56 分钟，平均通勤距离 12.4 千米。[3]

第二，远程工作对于我国部分劳动者协调工作和家庭责任的意义显著。近年来，随着二孩政策的实施，很多家庭面临看护儿童的责任。同时，我国人口老龄化加速，很多家庭也面临照护老年人的责任。远程工作对于解决一些家庭照护儿童、老年人，促进工作和家庭责任的平衡具有积极意义。根据统计，我国 2019 年全年出生人口 1465 万人，出生率为 10.48‰；2019 年末全国总人口 14 亿人，其中 60 周岁及以上人口为 25 388 万人，占比为 18.1%，其中 65 周岁及以上人口为 17 603 万人，占比 12.6%。[4] 而且我国人口老龄化还将加速。据预测，到 2040 年前后，我国 65 岁以上老年人口占总人口的

---

〔1〕 参见"2019 年北京市常住人口 2153.6 万人"，载新华网，http://www.xinhuanet.com/politics/2020-03/02/c_ 1125652087. htm，最后访问日期：2020 年 9 月 13 日。

〔2〕 参见上海市统计局：《2019 年上海市国民经济和社会发展统计公报》，2020 年 3 月 9 日。

〔3〕 参见"北京通勤出行特征报告出炉 六环内平均通勤时间 56 分钟"，载人民网，http://bj. people. com. cn/n2/2019/0829/c82840-33298870. html，最后访问日期：2020 年 12 月 20 日。

〔4〕 参见国家统计局：《中华人民共和国 2019 年国民经济和社会发展统计公报》，2020 年 2 月 28 日。

比重将超过 20%，到 2050 年这一比重将提升到 26%。[1]因此，推行远程工作在我国也具有重要的人口社会意义。

第三，远程工作对于促进我国残疾人就业具有巨大推动作用。我国目前有 8500 万残疾人。[2]2019 年全国城乡持证残疾人就业人数为 855.2 万人，其中灵活就业（含社区、居家就业）228.2 万人。[3]总体来看，我国残疾人就业的比例不高，居家就业人数有限。随着互联网技术和通信技术等的发展，许多出行不便的残疾人可通过远程工作实现就业。

第四，远程工作对于我国应对疫情等突发公共事件的作用显著。我国地域辽阔，人口众多，自然灾害和传染病等重大公共事件时有发生。因此，作为自然灾害、极端天气、重大疫情等突发事件易发多发的国家，远程工作在突发事件中的作用对我国也具有重要意义。尤其是远程工作在疫情等突发事件发生时，对于减少企事业职工和机关工作人员出行，减少疫情传播，确保机关、企事业单位等工作正常运转意义重大。

远程工作除上述功能之外，其本身也存在巨大的商机和市场潜力。例如，随着国内疫情逐步趋稳，远程工作的发展势头并未减弱。人们逐渐意识到，在"数字时代"远程工作对于协同合作和数字经济发展的重要性。一些地方将远程工作作为数字经济发展的重要内容。2020 年 4 月 8 日，上海市人民政府办公厅印发《上海市促进在线新经济发展行动方案（2020—2022年）》的通知。该行动方案提出的"聚焦发展重点"包括，"推广远程办公模式。顺应在家办公、异地办公、移动办公等需求，鼓励发展无边界协同、全场景协作的远程办公新模式"。[4]远程工作本身也对经济发展具有促进作用。

---

〔1〕　参见董克用、王振振、张栋："中国人口老龄化与养老体系建设"，载《经济社会体制比较》2020 年第 1 期。

〔2〕　参见国务院新闻办公室 2019 年 7 月发布的《平等、参与、共享：新中国残疾人权益保障 70年》白皮书。

〔3〕　参见中国残疾人联合会 2020 年 3 月 31 日发布的《2019 年残疾人事业发展统计公报》。

〔4〕　参见 2020 年上海市人民政府办公厅发布的《上海市促进在线新经济发展行动方案（2020—2022 年）》。

（二）加强远程工作政策扶持，并将其纳入突发事件应急管理

远程工作不仅事关雇主和远程劳动者之间的权利义务，也具有重要的社会意义，因此，政府应采取措施促进远程工作的推广。

第一，通过政策扶持，鼓励企事业单位等采取远程工作的形式。应充分认识到远程工作的社会意义，将推行远程工作作为政府工作的一项内容。政府通过政策手段，扶持和推进远程工作的使用，也是很多国家的普遍做法。例如，日本近年来由于低出生率和老龄化，劳动力人口下降，政府希望通过推动远程工作的使用，使女性可以在承担家庭责任的同时也参与工作，从而提高女性的就业率，提高劳动力人口数量。2012 年以来，日本政府部门出台了多项政策措施推动远程工作的使用。[1]荷兰对使用远程工作的雇主在社会保险缴费和税收上实行优惠政策，政府认为远程工作有利于促进残疾人和其他边缘群体的就业。匈牙利政府也对使用远程工作的劳动者实行补贴政策，政府认为远程工作可以创造新的就业机会，并促进残疾人、未成年人的母亲、少数族群以及居住在农村地区的人群的就业。[2]在美国，由于远程工作通常被认为具有正向积极的社会福利影响，各州和联邦政府也采取各种措施激励私人和公共部门使用远程劳动，包括税收政策以及支持建立远程工作中心（telework centers）等。[3]

2020 年新冠疫情期间，大量劳动者在家办公，使人们认识到远程工作具有巨大潜力。国际劳工组织在 2020 年 4 月的一份政策简介中指出，截至 2020 年 4 月中旬，共有 59 个国家对公共部门非核心雇员实行远程工作。疫情使人们加强了对远程工作应对危机潜力的研究。国际劳工组织的报告指出，据估算，在美国，34% 的工作可以合理地在家履行，阿根廷的这一比例为 26% 至

〔1〕 Akio Sato, "Telework and its Effect in Japan", in Jon C. Messenger eds. , *Telework in the* 21*st Century-an Evolutionary Perspective*, International Labour Organization, Edward Elgar Publishing Limited, 2019, pp. 76-81.

〔2〕 European Foundation for the Improvement of Living and Working Conditions, "Telework in the European Union", 2010, pp. 18-19, https://digitalcommons. ilr. cornell. edu/intl/428/ (Last visited on September 13, 2020).

〔3〕 W. C. Bunting, "Unlocking the Housing-Related Benefits of Telework: A Case for Government Intervention", 46 *Real Estate Law Journal* 285, pp. 304, 312 (2017).

29%，意大利为 24%，法国为 28%，德国为 29%，西班牙为 25%，瑞典和英国为 31%。[1]可见，远程工作具有巨大潜力，政府的扶持政策也大有可为。当然，远程工作的使用和一国的技术发展、经济结构以及工作文化密切相关。[2]因此，我国应借鉴国外有益经验，通过税收或社会保险优惠措施等，鼓励远程工作的使用，尤其是对于使用远程工作较多的企业，应该给予相应优惠。

第二，将远程工作纳入应急管理，政府机构和企事业单位做好实施远程工作的预案。2020 年新冠疫情暴发，远程工作或在家办公的作用凸显。上文提及，美国 2010 年专门出台了促进政府机构使用远程工作的《美国远程工作促进法》，其最初原因也是为了防止疫情暴发可能导致的政府停摆。意大利于 1998 年通过立法规定了公共部门远程工作的规则，2012 年的法令要求公共行政部门每年应提交远程工作计划。[3]法国于 2012 年修改《法国劳动法典》，也将远程工作作为应对疫情的对策。因此，我国也应总结此次新冠疫情的影响，将远程工作纳入应对突发公共卫生事件、极端天气和其他自然灾害的紧急措施。政府部门应从硬件设备和软件技术、数据保护和规章制度等方面做好应对准备，以在疫情等突发事件发生时使用远程工作，确保政府机关的正常运转。政府也应鼓励企事业单位将远程工作纳入应急管理措施，提前做好技术和制度准备，以避免紧急状态发生时准备不足。例如，国际劳工组织的报告指出，2020 年 4 月 7 日在日本政府宣布进入紧急状态之前，日本公司首席财务官协会的一项调查发现，尽管 96% 的受访者同意远程工作的重要性，但 31% 的公司无法采取远程工作，因为文书工作并未数字化、公司内部规则

---

〔1〕　International Labour Organization, "Working from Home: Estimating the Worldwide Potential", Policy Brief, April 2020, p. 1, https://www. ilo. org/wcmsp5/groups/public/---ed_ protect/---protrav/---travail/documents/briefingnote/wcms_ 743447. pdf (Last visited on September 12, 2020).

〔2〕　Jon Messenger, "Working Time and the Future of Work", ILO Future of Work Research Paper Series, International Labour Organization 2018, p. 20, https://www. ilo. org/wcmsp5/groups/public/---dgreports/---cabinet/documents/publication/wcms_ 649907. pdf (Last visited on September 13, 2020).

〔3〕　Eurofound and the International Labour Office, "Working anytime, anywhere: The Effects on the World of Work", Publications Office of the European Union, Luxembourg, and the International Labour Office, Geneva, 2017, p. 47, https://www. ilo. org/wcmsp5/groups/public/---dgreports/---dcomm/---publ/documents/publication/wcms_ 544138. pdf (Last visited on September 13, 2020).

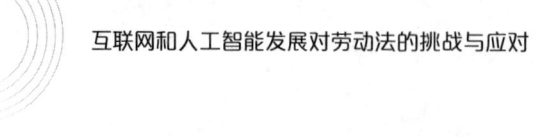

和程序准备不足。对信息保密性的担心或可能的安全漏洞也限制了远程工作的使用。[1]因此，远程工作需要在平时做好技术和规则准备，以便在紧急情况下启用。

（三）远程工作的立法进路

如上所述，越来越多的国家将远程工作纳入劳动法。由于远程工作对我国的重要意义，我国宜在总结远程工作实践经验基础上，结合我国司法实践的纠纷类型，将远程工作纳入我国立法。远程工作作为一种灵活用工方式，现行劳动法除了少数条款，例如劳动监察部门对雇主现场监察的规定外，均可适用，因此，远程工作立法的重点是针对其特殊性作出特别规定。

第一，我国可考虑将远程工作纳入《劳动法》或《劳动合同法》，对远程工作的概念及基本原则和基本制度作出规定。同时，应制定专门的远程工作条例，作出详细规定。立法应突出"促进"和"规范"并重的原则。[2]条例一方面应对政府如何促进远程工作、如何把远程工作纳入应急管理措施，政府机关自身如何建立远程工作的相关设施和制度等政府职能作出规定，同时也应对远程工作当事人双方的权利义务，上文概括的四大原则，即自愿原则、平等原则、保护原则及协商原则所应包括的具体规则进行规定。在制定条例之前，也可先通过制定部门规章的形式明确远程工作用人单位和劳动者的权利义务。

第二，我国立法也应突出问题导向。一是针对我国司法实践中当事人是否就使用远程工作以及工作时间、工资等内容达成一致意见经常发生纠纷的现实，应规定当事人使用远程工作必须订立书面合同，远程工作合同应包括工作地点、工作时间、工作内容、工资报酬以及雇主对雇员的日常监督管理等内容。二是应吸收借鉴其他国家和地区的有益经验，解决各国远程工作普遍存在的工作时间过长的问题。我国智能手机和即时通信（微信等社交媒体）

---

〔1〕 International Labour Organization, "Working from Home: Estimating the Worldwide Potential", Policy Brief, April 2020, p. 5, https://www.ilo.org/wcmsp5/groups/public/---ed_protect/---protrav/---travail/documents/briefingnote/wcms_743447.pdf (Last visited on September 12, 2020).

〔2〕 Jon C. Messenger, "Conclusions and Recommendations for Policy and Practice", in Jon C. Messenger eds., *Telework in the 21st Century—an Evolutionary Perspective*, International Labour Organization, Edward Elgar Publishing Limited, 2019, pp. 307-308.

等软件的流行，使得许多雇员经常处于随时接受雇主指示的状态，应对远程工作者工作时间的规则作出规定。在立法中可要求使用远程工作的用人单位根据法律关于工作时间的规定，在保持工作时间弹性的前提下，通过集体协议、规章制度或劳动合同，与劳动者约定工作时间、工作时间的具体确定方式、劳动者的休息时间、加班执行和认定等事项，切实保障劳动者的生活安宁和休息权。

第三，远程工作作为一种灵活用工方式，除了完善其立法，也应发挥政府等机构对其的政策指引作用。我国人力资源和社会保障部门可发布有关远程工作的指引。同时，人力资源和社会保障部门、工会组织和企业组织也可通过协商共同发布意见指导企业和远程工作者，促进远程工作的健康发展。

## 第四章

# 网络时代的劳动基准理论和制度创新

沈建峰

中央财经大学法学院教授

　　网络时代劳动基准理论和制度创新研究首先需要明确研究范畴。网络时代首先是个时间概念，在与工业化时代相对的意义上指的是互联网兴起并对社会经济生活产生深刻影响的时代，也就是当下。这样理解则网络时代劳动基准理论和制度创新就是指当下劳动基准理论和制度创新，显然不够聚焦，失之过宽。网络时代也是个技术概念，指的是网络技术、信息技术或者数字技术条件下劳动基准理论和制度创新，主要涉及因信息技术等的采用引发的劳动基准理论和制度方面的新变化。从本书研究的主题限定来看，本部分关注的是第二种意义上的网络时代。需要进一步说明的是，网络技术、数字技术、信息技术等在严格意义上应当是有区别的概念，网络技术时代更强调互联网技术的面向，如果这样，则本部分应仅关注互联网技术引发的劳动基准问题。但实际上，当下引发劳动基准理论和制度变革的不仅是互联网技术，还有与其相关的数字技术和信息技术，其组合使用给传统工业时代形成的劳动基准理论和制度带来了新的挑战。因此，本部分所称的网络时代不仅限于互联网技术运用引发的问题，而是数字时代、信息技术时代劳动基准理论和制度面临的共同问题。在术语使用上本部分也不区分网络时代、数字时代或者信息时代。就本部分问题的展开而言，首先需要澄清网络时代劳动世界的主要变化及其带来的制度挑战。在此基础上继续探究劳动基准法的制度应对。在此过程中，尚需厘定劳动基准的概念范畴，改变劳动基准法作为公法的既有误解，并基于此讨论劳动基准法的具体制度创新。

## 一、网络时代用工关系的总体图景及劳动法面临的新挑战

（一）网络时代用工关系变化的现有观点

关于网络或者数字时代用工关系本身的变化，理论界有各种不同表述和认识。有学者认为，网络时代用工领域出现了去保障化、去集体化、去权力化的趋势。其中去保障化是指"技术变革可能意味着我们必须告别我们工作的特点，这个特点在今天对我们来说特别重要：工作岗位的保障"[1]。工作岗位因为数字技术的发展变得不稳定，传统劳动法关注的对工作的确保越来越难以实现，与此相关的工资和工时的保障也难以得到实现。去集体化是指，通过数字技术对劳动力提供者进行更精细化的区分，让他们各自的业绩变得更具有区分度和差异性，从而导致劳动者更加差异化，团结起来追求共同利益的可能性下降。[2]所谓去权力化，是指随着数字技术的运用，用人单位权力的膨胀和劳动者权利的丧失。这种趋势具体体现为用工管理"朝着扩大和完善对雇员和受托人的监督可能性的方向；朝着更多地使用工作流程的数字化处理方法和对员工进行算法管控的方向；朝着人员、工作和生产过程中的数据、信息及知识资源的单向积累的方向"。[3]

也有学者借助工业社会学的研究，将数字化引发的劳动组织改变的特征描述为"劳动的主体化（Subjektivierung）、弹性化（Flexibilisierung）、增强化（Intensivierung）、去界限化（Entgrenzung）"。[4]主体化强调的是劳动力提供者在形式上成为市场主体或者经营者。"主体化首先涉及日益增长的如下趋势，劳动能力向经济上有价值的劳动结果转化的问题以如下方式解决：劳动者被预设的不再是单个的劳动步骤，取而代之的是劳动结果（目标管理），其本人作为

---

〔1〕［德］米夏埃尔·施韦姆勒、彼得·韦德：《一切皆在掌控之中？——数字时代的劳动政策和劳动法》，弗里德里希艾伯特基金会 2019 年版，第 22 页。

〔2〕参见［德］米夏埃尔·施韦姆勒、彼得·韦德：《一切皆在掌控之中？——数字时代的劳动政策和劳动法》，弗里德里希艾伯特基金会 2019 年版，第 27 页。

〔3〕［德］米夏埃尔·施韦姆勒、彼得·韦德：《一切皆在掌控之中？——数字时代的劳动政策和劳动法》，弗里德里希艾伯特基金会 2019 年版，第 28 页。

〔4〕Ruediger Krause, Digitalisierung der Arbeitswelt – Herausforderungen und Regelngsbedarf, Verlag C. H. Beck, Muenchen, 2017, B17.

劳动力的经营者，保留了其工作的自我组织。"[1]弹性化指的是劳动力的提供与市场对接，适用市场弹性。"（内部）弹性化的目标是，将个别雇员的劳动活动尽可能紧密和时间贴近地与市场需求以及消费者愿望相连接。"[2]增强化着眼于信息技术的采用，劳动过程管理能力提升，导致劳动强度增大。其"是指作为给付期待提升的结果，劳动过程加密和加速"。[3]最后，去界限化描述的是生活和劳动的混同，"去界限化的概念涉及不同的趋势，其首先指的是劳动时间和劳动地点作为区分职业空间和私人空间之传统参数的消除"。[4]

上述不同视角的分析都有其深刻的启发意义。但本书认为，网络时代劳动世界图景最本质的变化是去组织体化。原本以组织体——企业为中心的劳动组织解体，从而引发了上述种种新特征或者新问题，上述各种特征都只是去组织体化的结果，而去组织体化才是根本所在。

（二）网络时代用工关系发展的去组织体化趋势

在市场经济条件下，资源配置的方式不只是市场交易，而是交易和组织体两种形态。"在企业之外价格决定生产，这是通过一系列市场交易来协调。在企业之内，市场交易被取消，伴随着交易的复杂市场结构被企业家所替代，企业家指挥生产。"[5]劳动力资源的配置也遵循这一制度经济学的基本原理，存在交易用工和组织体用工两种劳动力资源配置方式。就这两种方式而言，"市场的运行是有成本的，通过形成一个组织，并允许某个权威（一个企业家）来支配资源，就能节约某些市场运行成本。"[6]这是企业或者生产组织

---

〔1〕 Ruediger Krause, Digitalisierung der Arbeitswelt – Herausforderungen und Regelngsbedarf, Verlag C. H. Beck, Muenchen, 2017, B18.

〔2〕 Ruediger Krause, Digitalisierung der Arbeitswelt – Herausforderungen und Regelngsbedarf, Verlag C. H. Beck, Muenchen, 2017, B18

〔3〕 Ruediger Krause, Digitalisierung der Arbeitswelt – Herausforderungen und Regelngsbedarf, Verlag C. H. Beck, Muenchen, 2017, B18

〔4〕 Ruediger Krause, Digitalisierung der Arbeitswelt – Herausforderungen und Regelngsbedarf, Verlag C. H. Beck, Muenchen, 2017, B18

〔5〕 ［美］罗纳德·H. 科斯："企业的性质"，载 ［美］罗纳德·H. 科斯：《企业、市场与法律》，盛洪、陈郁译校，格致出版社、上海三联书店、上海人民出版社2014年版，第42页。

〔6〕 ［美］罗纳德·H. 科斯："企业的性质"，载 ［美］罗纳德·H. 科斯：《企业、市场与法律》，盛洪、陈郁译校，格致出版社、上海三联书店、上海人民出版社2014年版，第33页。

体存在的经济根源。反过来，当市场运行的成本低于组织体运行成本时，经营者则会选择市场交易而非通过组织体生产。将这一原理用于人力资源的配置，则可以解释经营者是通过与劳动者建立劳动关系，让劳动者加入用人单位组织来用工还是通过市场交易以直接获取劳动或结果方式来用工两种不同的可能及二者的功能替代关系：建立劳动关系，让劳动者加入用工单位组织的优势是获得了稳定的劳动力以及根据经营需要对劳动者管理、指示和组织的权利，与此相应也应承担劳动者的保护义务，如解除受到解雇保护的限制、应提供必要的社会保护等；非劳动关系的交易方式用工充分灵活并承担较少社会保护义务，但却无法稳定地对劳动力提供者进行组织和管理。上述利益和不利益的比较权衡会直接影响经营者的用工方式选择。当以组织体方式进行经营的成本和收益优于通过市场交易获取劳动的成本和收益时，生产者就会与劳动者建立劳动关系，反过来则会将相关的经营通过外包、加盟等方式交由他人完成自己获取结果即可，或者不要求劳动者加入自己的组织，而是以一对一的交易来获取每一个劳动或者劳动结果。

从受经济规律约束的角度看，经营者对用工方式的选择并非任意的，而是受到生产条件和人力资源管理能力的限制。故此，"任何重大技术/管理转型均会带来就业结构的深刻变化"。[1]工业化时代，"随着科学管理系统的引进，泰勒想要控制工人的行为，从而使自己能够制定一项招聘政策，用非技术工人取代熟练工甚至工会会员"。[2]这种生产技术就需要严格的生产组织，而满足这种生产组织需要的只能是劳动关系用工。所以，工业时代是以劳动关系用工为中心的时代，也是以组织体用工为中心的时代。这一点不仅体现为大部分劳动力提供者都是劳动关系中的劳动者，而且体现在企业规模的扩张上，巨型化的实体企业是这个时代的特征，甚至骄傲，大量劳动者都是这些巨型企业流水线上的"螺丝钉"。

但在组织体用工发展的同时，一种去组织体用工的逆流已经在潺潺流淌。

---

〔1〕　[法]伊莎贝尔·道格林、[比]克里斯多夫·德格里斯、[比]菲利普·波谢编：《平台经济与劳动立法国际趋势》，涂伟译，中国工人出版社2020年版，第225页。

〔2〕　[法]伊莎贝尔·道格林、[比]克里斯多夫·德格里斯、[比]菲利普·波谢编：《平台经济与劳动立法国际趋势》，涂伟译，中国工人出版社2020年版，第14页。

在通过组织体对生产过程和劳动者的控制会导致成本上升的前提下，当生产技术能够达到不通过过程控制而实现结果控制时，就没有必要一定形成巨型企业，并将所有劳动者钉在流程线上实现有组织生产；或者当人力资源管理手段能够实现不通过流水线也能控制劳动过程时，去组织体用工也会发展。现代生产技术和人力资源管理技术满足了上述要求。"到 20 世纪末，由市场而非管理层级协调的网络企业理论不断出现，打造了全球价值链，并且普及了外部服务供应这一做法。合同外包、价值链、子公司协调等，这些都属于管理策略，而且都带来同一个社会后果，即工作地点的原子化。他们正在重新设计分工制度，这次划分的是哪些工作需要在企业内部完成，哪些可以托付给市场解决。除了作为公司盈利核心的经营活动，其他一些运营活动都可以外包出去。"〔1〕以德国为例，根据 2017 年欧洲经济研究中心受德国劳动和社会部委托完成的调查，"通过运用承揽合同而使用外部劳动力是一个广泛存在的现象，大概 90% 的德国企业都是承揽合同的委托人"。〔2〕

信息技术的发展进一步助力了这种趋势。"随着信息通讯技术的不断使用，无论是从空间还是时间的角度看，企业有组织的模块化会越来越导致其精细区分的结构。在该发展过程中，生产链条越来越少地受到工厂的限制，散见各地的组织单位通过时间上有限的、信息技术媒介的合作构成生产链条。法律上独立的企业或者作为营利中心偶尔独立的企业部分或者单个劳动者通常都可以作为受托人以及承揽或者雇佣合同的当事人。"〔3〕总体来看，信息技术一方面更加有利于不需要劳动者组织进入企业而实现对其劳动行为的控制，另一方面有利于未处于同一时空的生产单位之间的协调和配合，这些均会导致生产组织的解体。而通过平台以众包形式最终实现的在全社会范围内对劳动力的组合以及对企业这种生产组织体的替代，只是上述信息时代去组织体化趋势发展的"高级"形态。

---

〔1〕〔法〕伊莎贝尔·道格林、〔比〕克里斯多夫·德格里斯、〔比〕菲利普·波谢编：《平台经济与劳动立法国际趋势》，涂伟译，中国工人出版社 2020 年版，第 22 页。

〔2〕Zentrum für Europäische Wirtschafts forschung GmbH（ZEW），Verbreitung, Nutzung und mögliche Probleme von Werkverträgen，https://www.bmas.de/DE/Service/Publikationen/Forschungsberichte/fb495 - verbreitung-nutzung-moegliche-probleme-von-werkvertraegen.html，S. 276.

〔3〕Drucksache 13/1 1004，S. 55.

（三）去组织体化用工的形态

去组织体化用工笼统地说是通过生产组织用工向市场交易用工的转化，"企业作为雇员加入其中并在其中持续性地完成其活动的稳定空间和组织上的统一体被侵蚀了"。[1]尽管当下讨论该问题人们更多考虑的是去劳动关系化的平台用工等问题，但实际上去组织体化用工却首先开始于组织体自身的解构，"创设片段化（模块企业）及网状的结构"。[2]在此基础上出现的安排是：业务的解构，将能够模块化或者进行结果控制的生产环节外包给第三方企业；或者自体的解构，直接在模块化生产单位基础上成立独立企业。解构之后，通过市场交易也即合同形式获得该第三方企业或者独立企业的劳动成果。我国《劳动合同法》运行过程中出现的劳务外包或者项目公司、分公司签订劳动合同现象是这种思路的体现；平台用工过程中，平台企业解构为信息商、支付商、物流商、人力资源商等也是这种组织体自身解构的表现形态。在企业组织体解构的同时，也是上述解构的进一步发展，劳动组织体也在解构，"固定的、层级建构的劳动结构解体，并为不断变动的团队中目标导向的合作劳动形式所代替"。[3]劳动者不再加入本已经解构的用人单位的组织体中，以服从命令、听从指挥的方式劳动，而成为组织之外的劳动者，出现通常所称去劳动关系化的现象。企业组织体的解构与劳动组织的解构两方面因素结合的经典形态就是众包用工：平台以中介者的身份出现，需求者将本应在企业内部完成的任务分解成标准化的单元，通过平台外包给大量自由的单个劳动力提供者。在此过程中，平台出于管理的需要，也为了规避法律上可能的责任，将自身进一步分解为信息发布平台、支付平台、人力资源管理平台等。整个用工的组织过程都分子化了，最终的结果是劳动者不仅不知道他的法律关系是什么，更重要的是不知道他的交易当事人是谁。

---

〔1〕　Ruediger Krause, Digitalisierung der Arbeitswelt – Herausforderungen und Regelngsbedarf, Verlag C. H. Beck, Muenchen, 2017, B19.

〔2〕　Ruediger Krause, Digitalisierung der Arbeitswelt – Herausforderungen und Regelngsbedarf, Verlag C. H. Beck, Muenchen, 2017, B19.

〔3〕　Ruediger Krause, Digitalisierung der Arbeitswelt – Herausforderungen und Regelngsbedarf, Verlag C. H. Beck, Muenchen, 2017, B19.

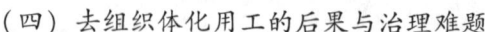
（四）去组织体化用工的后果与治理难题

去组织体化用工的后果是：其一，雇主的碎片化。"普遍来看，目前存在一个雇主责任碎片化的趋势，雇主的责任由多名个人或企业共担。与责任碎片化同时出现的，还有合同义务的逐渐稀释与消失，乃至于当前意义下的雇主一词已经不再适用。劳动者们发现，自己面前是一个无雇主的黑洞。"[1]雇主碎片化导致合同当事人不清晰，也导致经营者和劳动力提供者身份混同：从用人单位中解构或者拆分出来的劳动者可能成为独立的劳动力提供者，也可能成为经营者（劳动者经营者化）。目前我国平台用工领域出现的个体工商户是要鼓励注册还是防止滥用的矛盾，其所反映的问题就是这种发展趋势引发的。其二，用工关系的交易化，通过合同获取所需要的劳动力或者成果，而无需建立组织体。"如今的公司已经成为协调控制中心，非常灵活地运用各种资源，通过劳务合同控制着遍布全世界的分包商链条、加盟店、自由职业者、众包工人和子公司生产商品和服务。从这个角度看，工人们的身份已经不再是企业自己的技师、司机或者操作员，而是来自外部的服务提供者。"[2]其三，技术控制的强化。上述两种后果结合，从形式上呈现给我们一个无数碎片化的小组织或者个体劳动力提供者通过自由竞争而实现劳动力供给的格局。但实际上，去组织体化的用工绝非一种无组织的用工；现代生产一定是一种合作生产，组织体可以解构，但是生产的有组织性却不会变化。当下的趋势是去组织体化的同时，组织性却在更大的范围内得到了加强。这种组织性主要通过合同或者技术手段，尤其是现代通信技术来实现。

去组织体化的上述后果引发的制度难题是，无论是治理交易机制还是治理组织体的法律逻辑在此均存在不适。首先，以一个组织体化用工为基本制度前提的劳动法律无法应对去组织体用工引发的问题。在此，经常出现的是无法找到承担责任的组织体；而且即使找到了，当事人之间的权利和义务配置模式也不符合组织体用工的特点。以限制用人单位组织生产权利为后果的

---

〔1〕 [法] 伊莎贝尔·道格林、[比] 克里斯多夫·德格里斯、[比] 菲利普·波谢编：《平台经济与劳动立法国际趋势》，涂伟译，中国工人出版社2020年版，第49页。

〔2〕 [法] 伊莎贝尔·道格林、[比] 克里斯多夫·德格里斯、[比] 菲利普·波谢编：《平台经济与劳动立法国际趋势》，涂伟译，中国工人出版社2020年版，第22页。

工资、工时等劳动基准制度会因为多雇主、不考勤、计件制等陷入适用困境。以企业为单位开展的企业民主管理也无法按照既有模式开展，"企业作为劳动者一方对雇主一方的决策进行制度性影响的社会基础的中心地位被削弱了。"[1]当劳动者已经通过组织体解构而转化为独立的经营者时，在其之中推行集体协商，让经营者形成统一的价格标准，可能会出现价格联盟。总体来看，在数字时代"如果企业合作和沟通过程越来越多地转向数据网络、由技术推介和部分地不同期发生，那么这种'解散企业'的倾向也将威胁到工作领域里传统的劳动法规制平台、社会经验、冲突解决和调解"[2]。

其次，完全的交易治理体系也存在适用困境。从形式上看，去组织体化就会走向交易式用工，但在这种用工中又有着组织性控制，其并非完全靠价格机制在配置资源。如果完全遵循交易和竞争机制，应当通过法律制度消除所有合同性的选择控制，保证主体的自由和平等；分解平台，防止企业形成垄断，妨碍竞争。但一旦这样进行制度安排，数字时代的生产将无法存续，平台通过大数据整合资源的能力将会削弱。我国在治理新就业形态的过程中，从市场竞争的角度作出的制度安排，也更多是透明和公开，[3]而不是消除合同性控制或者分解平台。

综上所述，去组织体化用工的治理既不是原来充分市场竞争时的法律体系能完成的，也不是充分组织化的劳动用工制度就能完成的。我们需要一种协调无组织体的有组织用工的法律机制。根据以上去组织体用工的特点，这种机制的要点，应从两个方面展开：其一，明确当事人之间法律关系的主体，并根据通过合同或者技术控制的实际状况明确相关主体的责任承担。其二，在生产组织体解构背景下建构新的劳动者保护机制。"信息通讯技术为如下发展创设了技术基础：企业作为雇员加入其中并在其中持续性地完成其活动的稳定空间和组织上的统一体被侵蚀了，这样一来，企业作为劳动者一方对雇

---

〔1〕　Ruediger Krause, Digitalisierung der Arbeitswelt-Herausforderungen und Regelngsbedarf, Verlag C. H. Beck, Muenchen, 2017, B19.

〔2〕　［德］米夏埃尔·施韦姆勒、彼得·韦德：《一切皆在掌控之中？——数字时代的劳动政策和劳动法》，弗里德里希艾伯特基金会 2019 年版，第 26 页。

〔3〕　参见《关于推动平台经济规范健康持续发展的若干意见》。

主一方的决策进行制度性影响的社会基础的中心地位被削弱了。"[1]当以企业为中心的劳动法制度地位被削弱时，其实也就是民主管理和集体协商地位的削弱，保护劳动者的强行法的作用更为重要。上述两个要点劳动者权益实现主体的明确以及保护劳动者的强制法规定，都属于广义的强制性的保护劳动者的制度。这种强制性的劳动者保护制度，也即本书所谓的劳动基准法。对此，下一部分内容将予以讨论。

## 二、劳动基准法的一般范畴

### (一) 劳动基准法范畴问题的缘起及其多面性

劳动基准 (labor standards) 是一个源自美国法的概念，对深受大陆法系传统影响的国家和地区而言，一个美国式的概念如何在技术上融入既有法律传统本身需要很多创造性工作，但实际上，立法当时的政治、社会环境可能并未为此留下空间。

回归相关国家和地区的制度本身，对其立法规则和理论体系进行比较，我们可以看到其中的问题。从立法规定来看，日本、韩国等制定有劳动基准法的国家和地区，其法律内容非常相似，都包括劳动契约、工资、劳动时间、休息、休假、带薪休假、安全与卫生、年少者、孕妇和产妇、技工培养、灾害补偿以及就业规则等内容。[2]几乎涵盖了个别劳动法的所有领域。与此立法模式不同，在德国等其他大陆法系国家，鲜有劳动基准法的概念使用和专门立法。日本、韩国以及我国理论界经常基于种种原因在与劳动基准法等同意义上分析的是这些国家的劳动保护法。而与日本等国家和地区相比，这些大陆法系国家的劳动保护法[3]，从涉及的对象来看，存在如下特点：其一，虽

---

〔1〕 Ruediger Krause, Digitalisierung der Arbeitswelt – Herausforderungen und Regelngsbedarf, Verlag C. H. Beck, Muenchen, 2017, B19.

〔2〕 关于《日本劳动基准法》，参见田思路、贾秀芬：《日本劳动法研究》，中国社会科学出版2013年版，附件1，第331页以下。

〔3〕 从很早开始劳动保护法就笼统地被分为技术性劳动保护、劳动时间保护、劳动合同保护以及特定群体的劳动保护，Vgl. Waltermann, Arbeitsrecht, 19. Auflage, Vahlen, 2018, S. 199ff; Kaskel/ Dersch, Arbeitsrecht, 5. Auflage, Springer, 1957, S. 257; HueckNipperdy, Grundriss des Arbeitsrechts, 5. Auflage, Verlage Franz Vahlen GmbH, 1970, S. 149. 也有学者采取二分法，认为劳动保护一方面涉及防护劳动关系中的特别危险，尤其是健康危险；另一方面涉及特殊劳动者群体，首先是孕妇、少年儿

然从形式上看，劳动合同保护属于劳动保护法的范畴，但在德国，劳动合同保护涉及的内容非常少，仅包括赊销禁止、禁止记载歧视性标志等，[1]而在制定《劳动基准法》的国家和地区，该法中的劳动合同内容非常丰富，涵盖了劳动合同类型、解雇保护、终止限制、资遣费、离职证明等内容；其二，没有涵盖日本、韩国等认为属于劳动基准法的工资、休假、劳工福利等制度。在德国学者关于劳动保护法的论述中，根本不讨论带薪休假问题；对于工资，"劳动者的工资保护仅在特定领域属于劳动保护法的范畴（参见《德国母亲保护法》第 11 条）"。[2]如何解释这些现象？

　　我国劳动法学深受日本等国家及地区的影响，在劳动基准法的理论发展过程中，上述劳动基准法的术语、观念以及未经反思的立法技术也进入了我国法学理论研究中，[3]"Labor Standards Act"本身翻译时的多义性，再加上计划经济时期国家制定工时、工资标准这一传统思维的延续，劳动基准法到底是什么更是成为问题。在理论上，各种观点纷呈。"'劳动基准'也被称为'劳动标准'或'基本劳动标准'，在内涵界定上有广义、中义、狭义之分。广义的劳动基准强调法律规范的强行性，内容几乎等同于劳动法；中义的劳动基准定位于法律规范对个别劳动关系的强制性干预，内容相当于个别劳动关系调整法；狭义的劳动基准着眼于法律规范对劳动关系当事人之间实体性权利的强制性干预，内容近似于劳动条件法。"[4]对我国学者来说，困惑之处在于劳动合同制度为何属于劳动基准法，休假制度、工资制度为何又不属于劳动基准？无疑，哪些事项属于劳动基准法调整事项涉及国家干预劳动条件的思路和程度。但劳动基准法的范畴包括哪些又绝非仅是社会政策选择的结果，其在根本上还取决于法学的方法和技术。在一定程度上，作为实现劳动者利益底线保护的制度，具有功能相通性的劳动基准法和劳动保护法，代

---

（接上页）童以及残疾人的保护。Vgl Junker, Grundkurs Arbeitsrecht, 15. Auflage, C. H. Beck, 2016, S. 2; Löwisch Caspers Klumpp, Arbeitsrecht, 11. Auflage, Vahlen, 2017, S. 139.

　〔1〕　Waltermann, Arbeitsrecht, 19. Auflage, Vahlen, 2018, S. 199ff.

　〔2〕　Zöllner/ Loritz/ Hergenröder, Arbeitsrecht, 5. Auflage, C. H. Beck. 2015, S. 447.

　〔3〕　《劳动与社会保障法学》编写组编：《劳动与社会保障法学》，高等教育出版社 2017 年版，第 189 页；王全兴：《劳动法》，法律出版社 2017 年版，第 65 页以下。

　〔4〕　王文珍、黄昆："劳动基准立法面临的任务和对策"，载《中国劳动》2012 年第 5 期。

表了国家通过强行性规范干预劳动关系的两种立法技术模式。

（二）劳动条件法抑或劳动保护法

劳动基准法和劳动保护法两种模式的内容差异首先来自二者在调整范畴界定方法上的差异：劳动基准法以规制对象界定范畴；劳动保护法以规制方法界定范畴。劳动基准法立足于其是劳动条件规制法，在概念上，劳动基准法被称为规定劳动条件的法律，有学者认为，劳动基准法主要以规范劳动条件为其范畴，所称劳动条件，举凡劳动关系中之工资、工时、休息、休假、童工、女工、学徒、安全卫生、灾害赔偿、劳动契约、劳工检查、劳工福利、退休资遣、伤病医疗、死亡抚恤以及其他有关事项均属之。在理论体系上，劳动基准法被置于劳动条件法的主题下讨论。[1]在这种思路下，涉及劳动条件的事项自然可以纳入劳动基准法并设置最低标准，同时决定是否纳入劳动基准法的是相关事项是否属于劳动条件：工时、休假等。与此不同，德国等大陆法系国家的理论和立法并不纠结于所涉事项是不是劳动条件，而是着眼于法律规制的方法，"国家本身通过监督和强制确保劳动者免受来自工作岗位的危害"的法律属于劳动保护法。[2]因此，只要属于保护劳动者必要的制度，如数据保护，[3]就属于劳动保护法的范畴。从法学研究的角度看，除了劳动时间和特殊群体劳动保护外，劳动保护法并不在乎一个个具体保护领域，而在乎从保护性规范的角度阐明其效力。

从目前我国学者关于劳动基准法的界定来看，许多学者采取了以劳动条件为基点的思路，"劳动基准主要是关于工时、休息时间、工资和职业安全健康等劳动条件和劳动待遇的最低标准的规范"。[4]但也有学者开始突破这种劳动条件法思路，认为"所谓劳动标准（或称劳动基准）有两种，一是作为劳动条件（如工资、工时、劳动安全卫生等）水平的标准；二是作为劳动关系

---

〔1〕 参见黄越钦：《劳动法新论》，黄鼎佑增修，翰芦出版社 2015 年版，第二部，第三至四章。

〔2〕 Dütz/ Thüsing, Arbeitsrecht, 23. Auflage, C. H. Beck, 2018, S. 3.

〔3〕 Zöllner/ Loritz/ Hergenröder, Arbeitsrecht, 5. Auflage, C. H. Beck. 2015, S. 448.

〔4〕 《劳动与社会保障法学》编写组编：《劳动与社会保障法学》，高等教育出版社 2017 年版，第 189 页；林嘉：《劳动法的原理、体系与问题》，法律出版社 2016 年版，第 287 页；董保华："中国劳动基准法的目标选择"，载《法学》2007 年第 1 期。

运行规则的标准，即强行性劳动关系运行规则"。〔1〕将强行性劳动关系运行规则纳入劳动基准法范畴突破了劳动基准法是劳动条件法的思路，走向了劳动保护法的方向。基于如下原因，相较于劳动条件法的思路，劳动保护法的思路更优：首先什么是劳动条件本身是一个很难准确界定的问题，与其抽象地谈劳动条件，不如回到规范类型，分析具体的权利和义务配置的结构，这就回到了保护法的视角。其次，工资、工时等劳动条件不仅可以通过劳动基准法来确定，大陆法系国家和地区在劳动关系协调的历史发展中，形成了国家强制、集体自治和私人自治这一制度体系，〔2〕集体合同、劳动合同等都可以决定劳动条件。认为劳动基准属于劳动条件法易于引人误解，从保护性法律规范的角度出发，则可以避免上述问题，也即不是工时制度、休假制度等是劳动基准制度，而是劳动保护性立法是劳动基准制度。再次，作为劳动条件的强行法规定和不作为劳动条件的强行法规定在规范技术上并无实际性差异，反而有其统一原理，没必要做人为的区分。最后，劳动基准法之所以能作为一个独立的问题并不是因为其调整对象，而是因为其协调劳动关系的方式，回到劳动保护法这一调整方法的视角，将可以很好地理顺劳动基准法和劳动合同、集体合同等自治机制的关系问题。以劳动合同法的相关制度为例，日本（《日本劳动基准法》第13—23条）、韩国（《韩国劳动基准法》第22—41条）的劳动基准法包含有劳动合同的内容，但从上述国家的法律规定来看，劳动基准法中涉及劳动合同的规则仅仅是国家强制性规定，并不是劳动合同法的所有规则。调整劳动合同的规则在意思自治的规则体系与国家强制的规则体系之间进行了分割。

（三）强行法抑或公法

涉及劳动基准法范畴界定并最终解释为何劳动保护法和劳动基准法存在上述内容差异的是强行法思路和公法思路的区分。如上所述，劳动基准法属于公法是一种通说。但劳动基准法真是公法吗？回答此问题之前应首先明确

---

〔1〕 王全兴："劳动合同立法争论中需要澄清的几个基本问题"，载《法学》2006年第9期。

〔2〕 参见沈建峰："个人自治、国家强制与集体自治在劳动关系协调中的互动——基于对德国劳动关系协调机制的梳理"，载《中国人力资源开发》2015年第9期。

强行法[1]和公法的区别。强行法是指"无论当事人的意思如何，都强制性地调整当事人的法律关系"的法律；[2]或者排除当事人处置可能性的规范。[3]强行法的核心在于其不可被当事人意志所排除。在该前提下，"如果强行法涉及的是权利主体之间的法律关系而不是主体与国家的法律关系，则强行法依然属于私法"。[4]与此不同，公法则强调其所调整的是公权力机关和公权力机关以及公权力机关和私人之间的关系；[5]其中调整公权力机关和私人关系的规则主要体现为规范公权力在对私人进行监督、强制、处罚过程中的权利和义务。为了制约公权力，实现公共利益的目的，公法规范原则上都具有强行性；[6]但强行性规范并不都是公法规范，二者并不在同一维度展开。从劳动者和用人单位之间结构性力量失衡这个前提出发，为了实现保护劳动者的目的，劳动基准法应当具有强行性，其属于强行法；但劳动基准法却未必都属于公法，成为公法规范必须配备公权力的监督、强制和惩罚。

按照上述标准，分析日本、韩国劳动基准法与德国劳动保护法可以发现，日本、韩国劳动基准法只属于强行法，而不全部具有公法属性；德国的劳动保护法则坚持了其公法性，是真正的公法，其也是通过公法性要求限制劳动保护法的可规制对象的。具体来看，在日本、韩国，劳动基准法的界定立足于规范的强行性，"劳动基准法即指国家强制规定劳动条件最低标准的基本法律"。只要是国家强制规定的标准都属于劳动基准法，并不问这些规范规定的

---

〔1〕 在私法学界的研究中，有一些强行法和强制性法律区分的尝试。但是本书认为，有些分歧只是翻译和表述习惯造成的，现有文献中二者往往混用，另外这种分歧基本不影响本书问题的讨论，所以本书不对二者进行区分，此点请读者注意。

〔2〕 参见谢鸿飞："论法律行为生效的'适法规范'——公法对法律行为效力的影响及其限度"，载《中国社会科学》2007 年第 6 期；孙鹏："论违反强制性规定行为之效力——兼析《中华人民共和国合同法》第 52 条第 5 项的理解与适用"，载《法商研究》2006 年第 5 期；钟瑞栋："民法中的强制性规范——兼论公法与私法'接轨'的立法途径与规范配置技术"，载《法律科学（西北政法大学学报）》2009 年第 2 期；朱庆育：《民法总论》，北京大学出版社 2016 年版，第 294 页。

〔3〕 Larenz/Wolf, Allgemeiner Teil des Bürgerlichen Rechts, C. H. Beck, 2004, S. 69.

〔4〕 Von Tuhr, Der Allgemeine Teil des Deutschen Bürgerlichen Rechts, Band 1, Verlag von Dunker & Humblot, 1910, S. 27.

〔5〕 参见张文显主编：《法理学》，高等教育出版社、北京大学出版社 2007 年版，第 104 页；Larenz/Wolf, Allgemeiner Teil des Bürgerlichen Rechts, C. H. Beck, 2004, S. 1。

〔6〕 Koziol/ Welser, Bürgerliches Recht, Band 1 13. Auflage, Manzsche Verlags- und Universitätsbuchhandlung, 2006, S. 43.

是市场主体之间的权利和义务，还是国家机关与市场主体的权利（力）和义务。梳理这些国家的劳动基准法，其中不乏直接规定劳动者和雇主权利和义务的条款；甚至还有些规则仅规定当事人权利和义务。而对德国等其他大陆法系国家[1]，劳动保护法则不仅强调强行性，更是立足于其公法性。"狭义的劳动保护法是指所有遵守处于行政机关监督、强制以及刑罚或违例制裁之下的保护劳动者的法定规则。"[2]只有公法性的，也即因为需要通过公权力保障实现，因此规定公权力机关和雇主之间权利义务关系的规范才属于劳动保护法。正因为劳动保护法的这种严格公法定性要求，劳动合同制度、休息休假制度等中仅具有强行性，但未规定公权力介入的规则不被视为劳动保护法的内容；最低工资制度这种既规定私人请求权又规定公权力救济的制度在归入劳动保护法时理论界犹豫不决。"从法律的角度来看，劳动合同法中的强行法不同于劳动保护法中的强行性规定，后者的内容远比劳动合同法要多……劳动保护法通过监督、强制、处罚来贯彻，而在劳动合同法中请求权的实现需要通过在法院提起诉请而完成。强行性的劳动合同法是私法，劳动保护法是公法。"[3]从具体规则来看，《德国最低工资法》第 1 条第 1 款是一个请求权模式的规范，"劳动者有权要求雇主支付不低于最低工资额度的工资"。理论界认为，"该条款规定的最低工资请求权是一个法定的，在劳动合同和团体协议规定之外独立存在的请求权"。[4]它规范的是劳动者和雇主的关系，而不是公权力和雇主之间的关系，因此很难称其为公法。就带薪休假制度而言，《德国联邦休假法》围绕劳动者的带薪休假请求权展开，该法第 1 条规定"劳动者每个日历年度都享有请求带薪休假的权利"。同时该法并未规定任何公权力机关介入的规则，因此其更不是公法了。回到问题的起点，可以认为，称日

---

〔1〕　Otto Kahn-Freund/ Bob Hepple, International Encyclopedia of Comparative Law, Labour Law, Mohr Siebeck, 2014, 7-5.

〔2〕　Zöllner / Loritz / Hergenröder, Arbeitsrecht, C. H. Beck, 2015, S. 445.

〔3〕　Nipperdey, Die privatrechtliche Bedeutung des Arbeiterschutzrechts, in: die Reichsgerichtspraxis im deutschen Rechtsleben, Festgabe der Juristischen Fakultäten zum 50 jährigen Bestehen des Reichsgerichts 1929, Band IV, S. 204.

〔4〕　Preis, Arbeitsrecht, Individualarbeitsrecht Lehrbuch für Studium und Praxis, 5. Auflage, Otto Schmidt, 2017, S. 260; Thomas Lakies, Mindestlohngesetz, Bund Verlag, 2017, S. 121.

本、韩国劳动基准法属于公法，在一定程度上只是用德国式的定性套用了起源于美国的劳动基准法。

强行法还是公法这一技术方法的采用对劳动基准法的相关制度均会发生直接影响。对采取强行法思路的国家和地区而言，由于在现代市场经济条件下强行法是一种非常普遍的现象，即使在传统私法中，从民法典到民法典之外的民事规范，国家的强制处处可见，只是强制的目的和效果等不尽相同〔1〕，为了将劳动基准法这种强行法和其他强行法相区分，就会着眼于对劳动条件这个概念进行限定和控制，所以形成上述劳动条件法的规制思路。而对采取公法方案的国家而言，其劳动保护法完全在公法的路径上运行，与其他私法制度相比特征明显，因此也就无需在乎规制的对象是什么了。强行法和公法两种不同规制思路对于教义学发展也会有直接影响。对公法思路的劳动保护法而言，它必须回答公法性的劳动保护法对劳动者和用人单位的效力问题，这是劳动法发展中非常重大的理论问题；而对于强行法意义的劳动基准法而言，有些法律规范本身就直接规定了私法效力，未规定私法效力的才可能涉及公法性规范对劳动者和用人单位的效力问题。遗憾的是，现有建立在不区分公私法的美国法传统上的劳动基准法，在理论发展中又直接受到德国等劳动保护法理论的影响，因此多仅从公法对私法的效力角度展开对劳动基准法效力的分析，忽视了劳动基准法本身规定私法效力的可能性。

在上述思路之下，对我国来说，劳动基准立法应作何选择？本书认为，应摒弃劳动基准法是公法的这一成见，从劳动基准法是强行法这一基点出发，对其进行制度设计。作为强行法的劳动基准法的技术结构可以在纯公法规范和私法规范等不同方案之间进行选择或者组合，并在此基础上进行符合逻辑的体系安排。其理由主要包括如下方面：首先，从我国现有立法来看，既有的劳动基准法规范在一定程度上采纳了公私法混合规范的路径。在实体法上，《劳动法》等法律中关于工资、工时等许多劳动基准的规定都同时规定了劳动者请求权和行政机关介入；从程序法来看，《职工带薪年休假条例》《最低工

---

〔1〕 参见苏永钦："私法自治中的国家强制"，载苏永钦：《走入新世纪的私法自治》，中国政法大学出版社 2002 年版，第 4 页。

资规定》等规定的救济途径都是既有行政救济，又有劳动争议处理程序。其次，从一些大陆法系国家的立法动态来看，新出现的劳动保护法也不再单纯采纳公法的思路，而是同时涵盖了公法和私法效力。[1]以德国2015年1月1日实施的《德国最低工资法》为例，该法第1条规定了劳动者对雇主的请求权，又在第三章专门规定了国家机关的检查和执行。最后，从强行法的角度统合和整理具有不同效力结构的劳动基准法，对于形成统一体系，解决公法和私法效力协调与配合的问题具有重要意义。所以，从既有传统、其他国家的立法趋势以及法律技术来看，以强行法为标准来界定劳动基准法的范畴，同时对其效力根据公法和私法手段各自的优势进行组合和类型化处理可以作为未来我国劳动基准法发展的方向。

综上所述，吸收传统大陆法系国家劳动保护法和日本、韩国等国家及地区劳动基准法界定的各自优势，理顺逻辑体系，不纠结哪些劳动条件应属于劳动基准法规范，也不拘泥于公法和私法的单一模式，则可以形成中国特色的劳动基准法范畴界定：劳动基准法是国家通过强行性规定保护劳动者的法律规范总和。此概念强调"国家通过强行性规定"是为了区分集体合同等对劳动合同的强行性效力；强调"保护劳动者"是为了将其与一般的规定劳动合同成立条件等的规则区分开，这些一般的成立条件虽然是强行法，但其实际是一般私法研究的对象。但是此概念不强调劳动条件或者其他内容，所有国家强行法规定的保护劳动者的制度都可以归入劳动基准法的范畴。

### 三、劳动基准法适用范围的扩大

在上述一般概念的基础上，网络时代劳动基准法面临的第一个制度革新是其适用范围的扩大。随着去组织体化的进行，数字时代集体劳动法的机制发挥作用的前提被大大削弱，劳动基准法应发挥更重要的作用。但此处的问题是去组织体化本身也就意味着去劳动关系化。在传统的观念中，劳动基准法是国家通过强制性规定保护劳动者的法律规范总和。按照这一认识，劳动

---

〔1〕 Otto Kahn-Freund/Bob Hepple, International Encyclopedia of Comparative Law, Labour Law, Mohr Siebeck, 2014, pp. 5-7.

基准法适用的前提是劳动者身份的认定，劳动基准法也是围绕着劳动者保护展开的。因此，网络时代劳动基准法的作用发挥，必须消除劳动基准法以劳动关系为适应前提和网络时代去劳动关系化之间的矛盾。

（一）劳动基准法适用主体范围的逻辑

尽管人们始终是从劳动法和劳动关系的角度认识劳动基准法，但实际上，劳动基准法的适用范围却从来未限于具有劳动关系的劳动者。在已有的制度中，一般认为，安全生产、职业病防治等规则属于劳动基准制度，[1]但其适用从来不以劳动关系的建立为前提。对此，例如，我国《安全生产法》第1条开宗明义地规定，"为了加强安全生产工作，防止和减少生产安全事故，保障人民群众生命和财产安全，促进经济社会持续健康发展，制定本法"。该法所要保障的是人民群众生命和财产安全，而不是劳动者的生命和财产安全，适用范围显然不限于劳动关系中的劳动者。因此，有必要进一步剖析劳动基准法适用范围的一般理论。在此，可以看到劳动基准法保护利益的不同形态及由此引发的不同劳动基准法适用的不同范围。

被称为劳动基准的法律规范尽管都服务于公共秩序和社会利益，[2]但从个体多角度看，其实际上保护着人的不同法律利益：个人作为人的利益，个体作为依附性劳动关系中劳动者的利益以及其他具有和劳动者类似保护需求的人的利益。首先，不论处于怎样的用工关系中，个人作为人在劳动过程中应享有人之为人的安全、健康、尊严等利益。这是一种最基本的劳动条件保障，涉及这种利益保护的劳动基准法应当适用于所有劳动力提供者，而不论其与用工主体之间是否存在劳动关系。生产安全领域的劳动基准法即是这种类型。其次，在劳动者承担以依附性劳动为基本内容的用工关系中，因为依附性的存在，用人单位在一定程度上对劳动者的工时、工资、劳动条件等进行着单方的控制，劳动者的工作时间、工资等需要特别的保护，实现这种保护的劳动基准针对的是依附性劳动中的特殊保护需要，其适用以劳动关系的存在为前提。这种类型的劳动基准也是最常讨论的劳动基准的情形。与上述

---

〔1〕 参见王文珍、黄昆："劳动基准立法面临的任务和对策"，载《中国劳动》2012年第5期。
〔2〕 参见沈建峰："劳动基准法的范畴、规范结构与私法效力"，载《法学研究》2021年第2期。

两种情形不同的是，在用工实践中，尚有一种用工关系，当事人之间并不存在构成劳动关系的人格依附性，其在形式上可以决定是否工作、工作的时间等，但因为只为特定人工作导致其在经济上依附于特定单位，存在经济上的依附性，因此在一些方面也存在和劳动者类似的保护需求。为了保护这类劳动力提供者，应将一些劳动法的规则，包括劳动基准法的规则适用于此，出现了超越劳动关系而适用劳动基准法的现象。唯从当事人之间法律关系的特殊性出发，判断哪些劳动基准法可以适用，需要根据用工关系的特殊状况进行具体甄别。

（二）网络时代劳动基准的适用范围

网络时代和工业化时代一样，存在着劳动关系、劳务关系、类劳动关系等多元用工关系。[1]唯一比较特别的是，各类不同用工关系在多元用工关系中的地位和意义发生了变化。劳动法产生于工业化生产时代，"劳动契约制度建立时所根据的社会背景是工业发展过程中的市场经济社会；所掌握的是成年男性劳工的工作生活特征，他们在雇主的工厂中，以不定期契约的形式，服从雇主指示，提供特定的劳务"。[2]劳动法所要解决的是工业化生产中的劳动者问题，[3]其调整的主体的原型是工业化生产背景下流水线上的蓝领工人。"他生活在贫穷的状况中，一整天在艰苦的劳动条件下为微薄的工资而拼命工作。工厂主和劳动者之间存在明显的财富和身份落差。"[4]这样一种制度原型和相关保护性的、给用人单位带来负担的制度设计必然导致在劳动关系用工蓬勃兴盛的同时，非劳动关系用工的继续存在和发展。即使在德国这样高度工业化的国家，仍有五分之一的劳动力提供者并非处于劳动关系中。[5]进入21世纪，在数字时代到来之后，"由于数字革命降低了沟通的时空限制，以长期雇佣为主导的雇佣方式受到挑战，各种具有非正式性、临时性或非全日

〔1〕 参见沈建峰："数字时代劳动法的危机与用工关系法律调整的方法革新"，载《法制与社会发展》2022年第2期。

〔2〕 参见黄越钦：《劳动法新论》，黄鼎佑增修，翰芦图书出版社2015年版，第41页。

〔3〕 Vgl. Tilman Regen, *Die soziale Aufgabe des Privatrechts*, Mohr Siebeck, 2001, S. 215.

〔4〕 Hümmerich：Arbeitsverhältnis als Wettbewerbsgemeinschaft-Zur Abgrenzung von Arbeitnehmern und Selbständigen, *NJW* 1998, S. 2625.

〔5〕 Vgl. Zöllner, Loritz, Hergenröder, *Arbeitsrecht*, C. H. Beck, 2015, S. 10.

制特征的不稳定雇佣方式开始不断出现，并且开始占据着越来越大的比重"。[1]不符合典型劳动关系认定标准进而被纳入传统劳动法调整范围的用工关系也在日渐增多，全球均呈现出"去劳动关系化"趋势。以德国为例，[2]相较于 2012 年，2016 年德国总人口增长了 198 万多，就业人口增长了约 331万，但基于劳动关系而劳动的人数则下降了 70.5 万。从 2010 年到 2016 年，独立从业者则从 3 418 000 人增加到了 3 653 000 人，其中，自雇者的占比从2010 年的 49.6%增加到了 54.4%。近年来，以互联网技术为基础发展的平台用工进一步冲击了传统劳动关系形式的用工。在德国，一个基本的判断是不具有劳动关系的类劳动者的数量在增加。[3]就整个欧洲而言，早在 2009 年就有学者提出，"谨慎估计的话，四分之一的独立劳动者属于经济从属者"。[4]与其他国家相比，我国更是呈现平台用工快速发展的趋势，平台劳动力提供者的人数不断增长。"2020 年共享经济参与者人数约为 8.3 亿人，其中服务提供者约为 8400 万人，同比增长约 7.7%。"[5]从目前的裁判实践来看，由用工方式所致，平台劳动力提供者多不被认为是与平台建立劳动关系的劳动者，平台劳动力提供者人数的增加其实也是去劳动关系化趋势增强的结果。总体上看，数字化本身的发展，推动了去劳动关系化的进程，劳动关系的中心地

---

〔1〕 胡莹："数字经济时代我国的劳动过程分析——基于马克思劳动过程理论的视角"，载《社会主义研究》2021 年第 4 期。

〔2〕 根据德国联邦统计局的数据，2016 年，德国人口总共约为 82 482 000 人，达到就业年龄的人口约为 45 284 000 人，已就业人口约为 43 513 000 人（包括劳动者、高级雇员、学徒、公务员、小微从业者、士兵以及独立劳动者、家庭成员助手等）。其中，90.1%均是以劳动者的身份提供劳动的，9.9%则是自由劳动者。载 https://www.destatis.de/DE/Publikationen/StatistischesJahrbuch/Arbeitsmarkt.pdf?__blob=publicationFile，最后访问日期：2018 年 6 月 7 日；"2016 年 3 月 31 日，德国有 31 194 562人基于劳动关系而工作。" Vgl. Preis, *Arbeitsrecht*, *Individualarbeisrecht Lehrbuch für Studium und Praxis*, 5. Auflage, Verlag Dr. Otto Schmidt KG, 2017, S. 11.

〔3〕 Vgl. Rebhahn, Arbeitnehmerähnliche Personen‒Rechtsvergleich und Regelungsperspektive, *RdA* 2009, S. 236; Vgl. Schubert, Neue Beschäftigungsformen in der digitalen Wirtschaft‒Rückzug des Arbeitsrechts? *RdA* 2018, S. 201.

〔4〕 Rebhahn, Arbeitnehmerähnliche Personen‒Rechtsvergleich und Regelungsperspektive, *RdA* 2009, S. 240.

〔5〕 国家信息中心分享经济研究中心、中国互联网协会分享经济工作委员会：《中国共享经济发展年度报告（2021）》第 1 页，载 http://www.sic.gov.cn/News/557/10779.htm，最后访问日期：2021年 10 月 29 日。

位受到了挑战，民事雇佣或者承揽等用工方式得到进一步发展，具有经济依附性的人的数量也在增加，但是依然存在着劳动关系用工、民事关系用工及经济依附性的用工等不同用工关系形态。2021 年 7 月 16 日人力资源和社会保障部等八部门颁布的《关于维护新就业形态劳动者劳动保障权益的指导意见》也确认了数字时代用工关系的多元格局。

在该用工关系格局下，更应坚持上述劳动基准法适用主体范围的一般逻辑。涉及人的生命财产和安全的劳动条件应当对所有劳动力提供者都适用，而不用考虑当事人之间的法律关系。2021 年修订的《安全生产法》第 4 条第 2 款规定，"平台经济等新兴行业、领域的生产经营单位应当根据本行业、领域的特点，建立健全并落实全员安全生产责任制，加强从业人员安全生产教育和培训，履行本法和其他法律、法规规定的有关安全生产义务"。据此，安全生产类的劳动条件适用于平台领域的经营者，而不考虑当事人之间法律关系的性质。对于传统适用于劳动关系的劳动基准法，网络时代当事人之间存在劳动关系时，自然可以适用。但比较特别的是，网络时代的用工具有去组织体化的特点，导致出现更多的远程劳动、计件工作、任务式用工等情况。虽然劳动基准在理念上可以适用于它们，但必须针对每种用工方式进行特别的技术设计。这也是本书相关部分关注的重点问题。除此之外，对没有劳动关系，但是当事人之间存在经济依附性的劳动力提供者（类劳动者），劳动基准法也有适用的空间。但类劳动关系在根本上不是劳动关系，只是出于特殊理由，可以例外适用劳动法的规范，因此需要根据类劳动关系的具体情况，进行专门的论证和制度设计。这一问题，本书已有专章讨论，此处不再赘述。

### 四、用工关系当事人确定的强行规则

用工关系当事人以及责任主体确定在传统理论中并不属于劳动基准法的范畴，但是一方面，这是在其他时代并不突出的问题，对网络时代劳动者权益保护而言却非常必要；另一方面，从本部分所提出的劳动基准法是保护劳动者的强行法的思路出发，将其纳入劳动基准法也并无不妥。用工关系当事人的确定解决以劳动力使用为内容的法律关系发生在哪个或哪些当事人之间的问题，但不考虑这种使用劳动力的法律关系的性质是劳动关系、劳务关系

还是其他。在市场经济条件下，按照意思自治、责任自负的法则，每个人都只能给自己设定权利义务，因自己的行为而承担责任，私人自治原则"强调私人相互间的法律关系取决于个人的自由意思"。[1]因此，除法律有明确规定的情况外，法律关系原则上应通过当事人的行为而建立，探究法律关系当事人，原则上就是探究行为人。如果法律关系通过合同等法律行为建立，则就是探究意思表示人。对用工关系来说也是如此，但却需要首先澄清一个劳动法学理论中广为流传的误解。

（一）意思还是事实：一个误解

按照意思表示的内容及其当事人判断法律关系当事人的观点在劳动用工领域首先面临所谓"事实优先理论"的挑战。"事实优先原则是各国判断劳动关系存在与否时普遍适用的原则……事实优先原则要求在判断是否存在劳动关系时应优先以执行劳动和支付报酬的事实为指导，而不考虑当事人达成明示合意的合同名称与合同条款……"[2]这是否意味着上述按照意思表示内容和当事人判断用工关系当事人标准的失灵？本书认为，事实优先和按照意思表示内容及其当事人判断法律关系当事人并不存在实质性的冲突，二者的冲突更多是一种误解。这是因为，首先，事实优先并不是认为用工关系性质和当事人的判断不用考虑当事人的意思表示——作为需要亲自履行的法律关系，如果其建立不考虑当事人的意思，则其会成为一种强迫劳动的制度。其所强调的是实际上的履行行为和明示的意思表示冲突时，以实际的履行行为为准判断法律关系的性质。但实际上，实际履行行为从来不是简单的事实，而是本身承载着当事人真实意思的事实。事实优先不如说是真实意思优先。这恰好是法律行为制度的应有之义。其次，法律行为属性的判断从来不是事实问题，而是法律判断问题。当事人只可以决定意思表示的内容，但不能决定因该意思表示形成的法律关系的性质。"私法自治性的法律行为建构的形式和可能内容都是通过法律秩序确定的……当事人只可以建构得到法律秩序承认的法律关系，对于私法自治性的建构而言，法律秩序包含着行为类型和由其建

---

〔1〕 王利明：《民法总则研究》，中国人民大学出版社2003年版，第110页。

〔2〕 陈靖远："事实优先原则的理论展开与司法适用——劳动法理论中的一个经典问题"，载《法学家》2021年第2期。

构的法律关系类型限制。"[1]在其他法律关系的认定上如此,在用工关系的认定上也是如此。所以事实优先原则并非劳动法领域的特殊规则,而是传统法律行为理论在用工关系领域的具体运用。但事实优先理论给我们的启示是,由于用工关系本身继续性合同的特点,在合同履行过程中,更容易发生当事人通过行为变更原合同约定内容的现象,在法律关系的性质、内容和当事人确定上更应当关注履行过程中当事人真实的通过履行行为而表现出来的意思表示,而不能囿于法律关系建立时当事人的静态约定。

综上所述,用工关系的性质及其当事人的认定仍应着眼于探究当事人真实意思表示,但这种意思表示既可能通过明示的表示行为表达,也可能通过具体的履行行为体现,在明示的意思和实际履行所表现的意思冲突时,应按照实际履行体现出来的真实意思依法判断法律关系的当事人及其性质。

(二) 决定用工关系当事人的考量因素

用工关系当事人的探究应以当事人真实意思表示为依据。在组织体将劳务外包的情况下,外包合同及劳动者与外包公司签订的合同中劳动者为承包单位工作的意思表示将确定法律关系存在于承包单位和劳动者之间。在平台用工情况下,如果平台注册的条款明确平台就是用工关系当事人,则原则上可以将平台确定为当事人。但正如事实优先原则所说明的那样,实践中的问题是,在平台用工或外包用工情况下,一方面合同条款都是格式条款,另一方面当事人言行不一致现象普遍发生。如果仅依靠合同条款,则平台或外(发) 包公司只要一个条款就可以将自己排除在当事人之外而成为局外的第三方。这既可能不符合事实,也可能侵害当事人权益。因此,当事人身份的探究不能停留于表面的表示行为,而应探究个案中当事人通过行为等表达出的真实意愿。以平台这种最典型的去组织体化用工形式为例,"是否所缔结的合同是平台本身承担义务,首先要根据规范的、客观的对其表示行为的解释而决定"。[2]平台与劳动力提供者建立法律关系的基本标准是,"一个正直的意

---

〔1〕　Werner Flume, Allgemeiner Teil des Bürgerlichen Rechts, Zweiter Band, Das Rechtsgeschäft, 4. Auflage, Springer-Verlag, 1992, S. 2.

〔2〕　Andreas Engert, Digitale Plattformen, in: AcP, 2018 (218), S. 313.

思表示的接受者根据客观的标准能够形成如下印象：平台有意与其建立法律行为上的约束。"[1]对于如何判断规范的、客观的意思表示，德国学者 Frank Bayreuther 教授在给德国劳动和社会部以及黑森州政府的两份报告中的梳理值得借鉴。[2]他认为，在明确的意思表示之外，如果出现如下情况，则可以认为劳动力提供者与平台之间存在用工关系：其一，平台没有明示自己代理人或中介的身份，或者不公开自己背后的实际用工主体；其二，平台运营者的经营模式、网站首页的公告、公开场合的展示以及平台的交易条件等表明平台和劳动力提供者之间存在用工关系；其三，平台实质性地获取以及行使了用工主体的权利，例如它对劳动力提供者进行预选、约定合同框架及合同格式条款、对用工价格进行确定、排他的或者主要承担当事人之间的沟通、对质量进行监督、对等级进行确定、对工作进行拆分、对当事人的交易进行结算；其四，在极端情况下，法律的规避和权利滥用也足以导致直接认定平台和劳动力提供者之间存在用工关系。

（三）复数用人单位的引入

除上述运用传统真意探求的思路寻找单个法律关系当事人之外，在通过去组织体化实现用人单位碎片化，但碎片的用人单位又被组织起来的背景下，引入复数用人单位的制度有其必要性和合理性。在我国劳动法的传统观念中，一个劳动者只能与一个用人单位建立劳动关系，近年来，双重劳动关系的理论开始被接受，但这只是一种一个劳动者与两个用人单位存在时间上切割的两个劳动关系。从时间作为劳动给付计量单位的角度看，这种双重劳动关系对既有制度并无实质性突破。"劳动者不可能同时属于两个用人单位"这一观

---

〔1〕 Frank Bayreuther, Arbeitswelt 4.0-Muss der Arbeitnemherbegriff angepasst werden? S. 21, 1. Auflage, Redaktionsschluss: 2. Mai 2019, Sächsisches Staatsministerium für Wirtschaft, Arbeit und Verkehr, https://www. smwa. sachsen. de/262. htm

〔2〕 Frank Bayreuther, Arbeitswelt 4.0-Muss der Arbeitnemherbegriff angepasst werden? S. 21, 1. Auflage, Redaktionsschluss: 2. Mai 2019, Sächsisches Staatsministerium für Wirtschaft, Arbeit und Verkehr, https://www. smwa. sachsen. de/262. htm; Bayreuther, Sicherung einer fairen Vergütung und eines angemessenen sozialen Schutzes von (Solo-) Selbständigen, Crowdworkern und anderen Plattformbeschäftigten, ISSN 0174-499, https://www. bmas. de/SharedDocs/Downloads/DE/Publikationen/Forschungsberichte/fb508-sicherung-einer-fairen-verguetung-und-eines-angemessenen-sozialen-schutzes-von-solo-selbstaendigen. html , S. 44.

念在劳动法学的理论中根深蒂固，也进而影响了对其他用工关系的理解。但从用工关系也是一种基于合同而产生的债的关系的角度出发，[1]并无理由禁止用工关系包括劳动关系中，用人单位一方出现多个主体，形成单一用工关系但多个用工主体的格局。实际上，从其他国家的实践和理论发展来看，多雇主的同一劳动关系是早已被广为接受的制度。

德国联邦劳动法院在 1982 年的一份影响至今[2]的判决中提出，"如同在劳动者一方一样（群组劳动），在雇主一方也可以是多个自然人、法人以及法律上独立的合伙参加到一个劳动关系中。承认同一劳动关系（eineinheitliches-Arbeitsverhältnis）的前提不是雇主之间存在特定的——尤其是合伙——法律关系，经营共同工厂，或者共同缔结了劳动合同。必要的更应该是劳动者与这些单个雇主之间的劳动合同关系在法律上的关联，该关联禁止将这种关系在法律上分开处理。这一法律上的关联可以通过解释当事人的合同目的，但也可以通过强制法律上的评价而得出"，[3]从而承认了一种被称为"同一劳动关系"（eineinheitliches Arbeitsverhältnis）的多雇主劳动关系。该观点随后也为理论界所接受，成为当下德国劳动法学界的通行学说。[4]学者们认为"对同一劳动关系的承认将产生如下后果：多个雇主就用工义务及报酬支付义务而言构成了连带债务人"。[5]对于同一劳动关系认定的前提，理论界一般只是抽象地提出，"如果劳动者与两个雇主之间法律上的关联禁止对该关系区别处理，则出现了同一劳动关系。特别是当基于两个合意内容上的建构或者事实上的实施，可以认为二者是相互依存和共存亡的，则可以认为存在同一劳动关系"，[6]或者"具有决定意义的是，根据合同缔结者的观念，劳动者和雇主们的合意只应共同发生效力并共同履行，也就是说其构成了总体法律行为

---

[1]　参见沈建峰："劳动法作为特别私法：《民法典》制定背景下的劳动法定位"，载《中外法学》2017 年第 6 期。

[2]　持同样裁判观点的判决，参见 BAG 15. Dezember 2011－8 AZR 692－10；BAG 19.4.2012－2AZR186－11。

[3]　BAG 27. März 1981－7 AZR 523－78.

[4]　Vgl. ErfK/Preis, § 611a, 2018, Rn. 191；HWK/Thüsing, § 611, 2014, Rn. 125；Zöllner/Loritz/ Hergenröder, Arbeitsrecht, 5. Auflage, C. H. Beck. 2015, S. 54.

[5]　ErfK/Preis, § 611a, 2018, Rn. 191. Vgl. auch HWK/Thüsing, § 611, 2014, Rn. 125.

[6]　Zöllner/ Loritz/ Hergenröder, Arbeitsrecht, 5. Auflage, C. H. Beck. 2015, S. 54.

的一部分"。[1]从联邦劳动法院的判决来看，[2]多个雇主相互处于特定法律关系中，处于一个目标共同体中或者处于统一领导下以及追求共同利益或相互依赖以及雇主对缔结或者履行劳动者与其他雇主缔结的合同事实上的影响都是认定上述"法律上的关联"的因素。

复数用人单位理论为去组织体化用工过程中当事人的确定提供了新的选择可能，也可以解决用工关系非此即彼带来的困境。针对众包用工的情况，已有学者提出"如果众包人和众包工受到合同约束，平台在该合同中仅仅作为其他合同当事人参与进来，则此时在需方则出现了多数债权人和债务人"。[3]将上述理论运用到去组织体化用工中，在用人单位将自己的业务拆分，同时又对拆分后的业务或者单位通过合同或者技术等方式进行实际控制，共同完成对劳动者的用工管理时，则可以考虑在劳动者和不同用人单位之间建立共同用工关系或者劳动关系，也即上述同一劳动关系。

## 五、非用工关系当事人的责任承担

在上述用工关系主体确定的基础上，为了解决去组织体化用工的问题，还应引入非用工关系当事人的责任承担制度。所谓非用工关系当事人的责任承担，是指根据以上规则不是用工关系双方当事人的主体，对用工关系当事人遭受的不利益承担责任。从本书研究目的来看，主要是指向劳动力提供者承担责任。尽管从最终结果看，和上述确定用工关系当事人一样，也是确定有人向劳动者承担责任，但其与上述作为用工主体的当事人承担责任有着本质的区别，制度设计也不相同，在一定情况下存在责任承担人向用工主体追偿的问题。按照市场法则，原则上所有市场主体都意思自治、责任自负，通过自己的行为进入法律关系并承担其中的权利和义务。因此，尽管让非用工

〔1〕 Preis, Arbeitsrecht, Individualarbeitsrecht Lehrbuch für Studium und Praxis, 5. Auflage, Otto Schmidt, 2017, S. 26.

〔2〕 Vgl. BAG 27. März 1981-7 AZR 523-78.

〔3〕 Bayreuther, Sicherung einer fairen Vergütung und eines angemessenen sozialen Schutzes von (Solo-) Selbständigen, Crowdworkern und anderen Plattformbeschäftigten, ISSN 0174-499, https://www.bmas.de/SharedDocs/Downloads/DE/Publikationen/Forschungsberichte/fb508-sicherung-einer-fairen-verguetung-und-eines-angemessenen-sozialen-schutzes-von-solo-selbstaendigen.html , S. 46.

主体承担责任的立法和学术观点并不罕见：在我国现行法中，个人承包经营违反《劳动合同法》规定招用劳动者，给劳动者造成损害的，发包的组织与个人承包经营者承担连带赔偿责任；在平台用工情况下，学者们主张"不论是哪种情况（作为中介还是用工关系当事人），都不能阻止立法者将全部或部分雇主义务施加给平台"。[1]但毫无疑问，让未进入用工关系的当事人承担责任需要特别的理由。从现有责任承担机制来看，让不是法律关系当事人的人承担责任无外乎三种可能性：行为、分险、便利。考虑到非用工关系当事人与用工关系当事人之间可能的不同关系，其责任也可以从上述三个方面展开。

（一）非用工关系当事人对自己行为的责任

如前所述，去组织体化用工是一种无组织体但有组织的用工。为了实现生产的有组织性，典型的情况是用工关系之外的第三人通过合同、技术等对当事人之间的法律关系进行介入。因这种介入而产生的责任，是因自己的行为而产生的责任，本质上符合市场经济意思自治和责任自负的基本原则，因此也是最容易被接受的非用工关系当事人承担责任的事由。例如，就平台用工这种最典型的去组织体化用工而言，有学者提出"能够将责任和风险归入的特别责任关系之前提是中介不再限于介绍和中立地位，而是就被要求介绍的给付和/或合同而言，承担了积极的角色（aktive Rolle）或者从一个谨慎经济参与者的角度来看，必然会积极行为"。[2]学者们为欧盟起草的《网络平台中介指令讨论稿》（Discussion Draft of a Directive on Online Intermediary Platforms）同样规定平台运营商对供应商不履约的责任关键的标准是，客户是否能够合理地信赖对供应商具有优先支配影响力的平台运营商。[3]该讨论稿第 18 条第 1 款规定，"如果客户能够合理地信赖平台运营商对供应商具

---

〔1〕 ［法］伊莎贝尔·道格林、［比］克里斯多夫·德格里斯、［比］菲利普·波谢编：《平台经济与劳动立法国际趋势》，涂伟译，中国工人出版社 2020 年版，第 48 页。

〔2〕 Eva Kocher, Crowdworking: Ein neuer Typus von Beschäftigungsverhältnissen? Eine Rekonstruktion der Grenzen des Arbeitsrechts zwischen Markt und Organisation, in: Hensel/Schönefeld/Kocher/Schwarz/Koch, Selbstständige Unselbstständigkeit, Nomos, 2019, S173–213.

〔3〕 Research group on the Law of Digital Services, Discussion Draft of a Directive on Online Intermediary Platforms, EuCML, Issue 4/2016, p. 165.

有支配性的影响力，平台经营者就不履行供应商—客户合同与供应商承担连带责任"。

对于非用工主体怎样的行为构成上述积极行为或者具有支配性影响力的行为，上述讨论稿的作者们提出的如下考量因素值得借鉴：（a）供应商—客户的合同完全通过该平台提供的设施缔结；（b）平台运营商可以扣留客户根据供应商—客户合同进行的付款；（c）供应商—客户合同的条款基本上由平台运营商确定；（d）客户支付的价格由平台运营商确定；（e）平台运营商提供统一形象或商标图像；（f）营销的重点是平台运营商而不是供应商；（g）平台运营人承诺监测供应商的行为。[1]当存在如上指标时，用工关系当事人的自由意志已经受到平台的控制，平台自应承担该法律关系中的相应责任。与上述讨论稿认为此时非用工关系当事人应当承担连带责任不同，本书认为此时应根据该非用工关系当事人产生支配性影响力的方式和程度，由其承担按份责任；同时这种按份责任是其自身行为的责任，不存在追偿问题。

需要关注的是，在非用工关系当事人对用工关系双方法律关系的内容有上述实质性影响时，一种类似于劳务派遣的法律关系结构开始形成。欧盟的理论和实践中因此出现一种参照适用劳务派遣法的规则要求第三方承担责任的思路。针对平台用工，"欧盟委员会要求去审查，派遣工指令（2018/104/EC）在多大程度上可以适用于特定的在线平台；并认为许多不只是中介的在线平台在结构上与劳务派遣结构雷同（三方合同关系：派遣工/平台劳动者、派遣机构/平台、用工单位/顾客）"。[2]德国也有学者提出，在平台是合同当事人时，可将一些（跨境）劳务派遣的规则，例如委托人承担最低工资等

---

〔1〕　参见 Research group on the Law of Digital Services, Discussion Draft of a Directive on Online Intermediary Platforms, EuCML, Issue 4/2016, p. 168；类似的观点参见 Eva Kocher, Crowdworking: Ein neuer Typus von Beschäftigungsverhältnissen? Eine Rekonstruktion der Grenzen des Arbeitsrechts zwischen Markt und Organisation, in: Hensel/Schönefeld/Kocher/Schwarz/Koch, Selbstständige Unselbstständigkeit, Nomos, 2019, S173–213。

〔2〕　Europäisches Parlament, Europäische Agenda für die kollaborative Wirtschaft, (2017/2003 (INI)), Rn. 46.

运用于该用工主体之间，[1]产生非用工主体的连带责任。从我国现行劳动合同法的规定来看，非用工主体介入用工主体之间与劳务派遣有类似之处，但在制度前提上依然有很大差异。因此，与其类推适用，不如直接按照前文所述规则要求第三人承担责任。

需要与上述非用工关系当事人因自己介入用工关系的行为而承担责任区分的是非用工关系当事人基于自己与用工关系当事人的合同而承担责任的情况。如果非用工关系当事人对用工关系当事人的筛选等享有权利，而在筛选时没有尽到必要义务或者未能提供真实情况，其也应对用工关系当事人承担责任。例如在平台用工的情况下，在德国，"如果众包人是合同当事人，可以基于《德国民法典》第 311 条第 2 款，第 241 条第 2 款，第 249 条（所谓的物的管理人责任）以及第 651b 条第 1 款第 2 句的类推等建立平台的共同（部分）责任，因为平台经常要求完全特别程度的信赖并对委托双方合同的订立享有特别的自身利益"。[2]在我国，根据《民法典》第 3 编第 23 章 "委托合同" 或第 26 章 "中介合同" 的规定，平台也可能对劳动者承担未尽到委托合同或中介合同中义务的责任。但需要注意的是，这是一种对自己的不妥当行为基于其与用工关系当事人之间的中介合同或委托合同而承担的违约责任或者缔约过失责任，并非上述基于正常的管理行为而承担的责任。

（二）基于非用工关系当事人的分险功能而由其承担责任

民事法上的责任也是一种利益和风险转移机制。在特定情况下，让特定人承担责任不是因为他的行为或者他存在过错，而是因为他有能力将该风险通过保险机制或者价格机制转嫁出去。这是无过错责任存在的非常重要的原

---

〔1〕 Bayreuther, Sicherung einer fairen Vergütung und eines angemessenen sozialen Schutzes von (Solo-) Selbständigen, Crowdworkern und anderen Plattformbeschäftigten, ISSN 0174 - 499, https://www.bmas.de/SharedDocs/Downloads/DE/Publikationen/Forschungsberichte/fb508-sicherung-einer-fairen-verguetung-und-eines-angemessenen-sozialen-schutzes-von-solo-selbstaendigen.html, S. 46. Vgl auch Frank Bayreuther, Arbeitswelt 4.0-Muss der Arbeitnehmerbegriff angepasst werden? S. 22, 1. Auflage, Redaktionsschluss: 2. Mai 2019, Sächsisches Staatsministerium für Wirtschaft, Arbeit und Verkehr, https://www.smwa.sachsen.de/262.htm.

〔2〕 Frank Bayreuther, Arbeitswelt 4.0-Muss der Arbeitnehmerbegriff angepasst werden? S. 21, 1. Auflage, Redaktionsschluss: 2. Mai 2019, Sächsisches Staatsministerium für Wirtschaft, Arbeit und Verkehr, https://www.smwa.sachsen.de/262.htm.

因。[1]在去组织体化用工的情况下，如果非用工关系当事人基于自身的优势能够将不利益带来的风险转嫁出去，避免其他没有风险转嫁能力的主体遭受无力承担的损害，则出于社会政策考虑，可以由具有转嫁能力的主体承担责任，这就成为大企业、平台等非用工关系当事人承担责任的根源。

作为一种分险机制下的责任承担，该制度设计应遵循如下要点：其一，其以非用工关系当事人具有分险能力为前提，这种分险能力主要体现为通过微小的价格调整就可以将不利益分散于大量客户群体间。所以，该当事人必须进行大量交易，存在大量合同相对人。众包用工的情况尤其符合这一条件。其二，其分散的必须是必要风险，而不是用工关系当事人遭受的所有不利益。从分险的目的是防止当事人遭受无力承担的损害，生存受到影响的角度来看，可以分配的风险只能是保障用工关系当事人最低生存利益的风险，所以，非用工关系当事人以承担最低工资水平的保障为限度。基于同样的思路，有德国学者认为，通过中介平台用工的情况下，平台不是用工关系当事人时，平台责任限于最低工资保障。[2]其三，其分险机制带来的负担必须和同一行业其他用工方式的主体承担的不利益相均衡。因为要通过价格机制来分险，非用工关系当事人提供的产品价格自然会提高，在决定分险额度时，必须保障此后的价格与同一行业其他方式经营的主体提供产品的价格相当，否则将会给该经营模式带来毁灭性的后果或者必然导致法律的规避。

（三）基于法律上的便利而由非用工关系当事人承担责任

效率本身也是法律的价值。在极端情况下，出于效率考虑，法律也会让不是法律关系当事人的主体承担责任。在去组织体化用工领域，也就是基于法律上的便利而由非用工关系当事人承担责任。在我国现行法中，针对转包、分包这种去组织体化用工，《保障农民工工资支付条例》第30条、第31条设置的"施工总承包单位先行清偿""总承包单位代发制度"在一定程度上也

〔1〕 参见王泽鉴：《侵权行为》，北京大学出版社2009年版，第544页。

〔2〕 Frank Bayreuther, Arbeitswelt 4.0-Muss der Arbeitnehmerbegriff angepasst werden? S. 21, 1. Auflage, Redaktionsschluss: 2. Mai 2019, Sächsisches Staatsministerium für Wirtschaft, Arbeit und Verkehr, https://www.smwa.sachsen.de/262.htm.

包含着这种思路。[1]回到去组织体化用工的平台用工，"众包工人并不总能清楚地识别平台背后的企业；也因此不能总是确切地说，需方的两个参与者中哪一个才是主要行使指示权的人"。[2]在此背景下，尽管从规则角度看，法律关系的当事人是清晰的，但对劳动力提供者来说却存在识别和主张上的困境。为了便于劳动力提供者主张权利，也是考虑到劳动力提供者的弱势地位，学者们的如下建议是可取的："针对这些远程当事人实现权利存在系统性困难的情况，平台的共同责任可以对此予以补救，因为平台对双方来说都是更近的、更了解的、无论如何也容易抓到的。"[3]这样一来，以效率为导向，就建立了一种非用工关系当事人的责任。

在具体制度设计上，由于这种责任是一种出于效率和便利考虑而由用工关系当事人之外的主体承担的责任，从责任目的出发，它应当是一种连带责任，这样一来才真正能够便于权利人主张权利；但同时它在根本上并非责任承担人自己的责任，因此在责任人承担完责任后，可以继续向用工关系中的义务人进行追偿，所以它是一种不真正的连带责任。考虑到追偿本身容易导致重复诉讼，这种基于效率和便利而设计的非用工关系当事人责任，仅限于实际用工主体不明确等特别的情况。只要平台等非用工主体能够明确实际用工主体的身份，则原则上可以免于承担这种责任。它是一种极端例外情况下的责任承担。

## 六、离线权的规则设计

### （一）生活场所与工作场所的混同趋势

网络时代带来的用工最直接的变化就是生活场所与工作场所的混同。通讯技术的发展，一方面给劳动者带来了机会，劳动者可以在工作时间从事其他工作，另一方面也是更重要的，给用人单位带来了三种在传统工作场所外

---

〔1〕　赵大程、张义全主编：《保障农民工工资支付条例释义》，中国民主法制出版社 2020 年版，第 101–106 页。

〔2〕　Frank Bayreuther, Arbeitswelt 4.0 - Muss der Arbeitnehmerbegriff angepasst werden? S. 22, 1. Auflage, Redaktionsschluss：2. Mai 2019, Sächsisches Staatsministerium für Wirtschaft, Arbeit und Verkehr, https：//www. smwa. sachsen. de/262. htm.

〔3〕　Andreas Engert, Digitale Plattformen, in：AcP, 2018（218），S. 316.

支配劳动者的可能性。其一，在劳动者离开工作场所后依然可以接到工作指令或者完成工作。在德国，"根据德国工会联合会的调查，2016 年有 22% 的劳动者经常被期望通过电子邮件或者电话的形式在非工作时间随叫随到。由于持续的可及性，这些劳动者中的 37% 最终无偿地完成了额外工作"。[1]其二，劳动者的主要工作场所就是生活场所，主要就是远程工作的情况。其三，整个劳动的过程在互联网空间完成。"作为一个'社会行动空间'，信息空间创造了一个新的可能性空间，用于将劳动对象和工作设备都是可数字化信息和信息系统的所有工作整合到一个'新的生产空间'中……无论他们的具体工作地点是哪里，人们都可以在工作过程中进行实时合作……"[2]主要就是平台用工的情况。也有学者将上述情况统称去界限化，"劳动时间和劳动地点作为区分职业空间和私人空间之传统参数作用消除"。[3]对于远程工作和平台用工，本书已有专门章节讨论，本部分主要讨论劳动者离开工作场所后依然可以接受工作指令以及完成工作的情况。

离开工作场所后继续被联系和安排工作的情况是数字时代越来越普遍的现象。"休息时间工作以及实际上随时可以被联系上尽管涉及的不是大部分劳动者，但是也不是极少的少数……另外，数据显示涉及该问题的劳动者数量在（逐渐）增加。"[4]而从当事人预期的角度看，"越来越多的从业人员面临着包括在常规工作时间和地点之外也对工作相关要求具有可及性和可支配性的期待，这可以借助数字工作设备得以落实"。[5]所以未来离开工作场所后被继续支配和联系应当是越来越普遍的现象。以至于有学者不无怀疑地提出，"对数字移民来说，随着工业革命才出现的工作生活和私人生活相区分的社会

---

〔1〕 转引自朱晓峰："数字时代劳动者权利保护论"，载《浙江大学学报（人文社会科学版）》2020 年第 1 期。

〔2〕 [德] 米夏埃尔·施韦姆勒、彼得·韦德：《一切皆在掌控之中？——数字时代的劳动政策和劳动法》，弗里德里希艾伯特基金会 2019 年版，第 26 页。

〔3〕 Ruediger Krause, Digitalisierung der Arbeitswelt – Herausforderungen und Regelngsbedarf, Verlag C. H. Beck, Muenchen, 2017, B18.

〔4〕 Ruediger Krause, Digitalisierung der Arbeitswelt – Herausforderungen und Regelngsbedarf, Verlag C. H. Beck, Muenchen, 2017, B30.

〔5〕 [德] 米夏埃尔·施韦姆勒、彼得·韦德：《一切皆在掌控之中？——数字时代的劳动政策和劳动法》，弗里德里希艾伯特基金会 2019 年版，第 11 页。

模型还能继续多久?"〔1〕劳动者离开工作场所后被继续支配和联系现象可以被称为继续可及,"继续可及是指正常工作时间之外的时间,在该时间虽然没有约定或者被安排正常呼叫待命,但劳动者可以具体地预见,其会被领导、同事或者客户通过电话或者互联网因工作上的事务而联系,并被期待立即或者马上得到回应(在线支配 Online-Verfuegbarkeit)"。〔2〕在继续可及的情况下,工作时间、场所和生活时间、场所之间的界限因为技术手段而被打破,传统的工时计算、考勤管理的制度将面临挑战,通过工时限制所要实现的劳动者保护也面临新的问题。"通过智能手机和互联网而引发的可及性问题很少在于通过新媒体在根本上创设了在正常劳动时间之外可及于劳动者的可能性,而在于劳动者负担的强度。该强度取决于可及时间段的频次、长度、数量以及积极使用的频次、持续时长、状况,但也取决于可及的可预见的计划。"〔3〕这也是网络时代劳动基准法面临的最大的挑战。

(二) 离线权或者不可及权必要吗?

针对上述问题,国内外理论界讨论最多的解决方案是引入离线权或者不可及权 (Recht auf Nichterreichbarkeit),认为"立法上应明确劳动者享有不回应权",〔4〕甚至更明确地提出离线权应纳入劳动基准的范畴。〔5〕其中,所谓离线权是指"劳动者在下班时间内有权拒绝因网络通讯而产生的额外的加班工作,以此来保障劳动者回归正常私人生活,享受法定休息休假的权利"。〔6〕而不可及权的"核心诉求是:一方面,应保证劳动者享有在工作时间之外没

---

〔1〕　Ruediger Krause, Digitalisierung der Arbeitswelt – Herausforderungen und Regelngsbedarf, Verlag C. H. Beck, Muenchen, 2017, B43.

〔2〕　Ruediger Krause, Digitalisierung der Arbeitswelt – Herausforderungen und Regelngsbedarf, Verlag C. H. Beck, Muenchen, 2017, B37.

〔3〕　Ruediger Krause, Digitalisierung der Arbeitswelt – Herausforderungen und Regelngsbedarf, Verlag C. H. Beck, Muenchen, 2017, B39.

〔4〕　朱晓峰:"数字时代劳动者权利保护论",载《浙江大学学报(人文社会科学版)》2020年第1期。

〔5〕　参见周湖勇、钱伟:"互联网时代劳动者离线权保障探究",载《温州大学学报(社会科学版)》2018年第5期。

〔6〕　周湖勇、钱伟:"互联网时代劳动者离线权保障探究",载《温州大学学报(社会科学版)》2018年第5期。

有电子联系和工作指示或者至少在非工作时间不作出回应的权利；另一方面，必须确保劳动者不会因不可及性的愿望而导致其自身在法律上的不利"。[1]从以上学者的界定来看，两个概念的差异更多来自法国法学和德国法学不同的表达方式以及资料梳理的不同；其表达的核心思想有其共同之处，也即劳动者在非工作时间以直接方式拒绝或者间接方式拒绝（不回应）通过数据方式进行联系，并不因此遭受不利益的权利。

如果离线权或者不可及权的内容仅仅是劳动者拒绝在下班后通过数据方式进行联系并不因此遭受不利益的权利，则在根本上该权利并无太大的意义。从我国法律规定来看，根据《劳动法》第41条的规定，用人单位由于生产经营需要，经与工会和劳动者协商后可以延长工作时间，劳动者在工作时间之外并无工作的义务。据此，在下班后，劳动者自然可以拒绝用人单位的联系以及工作安排，除非根据诚信原则有需要紧急处理的事务。另外，按照《民法典》第1033条的规定，"除法律另有规定或者权利人明确同意外，任何组织或者个人不得实施下列行为：（一）以电话、短信、即时通讯工具、电子邮件、传单等方式侵扰他人的私人生活安宁……"据此，除非劳动者同意，下班后原则上用人单位并不能随意通过数据系统等联系劳动者。从其他国家学者的论述来看，也是如此。"除以允许的方式作出或者约定的呼叫待命外，雇主并无权利对工作之外时间的劳动者提出要求。结果是，劳动者并无义务在正常工作时间之外，尤其是晚上或者周日和节日保持持续的接收状态。事实上，在此仅仅涉及保障劳动者免遭来自雇主领域的不请自来的打扰，并使得其在不用工作的时间根本不用处于可能不得已而从事劳务性工作的状态。追溯不可及权理念的核心，它涉及很少令人怀疑的原则：合同一方当事人只可以向另一方当事人主张所约定的给付，此外还存在尊重另一方私人领域并且不通过不间断地要求其所没有负担的额外给付而烦扰他的照顾义务。"[2]

---

〔1〕 朱晓峰："数字时代劳动者权利保护论"，载《浙江大学学报（人文社会科学版）》2020年第1期。

〔2〕 Ruediger Krause, Digitalisierung der Arbeitswelt – Herausforderungen und Regelngsbedarf, Verlag C. H. Beck, Muenchen, 2017, B53.

（三）离线权的再设计

必须聚焦工作时间结束后用人单位继续利用信息技术手段联系劳动者这一问题，在现有规则的基础上讨论解决问题的方案。因为现行法并未规定下班后劳动者工作的义务，而且民法典规定了不得利用信息技术打扰的权利，在此规则前提下，劳动者此处需要的并不是拒绝接收信息或者拒绝工作的权利。考虑到劳动关系中劳动者拒绝的难题，包括结构性的力量失衡和通过格式劳动条款让劳动者形式上同意的可能性，此处需要引入新的劳动基准规则：其一，用人单位除非出现法定事由，原则上不得向劳动者发送工作信息；其二，在用人单位发送的情况下，让劳动者获得利益补偿的可能性：当下的问题是"继续可及性的特征在于，不同于呼叫待命，其未被形式上达成合意，而是慢慢地被使用，在一个灰色地带被实际上的期待所推动"。[1]本书认为，如果真要承认离线权或者不可及权，则上述内容才应当是该权利的应然内容，也即离线权以劳动者不被联系以及联系后的用人单位补偿义务为基本内容。对此，国内也有学者从不被联系的权利角度分析离线权。"对于集体协商不发达的国家，在法律上规定离线权，并要求雇主和雇员就雇员'不受联系'的权利作出具体安排则具有较大意义。"[2]作为劳动基准的上述离线权具有如下具体内容和法律效果：其一，除非有特定的正当性理由，用人单位承担不联系劳动者的义务，劳动者享有不被联系的权利。用人单位应采取技术性措施等避免在非工作时间向劳动者发送工作信息。其二，用人单位违反上述义务向劳动者发送工作信息的，应视为劳动者进入加班状态，根本信息的内容决定加班时间长度。其三，离线权的规定属于效力性强制性规定，当事人违反上述规则的约定无效；如果劳动者实际上已经履行了上述约定或者用人单位基于法定的正当性原因而约定了排除离线权，则劳动者进入形成呼叫待命状态，根据用人单位利用这种呼叫待命的实际，其可以进一步转化为值班。"通过现代通讯设备持续可及（Staedige Erreichbarkeit）本身应被归为呼叫待命的特殊变种。如果劳动者通过电话或/和互联网继续地被使用或者一个生产过程

---

〔1〕　Ruediger Krause, Digitalisierung der Arbeitswelt - Herausforderungen und Regelngsbedarf, Verlag C. H. Beck, Muenchen, 2017, B37.

〔2〕　谢增毅："远程工作的立法理念与制度建构"，载《中国法学》2021 年第 1 期。

被远程常态监管；如果一个呼叫待命（Rufbereitschaft）实际上转换成了从工厂领域转移到家庭或移动办公室的临时工作岗位，则在这些情况下其才可以定性为值班。"[1]其四，离线权规则属于具有公法效力的强行法，由劳动保障监察部门保障实施，在用人单位违反离线权规则的情况下，劳动保障监察部门可以对其进行行政处罚。

　　网络时代，去组织体化用工给劳动基准法所带来的最重要的变革是劳动基准适用范围的扩大、用工关系主体的确定、责任的分担以及通过离线权而实现的工作和生活的切割，但也绝非仅限于此。健康的电子作业条件、劳动者自带设备工作时生产工具成本的补偿等也是需要关注的问题。但健康的电子作业条件更多涉及技术规则的基准法效力，和传统劳动安全卫生条件相比并无特别之处。生产工具成本的补偿问题，由于信息产品的使用无法区分个人生活使用和工作使用，因此法律无法以强制性的规则要求用人单位对劳动者进行自带生产工具的补偿，只能笼统提出劳动者以自有设备以及网络资源工作的，用人单位应对其进行补偿。补偿的具体数额和必要性需要通过劳动合同来确定。为此，本部分也不做进一步展开。总体而言，网络时代的劳动基准面临话题的变革和内容的变革，除本部分讨论的问题外，尚有较大研究空间值得探索。

---

〔1〕　Ruediger Krause, Digitalisierung der Arbeitswelt – Herausforderungen und Regelngsbedarf, Verlag C. H. Beck, Muenchen, 2017, B38.

## 第五章

# 网络时代劳动者个人信息的法律保护

吴文芳　上海财经大学法学院教授

王　倩　上海政法学院司法研究所教授

我国已进入个人信息保护立法突飞猛进的时代,《民法典》以及《个人信息保护法》《数据安全法》的颁布对个人隐私与个人信息保护起到里程碑式的作用。作为劳动者数量众多的大国,[1]这一立法浪潮也直接关涉劳动者群体的个人信息权益。尤其是在新技术变革发展的背景下,工作设备、工作过程和工作对象的日益数字化,用人单位处理劳动者个人信息更为彻底和全面,劳动者被监视、分析、预测、控制的风险加大,可能威胁到劳动者的人格尊严、自由发展、其他人身和财产权益。由于劳动用工场景的特殊性,劳动者个人信息的法律保护需要特殊的制度安排。

合法性是信息处理的重要原则,考虑到劳动关系中的结构性力量失衡,劳动者往往被迫同意交出信息,导致同意丧失自愿性,难以成为信息处理的合法性基础,有必要在合法性原则内部以其他替代性事由限制同意的适用,《个人信息保护法》尝试以集体合意取代同意,但立法对劳动关系场景特征把握不足,规范替代性事由较为粗糙。因此,在我国《民法典》及个人信息保护法制度适用时,还应当重视正当与必要原则对信息处理的合法性所形成的适用限制,[2]结合劳动者个人信息保护特殊性,对具体审查标准采区别于一般情境的不同权重配置。

在劳动基准立法中,增加劳动者信息保护条款意义重大。尽管个人信息保护法律制度已经对劳动者个人信息保护问题给出了部分答案,但离完善的

---

[1] 参见“中国劳动年龄人口为8.8亿人　劳动力资源仍然充沛”,载中国新闻网,https://www.chinanews.com/gn/2021/05-11/9474619.shtml,最后访问日期:2021年7月14日。

[2] 参见张新宝:“个人信息收集:告知同意原则适用的限制”,载《比较法研究》2019年第6期。

劳动者个人信息保护机制还相距很远，更为合适的路径是劳动基准立法中就劳动者个人信息保护作专门性规定。尤其是在劳动基准法已经纳入第十三届全国人大常委会立法规划的契机下，通过基准化的方式划定劳动者信息权益的底线，能够规范用人单位的信息处理行为，回应数字化时代给劳动者带来的挑战。据报道，中国人民大学版的《劳动基准法专家建议稿》在总则中明确了劳动者的隐私与个人信息受法律保护，[1]但原则性的规定较为抽象和单薄，难以解决实践中的具体问题。作为保护劳动者利益的强行性法律规范，[2]劳动基准法应该与时俱进，发挥劳动基准法的双重保护机制，根据劳动关系的特殊性对个人信息处理规则作出相应调整，同时针对典型场景，进一步细化劳动基准法的配套性文件。为促进劳动者个人信息权益的充分保护，既可以通过主管行政部门的责令改正、罚款等方式予以救济，也可以通过劳动仲裁、诉讼的程序来维权。

## 一、劳动者个人信息保护的特殊性

2021年《个人信息保护法》直接涉及劳动关系的仅有第13条第1款第2项，即"为订立、履行个人作为一方当事人的合同所必需，或者按照依法制定的劳动规章制度和依法签订的集体合同实施人力资源管理所必需"的，可处理个人信息。相对于该法草案的一审稿、二审稿完全不考虑劳动关系框架下个人信息保护的特殊性，最终稿对用人单位处理劳动者个人信息的合法性基础做了特殊安排，是一种明显进步，却还是留下了较大的规制空间。劳动关系中的个人信息保护与一般语境下的个人信息保护相比较，存在诸多不同，特别是与同为弱势群体的"消费者"相比，两者处于不同类型的共同体关系中，但是个人信息保护法规中以"消费者"为原型设计的同意，适用于不同弱势处境的"劳动者"有明显的不适应。具体来说，劳动者个人信息保护存在以下特殊之处。

---

〔1〕 参见张菁："《劳动基准法》专家建议稿（中国人民大学版）研讨会成功举办"，载中工网，http://right.workercn.cn/34164/202107/21/210721131825282.shtml，最后访问日期：2021年12月17日。

〔2〕 参见沈建峰："劳动基准法的范畴、规范结构与私法效力"，载《法学研究》2021年第2期。

### （一）劳动者与消费者在不对等关系中的差异

#### 1. 不对等结构之属性有别

第一，意志不自由的程度悬殊。"消费者"与"劳动者"均处于不对等结构中，市场地位和信息的结构性弱势是消费者处于不对等地位的本质，作为合同缔结一方的消费者，无法在经济地位、诉讼地位及知识能力上与经营者抗衡。[1]但消费者交换中的意志自由并没有受到外来强制，以民法上身份进行交易不存在过多障碍。与消费者身份不同，劳动关系的从属性决定了劳动者的契约自由受限，因雇员对雇主的生存依赖，其意志自由往往遭到经济压制与事实控制。[2]长期以来，大陆法系雇员身份判定的主要标准为人身从属性为主，[3]辅之以经济依赖性，[4]在英美法中，雇员身份的认定主要依赖判例法，但"控制"作为判断的核心标准已成为学术界与司法界的共识。[5]

第二，两类不平等关系的时空维度有别。消费合同的一次性与劳动合同的继续性特征，导致两类关系中不对等结构的时空维度大大不同，前者是一次性的力量对比型不对等，而后者是全程实质控制的从属关系，面对强势主体的信息处理行为，劳动者往往只能隐忍并"负重前行"。换言之，劳动者的意思自由在时间与场域上都无法与消费者处于同一地位。

第三，与另一方当事人的信赖关系相差甚远。劳动关系作为典型的关系型契约，已经超越了以服务换取报酬的交换，并发展成基于信任、承诺和共同团结的复杂关系。[6]从属性的另一面是双方极为紧密的信赖关系，信任的普遍存在导致雇员比消费者更容易轻信合同相对人而予以同意，但理论上也更

---

〔1〕　参见钱玉文："消费者权的经济法表达——兼论对《民法典》编纂的启示"，载《法商研究》2017 年第 1 期。

〔2〕　参见吴文芳、刘洁："新技术变革时代'人'的变迁与社会法回应"，载《学术月刊》2021年第 8 期。

〔3〕　Abbo Junker, *Grundkurs Arbeitsrecht*, 3. Aufl. 2004, S. 59f.

〔4〕　Rolf Wank, *Arbeitnehmer und Selbstaendige*, 1988, S. 122ff.

〔5〕　Nocola. Countouris, "The Employment Relationship: A Comparative Analysis of National Judicial Approaches", in G. Casale ed., *The Employment Relationship-A Comparative Overview*, International Labour Office, 2011, pp. 35-68.

〔6〕　MacNeil, Ian R, "Relational Contract Theory: Challenges and Queries", *Northwestern University Law Review*, Vol. 94（3）, pp. 877-908（2000）.

可能 "基于信任与信赖的授权"〔1〕,而无需进行形式意义上的反复同意。

2. 不对等结构之矫正方式有别

第一,消费者的信息保护重在完善 "告知—同意" 规则。在信息处理的事项中,消费者与经营者不对等主要体现为信息不对称的困境。此时解决消费者信息不对称的主要办法在于运用信息工具,消除消费者的信息劣势。"消费者并不一定是被保护的主体,制度可以通过消减信息不对称等多种路径实现消费者的自立",〔2〕在同意规则中,对此完善的途径主要是在公法和私法上进一步明确与丰富 "告知—同意" 的内涵与形式,〔3〕扩展明示同意的适用情形,加重经营者的信息披露义务,增加信息披露的透明度,在信息处理环节有效地保护消费者的利益,〔4〕我国《个人信息保护法》也体现了该思路。

第二,仅完善 "告知—同意" 的形式,无法完全解决劳动关系适用同意之困境。信息不对称仅为劳动者与雇主不对等结构的内容之一,即使引入加重雇主告知义务,增加透明度等以完善告知规则,可在一定程度上缓解雇主告知虚化、劳动者决策扭曲等困境,仍难以解决根本性的同意非自治性问题。

(二) 人格从属性背景下知情同意的失灵

法律给予信息主体以同意的基本逻辑是,个人信息是关于个人的,而个人是具有独立意志的主体,因而处理个人信息不能像处理客体那样随意,而应当尊重个人意志或者以不侵犯个人尊严或自由方式进行。〔5〕但是在劳动关系中,事实上和法律上的弱势地位导致劳动者难以真正自由地、自愿地进行选择,反之,若劳动关系中个人信息保护得不到落实,又会导致用人单位对劳动者的监督和控制更加肆无忌惮,从而导致进一步的人身依附和地位

〔1〕 姚佳:"知情同意原则抑或信赖授权原则——兼论数字时代的信用重建",载《暨南学报(哲学社会科学版)》2020年第2期。

〔2〕 日本、韩国、德国与美国近年来消费者保护法的修改清楚地体现了通过信息工具解决消费者与经营者信息不对称的基本思路。参见应飞虎:"消费者立法中的信息工具",载《现代法学》2019年第2期。

〔3〕 参见万方:"个人信息处理中的'同意'与'同意撤回'",载《中国法学》2021年第1期。

〔4〕 参见欧盟《一般数据保护条例》(GDPR)与《美国加州消费者隐私法》(CCPA)中,同样体现了这一思路。

〔5〕 参见高富平:"同意≠授权——个人信息处理的核心问题辨析",载《探索与争鸣》2021年第4期。

悬殊。

我国《民法典》第 1035 条第 1 款基本上把信息主体的知情同意视为合法处理个人信息的前提，[1]《个人信息保护法》第 13 条第 1 款虽然列举了 7 种处理个人信息的合法性基础，却也是将"取得个人的同意"列在第 1 项，然而，在劳动关系中适用《个人信息保护法》第 14 条及以下条款的知情同意规则却存在较大困难。单个劳动者相对于用人单位在信息、财力、技术等各方面事实上处于弱势地位，劳动关系的核心特征又是人格从属性，即劳动者在工作时间、工作地点、工作内容和履行方式等方面听从于用人单位的指挥，融入了用人单位的组织之中。在劳动关系中大量、持续进行个人信息处理的背景下，劳动者同样缺乏时间、精力及能力去了解情况，有时甚至难以察觉其个人信息被处理的发生，无法达到充分知情的要求，从而导致从属性下的劳动者同意的自治性难以满足有效性要件。具体表现为以下两个方面。

1. 劳动者同意的意思表示自由受限

在劳动关系下，由于存在着全程实质性控制的人身关系，劳动者面对雇主管理权的压力时，极有可能为保住工作或维持良好劳动关系而被动同意。特别是在大数据与人工智能背景下，智能手段的运用加剧了雇主运用管理权不当获取劳动者同意的可能，看似扭转权力势差的同意常被企业的智能管理权"裹挟"：如以采用人脸识别移动考勤等要求收集劳动者的人脸识别信息，以提高管理效率为由要求劳动者佩戴无线射频设施随时监控工作运动轨迹，[2]劳动者很难自由地作出不同意的意思表示，对抗劳动管理与劳动形式的智能化。即便劳动者出于保护个人隐私和信息的理由拒绝交出信息，雇主也极容易通过规章制度给劳动者施加解雇或其他管理压力，迫使其在同意和

---

〔1〕　参见最高人民法院民法典贯彻实施工作领导小组主编：《中华人民共和国民法典人格权编理解与适用》，人民法院出版社 2020 年版，第 376 页。

〔2〕　据报道，南京市建邺区从 2018 年开始给环卫工人陆续配发智能手环。手环最重要的是定位功能，一旦环卫工人原地不动超过 20 分钟或离开工作区域，手环将自动语音监督并将数据自动上报给用人单位。"南京一公司给环卫工配发智能手环 休息 20 分钟就'报警'"，载扬子晚报，http://jiangsu. sina. com. cn/news/2019-04-04/detail-ihvhiewr3039866. shtml，最后访问日期：2021 年 7 月 14 日。

被解雇或处分中二选一。[1]

对于信息主体处于不平等地位的同意的自愿性判断，GDPR 于条款第 43 条特别表述为"数据主体与控制者之间是不平等的，特别是控制者是公权力一方……同意不可能是自愿作出的，该同意不能成为……有效的法律依据"。尽管 GDPR 并未明确提及劳动关系中同意不可能是自愿的，但在欧盟各国，普遍的司法实践是劳动者的同意很难成为超出合同目的信息收集之合法性依据。劳动者同意可能被认定为无效，从而使得数据收集行为从一开始就不具备合法性。欧盟第 29 条数据保护工作组[2]也曾在第 8/2001 号意见书中概述，劳动者的同意作为信息处理的合法性基础是具有误导性的，需要在同意之外寻找一个不同的法律依据。[3]这并非意味着只要是不对等权利关系下，弱势一方主体所做的任何同意均被认定为无效，例如，当信息主体的同意会为其带来好处或者仅造成微小的负面影响时，该同意可能仍被认为是出于自由意志。[4]

信息主体的意思表示自由，意味着其有权自愿随时撤回同意。GDPR 除了保护信息主体的"随时撤回权"，也注重信息的利用，根据其第 7 条第 3 款撤回权面向未来发生效力，而不具有法律上的溯及力，因而撤回前的同意仍可以作为信息处理的合法性依据。然而，劳动关系作为持续性债之关系，是一个过程性行为，从关系型契约理论看，劳动关系中包含了计划、信任和团结的关系，[5]撤回权的行使或将影响劳动者与用人单位之间的互信。对于劳动者而言，即便能够行使撤回权，其空间也极为有限。大多数情况下，企业

---

[1]　参见"汪某与某公司劳动争议纠纷案"，上海市第一中级人民法院（2011）沪一中民三（民）终字第 787 号民事判决书。在该案中，用人单位在《员工手册》中规定员工拒绝进行药物检测，用人单位有权立即解除与员工的劳动关系。汪某在该公司中担任的是模具工程师，该岗位工作的履行与其使用何种药物并无关联。

[2]　欧盟第 29 条数据保护工作组（WP29），是根据 1995 年欧盟指令（95/46/EC）第 29 条而设立的一个数据保护和隐私咨询机构。GDPR 生效后，其职能被欧洲数据保护委员会（EDPB）所替代。

[3]　Article 29 Data Protection Working Party，"*Opinion 2/2017 on data processing at work*"，https://ec. europa. eu/newsroom/article29/items/610169（Last visited on July14, 2021）

[4]　European Union Agency for Fundamental Rights and Council of Europe，*Handbook on European Data Protection Law*，Imprimerie Centrale in Luxembourg，2018，p. 145.

[5]　参见［美］麦克尼尔：《新社会契约论》，雷喜宁、潘勤翻译，中国政法大学出版社 1994 年版，第 20-25 页。

的管理权直接对劳动者撤回权的自由行使形成威慑，劳动者难以自由表达撤回同意的意思表示。

2. 劳动者同意的意思与表示难以一致

劳动关系下雇主的告知虚化加剧了劳动者同意之意思与表示不一致。第一，雇主在取得劳动者的同意时，常不具备详尽合理的隐私政策，劳动者出于雇佣关系下的强烈信任感，往往忽视告知环节而直接交出信息，[1]双方信息不对称并未通过告知得以缓解。第二，雇主向劳动者告知隐私政策时，本应强调尊重劳动者个人信息与隐私权，淡化雇主的管理权威，以减轻劳动者对雇主处于权力优势强迫其交出信息的担忧，但实践中雇主告知并未体现这一点，告知只具有形式而非实质意义，更加剧了双方的权力势差。第三，雇主亦面临告知困境，大数据时代随着数据挖掘与积累的高速进展，雇主在收集劳动者信息时往往也无法预料信息处理的方式与范围，之后的信息处理甚至超过了雇主的预见范围。

由于人工智能技术的飞速发展，雇主结合平时掌握的信息进行数据分析与数据挖掘，使得信息后续整合、流转和使用可能远远超越原来同意的范围与用途，劳动者无法真正评估风险并基于理性判断作出正确的同意决定。[2]例如，劳动者基于信任同意雇主收集位置信息，但随着手机内的蓝牙或穿戴红外传感器所提供的位置与运动信息及日程表、电子邮件及其他信息相互结合起来，雇主获取大量令人惊讶的隐私信息。[3]如人脸识别算法与其他情况下同意收集的信息相结合，系统获知的信息往往超过了最初同意披露的信息范围，[4]雇主通过基因检测获取劳动者遗传信息，也可以预测医疗风险以及

---

〔1〕 Aleecia M. McDonald & Lorrie Faith Cranor, "The Cost of Reading Privacy Policies", *I/S*: *A Journal of Law and Policy*, Vol. 4（3）, pp. 543-565（2008）; Lorrie Faith Cranor, "Necessary But Not Sufficient: Standardized Mechanisms for Privacy Notice and Choice", *Journal on Telecommunications and High Technology Law*, Vol. 10（2）, pp. 273-274（2012）.

〔2〕 Daniel J. Solove, "Introduction: Privacy Self-management and the Consent Dilemma", *Harvard Law Review*, Vol. 126（7）, pp. 1880-1903（2013）.

〔3〕 Bradley A. Areheart & Jessica L. Roberts, "*GINA, Big Data, and the Future of Employee Privacy*", *The Yale Law Journal*, Vol. 128, pp. 710-790（2019）.

〔4〕 参见郭锐：《人工智能的伦理和治理》，法律出版社 2020 年版，第 136 页。

可能增加的企业成本，从而有计划地布局企业人事调配。[1]劳动者最初同意提供的信息，最后可能演变成对自身不利的决策信息基础，而本为预防风险的同意规则导致劳动者独自承担不利后果。

（三）劳动者被透视和被操控的风险

劳动关系中个人信息暴露得彻底和全面，需要防止用人单位对劳动者的"透视"。劳动者日常生活的大部分时间都在工作场所度过，即使在私人时间的活动也可能直接或间接地与工作相关，劳动关系中用人单位原本就会持续获得大量的劳动者个人信息，而劳动世界的日益数字化[2]更是加剧了这一状况。工作中智能手机、平板电脑、手持式扫描仪、可穿戴设备等的使用逐渐普及，在公司 OA 系统、微信群、钉钉办公等内部和外部沟通平台上的活动也日益频繁，劳动者每天在工作时使用这些软硬件的过程，伴随着大量的个人信息的收集、使用、加工、传输等各种处理。通常某个应用程序收集到的应该是用户与使用该程序相关的特定方面的个人信息，比如某打车软件收集到某个用户用车的频率和喜好、行踪轨迹、支付账户等信息。相比之下，劳动合同从缔结、履行到解除或终止的过程中，用人单位收集和处理的个人数据种类更多、更全面，可能反映劳动者职业经历、工作表现、医疗健康、社会活动、金融账户、家庭情况、兴趣爱好等不同方面的个人信息，将相关数据组合起来进行综合分析更容易形成人格画像，劳动者在用人单位面前更为透明。

在数字化的工作过程中，用人单位可以收集到海量的个人信息，配合以相应的算法，智能化的管理系统可以飞速地进行分析、关联、预测、判断、反馈，而自动化决策的过程往往又是频繁而隐蔽的，劳动者难以应对，甚至无法觉察，用人单位却容易"置身事外"，可以号称系统不会出错，但在发生争议时把责任推卸给算法。如此一来，劳动者可能沦落为被系统、算法操控的对象，《个人信息保护法》的规定却更多地面向消费者保护的场景。比如第 24 条第 2 款要求"通过自动化决策方式向他人进行信息推送、商业营销，应当同时提供不针对其个人特征的选项，或者向个人提供便捷的拒绝方式"，主

---

[1] Bradley A. Areheart & Jessica L. Roberts, "*GINA, Big Data, and the Future of Employee Privacy*", *The Yale Law Journal*, Vol. 128, pp. 710–790 (2019).

[2] 参见田思路："智能化劳动管理与劳动者隐私权的法律保护"，载《湖湘论坛》2019 年第 2 期。

要是为了解决"信息茧房"、大数据"杀熟"等问题,在劳动关系中难以适用。劳动关系中出现的场景则更多是招聘单位使用简历自动筛选系统过滤掉不合适的候选人,用人单位应用智能管理系统对劳动者进行考核奖惩,在此基础上作出"不胜任工作"的调岗或解雇决定等,这些自动化决策直接影响劳动者安身立命的"饭碗",而第 24 条第 3 款所规定的要求予以说明的权利、拒绝自动化决策的权利对此恐怕作用有限。

(四)有组织生产的合作关系中个人信息处理的需要

一般语境下,个人信息保护主要是解决信息主体的权益保护和信息业者或国家机关对信息的开发利用之间的矛盾。然而,劳动关系中的用人单位并非信息业者,不是直接利用劳动者的个人信息盈利,也不像国家机关那样是为了维护公共利益、履行法定职责而处理个人信息,其角色更多是介于信息业者与国家机关之间。用人单位处理个人信息是为了提高工作效率、确保服务质量、保护人身和财产安全、维持营业场所秩序、履行社保缴纳义务和合规要求等目的,与之相冲突的是劳动者的隐私保护、安全健康、劳动报酬、平等就业等各种权益。

用人单位是生产经营的组织者,要维持这个组织体的正常有序运转,在此过程中要分配工作任务、发出指令,监督劳动者是否适当履行任务和服从指令,辅之以相应的奖惩,[1]在对劳动力资源进行配置调度的过程中,必然要对劳动者的个人信息进行处理。劳动合同又是典型的继续性合同,存续时间往往比较长,且期间不断产生给付义务和附随义务,双方之间有比较强的信赖关系。[2]用人单位对于劳动者负有各种照顾义务,同时负有各种社会责任,在履行义务和承担责任的过程中也不可避免地要处理劳动者的个人信息。制度设计必须考虑到这些特征和需求,比如,劳动关系中的个人信息处理是在不同场景下大量地、持续地进行的,如果每次、每个人都要进行告知同意,信息处理目的、方式等发生变更的还要重复,会让双方疲于应付,也导致效率低下,而入职时的一揽子、概括性同意又不能满足法律对处理敏感个人信

---

〔1〕 参见肖竹:"劳动关系从属性认定标准的理论解释与体系构成",载《法学》2021 年第 2 期。

〔2〕 Vgl. Gaier in: Münchener Kommentar zum BGB, 8. Aufl., 2019, § 314 BGB Rn. 6.

息等行为的特殊要求，所以很有必要将"人力资源管理所必需"设置为个人信息处理的合法性基础。个人信息也有社会流通属性，[1]用人单位这个"小社会"内部并非一般的陌生人场域，其中的社会交往和信息流通更为频繁密切，赋予劳动者过多的控制权并不合适。比如，公司制作的内部通讯录中包含了员工的姓名、所属部门、职务职级、工作电话和邮箱等信息，如果认为此举属于个人信息处理者公开其处理的个人信息从而需要取得员工的单独同意，显然是荒谬的，但是将前述信息公布在公众可以随意访问的公司官网上，就要区分员工是否从事负责对外联络的工作等具体情况了。

## 二、劳动者个人信息处理的合法性基础

合法性是劳动关系下处理劳动者个人信息的最基本原则之一，《个人信息保护法》的立法目的就是将信息处理行为纳入法制框架。具体在劳动关系场景下，劳动者同意在很大程度上被其他合法性来源所替代，《个人信息保护法》第 13 条规定"为订立、履行个人作为一方当事人的合同所必需"，在正式公布稿中又增加了"按照依法制定的劳动规章制度"和"依法签订的集体合同"实施人力资源管理所必需两种情形，作为信息处理合法性来源的替代性适用，规定这些情形下"不需要取得个人同意"。除此之外，第 13 条中第 1款第 3 项至第 6 项以及以"法律、行政法规规定的其他情形"的兜底性条款，与 GDPR 第 6 条第 1 款所规定的 5 种情形高度重合，说明我国立法者对个人同意难以作为合法性来源时准备了种类多样的制度工具，以满足合法性原则蕴含的形式要求。在劳动关系下，替代劳动者同意的其他合法性来源，现有规定可概括为"订立或履行劳动合同所必需"以及以集体合意取代劳动者同意。

### （一）订立或履行劳动合同所必需

#### 1. 劳动者个人信息的目的类型

劳动关系下雇主处理的劳动者个人信息，以信息目的为界分，笔者将其分为准入信息、身份认证信息、管理信息以及雇主基于法律或公共职能收集

---

[1] 联邦宪法法院在著名的 1983 年"人口普查案"中指出，个人信息自决权并非个人对其个人信息享有的绝对的、不受限制的控制权，人是在社会中生存发展的，需要与其他人交流沟通。vgl. BVerfG, 15. 12. 1983, NJW 1984, 419（422）.

的信息。通过结合信息目的的类型，有助于识别雇主对劳动者信息的处理是否符合"订立或履行劳动合同所必需"的目的，从而对信息合法性作出适合劳动关系属性的判断。应强调的是，归入某类目的类型的信息，并不意味着一定满足"订立或履行劳动合同所必需"。但是，无法归入以上信息目的类型的信息，如劳动者的家庭财产信息、生物识别信息等，显然属于与订立或履行劳动合同无关的信息，则大概率应被判定为不能以"订立或履行劳动合同所必需"为合法性来源。

第一，准入信息。求职者尽管尚未与雇主成立劳动关系，但潜在的雇主基于订立合同需要，需要了解求职者的基本信息和相关个性特征。这类信息包括求职者的一般身份信息，还包括职业及其相关资格、资质等适格信息，例如职业技能、职业经历、过往的职业评价、身体健康能否胜任合同履行等信息。

第二，身份认证信息。基于劳动关系的人身属性，劳动者应亲自履行合同，雇主必须借助一些个人属性信息识别到具体个人，确保其以真实的给定身份进行活动，享有权利，接受服务。[1]该类信息主要以姓名、性别、年龄、肖像[2]以及身份证号码等为基础，主要起到识别个人身份作用。大数据时代人工智能与生物识别技术不断升级，身份认证信息的形式逐渐扩大到如指纹、人脸、虹膜等生物信息，身份认证是人力资源管理的基础，该类信息之后也有可能用于管理功能，从而转化为管理信息。

第三，管理信息。在身份认证后，雇主对劳动者信息处理主要是满足管理功能的需要。依据其不同目的，这类信息又可以分为绩效结果评估信息与劳动过程管理信息，后一类信息也可能因用于绩效评估而转化为前者。绩效评估信息包括可量化的绩效指标、同事或上级的绩效评估意见、客户或其他第三人的评价或投诉信息等，大数据时代这些信息常通过数字化、网络化的形式获取并体现。法律上更值得关注的是劳动过程管理信息的处理：区别于福特主义生产方式下劳动过程管理主要是在物理空间内对劳动的人力监督或

---

〔1〕　参见胡凌："刷脸：身份制度、个人信息与法律规制"，载《法学家》2021年第2期。

〔2〕　劳动者肖像因包含人脸识别技术所需信息，在一定技术条件下可转化为人脸识别信息，因此可能作为肖像以及个人信息受到双重保护。

录音录像，在后福特主义的生产方式下，雇主通过网络虚拟技术，超越传统的工作场所的时间和空间界限监控劳动者，劳动过程管理在形式、范围和持续时间上显著增强。[1]对这些管理又可以进一步区分，一部分管理功能信息是个人化的，针对劳动者的不当行为进行处罚或规制，从而更容易转化为绩效评估信息；另一部分的管理功能信息则是非个人化的，服务于管理优化的目的，[2]通过运用算法对信息进行智能化处理，为雇主提升生产率的管理方式提供计算依据。劳动过程管理信息与履行劳动合同目的的关联性最难以进行判断，因而在实践中需要特别关注。

2. "订立或履行劳动合同所必需"的法定化边界

《个人信息保护法》第 13 条第 1 款第 2 项规定了"为订立或者履行个人作为一方当事人的合同所必需"，与 GDPR 第 6 条第 1 款（b）项"处理是数据主体作为合同主体履行合同之必要，或者处理是因数据主体在签订合同前的请求而采取的必要措施"的规定极为相似，都肯定了"订立或履行合同之必需"作为雇主处理信息的合法性来源。不过，我国《民法典》规定的同意之例外，仅为"法律、行政法规另有规定"，并不包括订立或履行合同所必需。在劳动关系语境下，审视"订立或履行合同所必需"与"法律另有规定"作为合法性来源之关系可从另一个角度展开，即将《劳动合同法》第 8 条规定的"与劳动合同直接相关的基本情况"作为"订立或履行合同所必需"的法定化边界。

"订立或履行劳动合同所必需"作为雇员信息处理的合法性基础，并不代表双方就信息处理行为未形成合意，只是处理信息的合意并未在合同中明示。在订立与履行合同的合理范围内，如果雇主需要对所有应聘者或劳动者信息的必要处理在形式上再次征得同意，势必极大地增加雇主的负担，不利于信息利用。由法律将这种默示同意法定化纳入信息处理的合法性基础，是在雇

---

〔1〕 例如，GPS 定位、手机 App 监控、手机视频监控、网络视频监控、人体传感器监控、家具传感器监控甚至人体芯片技术等技术应用场景不断强化监督和监控劳动者。

〔2〕 例如，某大型互联网公司以加强企业内控，清查裙带关系为由，要求员工如实申报亲属信息及社会关系网，自小学起的同学信息均要申报，未按照要求申报则被视为违反公司诚信原则。参见东方亦落："京东大力清查裙带关系，互联网企业都在努力反腐"，载最极客，https://baijiahao.baidu.com/s? id=1629058786260623564&wfr=spider&for=pc，最后访问日期：2021 年 7 月 14 日。

员个人信息保护与信息利用之间的合理平衡。

（二）以集体合意取代劳动者同意

劳动者个人信息易受侵害，根本原因在于雇佣关系从属性中劳动者很难作出自治性的同意表示。因而，如能够平衡双方关系矫正从属性，就有可能保障劳动关系中劳动者同意的意思表示真实。在《个人信息保护法》草案的一审稿与二审稿中，均未涉及劳动者集体合意，但正式法律文本对集体合意的表现形式作扩张性规范，规定在同意的合法性来源上，依法制定的劳动规章制度与依法签订的集体合同都可以成为替代劳动者同意的集体合意形式，而"实施人力资源管理所必需"应认为是对该两种替代方式行使的目的与比例限制。

1. "依法签订的集体合同"作为合法性来源

从理论上说，在签订集体协议时，因代表劳动者的工会与雇主并无从属关系，且工会取得劳动者的授权，因而双方就劳动者个人信息处理在协议中作出安排，应当被认为是符合知情同意的。GDPR 第 88 条规定："成员可以通过法律或集体协议，规定更为具体的细则以确保雇佣时对雇员的个人数据处理有关的权利和自由的保护，特别是以招聘和执行雇佣合同以及为终止雇佣关系为目的而处理员工个人数据时。"《德国联邦数据保护法》（BDSG）第 26 条第 4 款明确规定，"在集体协议的基础上，允许处理个人数据，包括为雇佣关系目的而处理的雇员的特殊类别的个人数据"。在德国劳动法理论中，集体协议的当事人——产业工会具有团体协约自治的能力，其表达当然应当被视为不受雇佣关系从属性的干扰，而实现了充分自治性。[1]

对于集体协议取代劳动者同意的效力，我国学者已有所关注，[2]强调其具有特殊意义。《个人信息保护法》第 13 条规定"依法签订的集体合同"，可以视为该法将集体合同作为劳动者同意的合法性替代，于学理上具有重要价

---

〔1〕 Vgl. Frank Bayreuther, *Tarifautonomie als Kollektiv Ausgeuebte Privatautonomie*, Verlag C. H. Beck, 2005, S. 656f.

〔2〕 参见谢增毅："劳动者个人信息保护的法律价值、基本原则及立法路径"，载《比较法研究》2021 年第 3 期；朱晓峰："数字时代劳动者权利保护论"，载《浙江大学学报（人文社会科学版）》2020 年第 1 期。

值。然而，实践中我国集体合同多为基层工会与用人单位签订，在劳动者方和工会实力不强的企业，基层集体合同仍不足以使劳动者摆脱不利地位，[1]即使以依法签订的集体合同达成形式上的合意，也不代表充分实现了劳动者同意的自治性，仍应注重通过正当、必要性的实质审查保障劳动者信息权益。

2. "依法制定的劳动规章制度"作为合法性来源

更为复杂与严峻的挑战存在于"依法制定的劳动规章制度"中。规章制度作为替代劳动者同意的合法性来源，可参照的外国法主要是 GDPR 第 88 条，该条制定过程中争议颇多，核心问题聚焦于集体协议是否包括企业工厂委员会与企业签订的"工厂协议"。GDPR 最终版本没有直接出现"工厂协议"的表述，但补充了"更为具体的细则"的表述，被视为认可工厂协议与集体协议具有同样的合法性，其主要原因在于欧盟工厂委员会对企业社会性事务有共决权，工厂协议是劳资双方共决合意的结果。《欧洲工厂委员会法》(2009/95/EG 号指令) 对欧盟境内企业工厂委员会强制性参与企业决定事项作出规定，《德国工厂委员会法》(BetrVG) 第 87 条赋予工厂委员会在社会事务上真正的参与决定权 (Mitbestimmungsrechte)，第 1 款封闭式列举的 13 种劳资共决的社会事项之中，包括第 6 项 "用以监控劳动者行为和给付的技术设施的引入和使用"，[2]雇主只有经过工厂委员会同意才可以采取该措施。德国联邦法院在 GDPR 之前就作出判例确认"工厂协议"作为集体合意的合法性来源，同时对"工厂协议"的制定程序和内容提出了诸项要求，以确保劳动者集体合意的自治性，[3]GDPR 生效之后，联邦劳动法院未在该事项上与 GDPR 之间的协调作出新判决，[4]但在遵守联邦劳动法院在 2013 年判决中的要求这一前提下，工厂协议在 GDPR 下继续作为合法性基础是有法律依据的。

与欧盟国家中由工厂委员会与雇主签订的工厂协议相比，我国企业规章制度的制定与适用有两个显著特点。

第一，决策机制为用人单位单决制。我国企业规章制度的决策机制由

---

〔1〕 参见王全兴：《劳动法》，法律出版社 2017 年版，第 255 页。

〔2〕 Vgl. Hromadka/Maschmann, *Arbeitsrecht Band* 2, Springer Verlag, 6. Aufl. 2014, § 16 Rn. 420.

〔3〕 BAG, 9. 7. 2013-1 ABR 2/13 (A), BAG, 25. 9. 2013-10 AZR 270/12.

〔4〕 Kiesche, Wilke, Berger, Betriebsvereinbarung und die DSGVO, *AiB extra*, August 2018, S. 46-55.

《劳动合同法》第 4 条规范，表述为"用人单位……与工会或者职工代表平等协商确定"。"平等协商"的内涵在立法时经历了激烈争论，《劳动合同法》（一审稿）第 51 条中出现的"用人单位单方面作出规定的无效，该事项按照工会、职工大会或者职工代表大会提出的相应方案执行"赋予职工共决权的条文在二审稿后即被删除，细读《劳动合同法》的立法理由仍能体会职工参与程度"单决共决"之争的热烈场面。[1]最终确立了"在充分听取意见，经过民主程序后，由用人单位确定"[2]的单决制，民主程序是由用人单位决定采纳与否及多寡的集思广益而已。[3]在《劳动合同法》颁布之后，无论是地方有关劳动合同的立法，还是关于职工民主参与的立法，抑或是各地的裁审意见都秉持用人单位对规章制度的单决制。[4]在规章制度决策机制为单决制的前提下，"依法制定的劳动规章制度"显然无法保证制度的内容是由劳动者集体合意而达成的。

第二，即使仅具程序意义的民主程序，司法实践中对其审查仍趋于宽松。多个省市出台的地方裁审意见都认为，规章制度虽未经过《劳动合同法》第 4 条规定的民主程序，只要内容不违反法律、行政法规及政策规定，且不存在明显不合理的情形，并已向劳动者公示或者告知的，就可以作为处理劳动争议的依据。[5]在司法实践中，大量的裁判表明民主程序并非用人单位规章制度生效的必备要件，用人单位规章制度的制定、修改没有经过民主程序，仅

---

〔1〕　参见朱军："《劳动合同法》第 4 条'平等协商确定'的再解读——基于劳动规章制度的中德比较"，载《华东政法大学学报》2017 年第 6 期。

〔2〕　信春鹰、阚珂主编：《中华人民共和国劳动合同法释义》，法律出版社 2013 年版，第 16 页。

〔3〕　对此，理论界较为一致的看法是，协商未达成一致时由用人单位在部分吸收工会或职工代表意见的基础上确定劳动规章制度，不宜理解为劳资共决，参见王全兴：《劳动合同法条文精解》，中国法制出版社 2007 年版，第 37 页；沈同仙："试论程序瑕疵用人单位规章制度的效力判定"，载《政治与法律》2012 年第 12 期。

〔4〕　参见朱军："论我国劳动规章制度的法律性质——'性质二分说'的提出与证成"，载《清华法学》2017 年第 3 期。

〔5〕　参见《广东省高级人民法院、广东省劳动争议仲裁委员会关于适用〈劳动争议调解仲裁法〉、〈劳动合同法〉若干问题的指导意见》（2008 年）；《湖南省高级人民法院关于审理劳动争议案件若干问题的指导意见》（2009 年）；《江苏省高级人民法院、省劳动争议仲裁委员会关于印发〈关于审理劳动争议案件的指导意见〉的通知》（2009 年）；《浙江省高级人民法院民一庭关于审理劳动争议案件若干问题的意见》（2009 年）；《河北省高级人民法院关于我省劳动争议案件若干疑难问题处理的参考意见》（2009 年）。

属于程序瑕疵，并不影响其效力。[1]在规章制度的决策机制和民主程序两个层面上，难以通过法定机制落实对信息处理同意与否的集体合意，换言之，即使劳动者不同意，雇主也可以制定"规章制度"来处理劳动者个人信息，不同意甚至可能成为规章制度中的受惩戒事由。对集体合意如此扩张性的规定，显然劳动者个人信息保护与雇主管理权之间的天平向后者过分倾斜，如不加限制，不排除未来雇主对劳动者个人信息滥用的危险。有理由认为，《个人信息保护法》第13条在劳动规章制度前强调"依法制定"，立法者意图是希望通过程序控制保障劳动者在信息处理事项上的参与权，以平衡劳资双方利益。

（三）劳动者同意适用的差异性制度安排

劳动关系从属性导致雇员意思表示不自由，从而影响了同意在法律上的有效性，动摇了同意作为合法性来源的根基。这是否意味着劳动者同意完全不能作为信息处理的合法性基础呢？在法律逻辑上，既然同意的非自治性影响了法律效力，还原同意的完全自治性即可解决这一软肋。需探讨的是，在何种情形下能够将劳动者之同意视为真实意愿。在对劳动者同意特殊性未见丰富学理与司法实践的背景下，考查具有差异性的立法与司法判例将为我们拓展制度资源。

1. "一般否定，例外允许"之综合性法律保护模式

欧盟第29条数据保护工作组着眼于GDPR对雇主的额外义务，重申了2001年《关于在就业背景下处理个人数据的第8/2001号意见》（WP48）和2002年《关于在工作场所电子通信监督的工作文件》（WP55）中对同意原则的观点：在处理雇员个人数据时，同意极不可能成为工作中数据处理的法律依据，除非雇员拥有真正的意思表示自由且可以随时撤回同意。[2]GDPR第88条通过开放性条款授权成员通过法律或集体协议规定更为具体的细则，以确保雇佣是对雇员的个人信息处理有关的权利和自由的保护。在此授权下，大部分欧盟国家的立法对于劳动者同意作为合法性来源，可概括为"一般否

---

〔1〕 参见上海市第二中级人民法院（2019）沪02民终8004号民事判决书；广东省广州市中级人民法院（2019）粤01民终21237号民事判决书等。

〔2〕 Article 29 Data Protection Working Party, "Opinion 2/2017 on data processing at work", https://ec. europa. eu/newsroom/article29/items/610169 (Last visited on July 14, 2021).

定，例外允许"模式，其中又以德国法最为典型。

德国法上雇员个人信息保护是以宪法上个人信息受保护权为基点的综合性法律保护模式，[1]既包括了传统侵权法上的民事保护，也充分考虑了雇佣关系的特别属性，同时还包括了对于违反相关信息权利给予行政处罚的行政法框架。德国法上认为只有在某些特殊情形下，雇员同意方可视为自愿同意而成为合法性基础。BDSG 第 26 条第 2 款特别注明包括：（1）雇员能够获得法律或经济上的利益，或雇员与雇主追求相同的利益。德国劳动法院判例肯定了包括雇主为雇员办理某项附加的商业保险或者提供旅行出游的机会等，应视为符合该种情形。[2]在这种情形下，雇员被假设为经济学上的理性人，在纯获利益情境下同意被认为是符合逻辑而不受雇主压力而作出的行为。（2）同意的主体为集体协议或工厂协议的当事人而非单个劳动者。

在以上特殊情形之外，德国数据保护学界以及劳动法领域过往通说认为，由于雇员的同意具有令人争议的脆弱性质，成为雇主数据处理的合法性基础几乎不具有可能性。[3]2015 年德国联邦劳动法院判例表明，即使存在从属性的劳动关系或雇主具有指示权的事实，也不能排除雇员同意的自愿性。[4]该判例在相当大程度上颠覆了德国数据保护机关以及许多专家在该问题上过往的观点，于例外性情形下展现一定程度的灵活性，给予雇主在一定条件下以同意为数据处理行为作合法性辩护的空间。不过，考虑到事后被劳动法院推翻的可能性较大，实践中德国企业很少使用劳动者同意作为合法性来源。

2. "一般允许，例外否定"之侵权法保护模式

注重实用主义的美国法对雇佣关系中对数据处理的同意并无原则限制，其呈现的是与欧盟法或德国法对比强烈的格局，虽然美国法采取了"大隐私"

---

〔1〕　参见王锡锌、彭錞："个人信息保护法律体系的宪法基础"，载《清华法学》2021 年第 3 期。

〔2〕　Vgl. Däubler, *Gläserne Belegschaft*, Bund Verlag 9. Aufl., 2021, S. 183 f.

〔3〕　Vgl. Hans-Peter Kloes, Digitalisierung und Arbeit aus arbeitsmarktoekonomiescher Sicht, *RdA* 2019 Heft 2, S. 91 f.

〔4〕　在该案中，雇员离职后要求雇主删除其在职期间为雇主拍摄的广告片视频，德国联邦劳动法院法官在判决中明确指出，无论是雇佣关系的从属性还是雇主存在指示权的事实，都不能说明雇员当时同意存在非自愿性。Vgl. BAG, Urteil vom 19. 02. 2015-8 AZR 1011/13.

的概念，将"信息隐私"（information privacy）也视为隐私保护的一种，但实际上美国的信息隐私与传统的侵权隐私具有结构性的差异。[1]美国法将个人信息权利保护的范围限定在具有持续性不平等信息关系的主体之间，主要包括对儿童、患者的数据权利的保护，排除政府执法中的个人信息收集与处理等，其采取的是"补充已有法律（主要是隐私权保护法律）+行业自律"的模式。[2]对于雇员个人信息保护，美国法以隐私权的侵权法保护为基本模式，[3]这就意味着对于雇员个人信息的保护，并未纳入所谓"信息隐私"的保护视野。除了为保护宪法平等价值而出台的信息隐私保护法的特殊规定外，基本遵从的是传统侵权法框架，从而呈现出迥然相反的"一般允许，例外否定"格局。雇员同意通常构成雇主信息处理的充分理由，[4]而构成故意侵权的绝对抗辩，[5]也被学者称为"有同意，无侵权"[6]。

美国法中知情同意作为雇主侵权的合法性抗辩受到以下三重限制：一是以反歧视为目的而制定的信息隐私保护法律群。该重限制来自根植于宪法的平等价值。1964年《美国民权法案》第7章，禁止雇主基于种族、肤色、宗教、性别或者族裔的歧视性行为，[7]禁止侵犯隐私之目的并非为保护人格权，而是因侵害往往成为非法歧视的工具。[8]为了防止因侵害造成的歧视，美国在联邦层面有多部特别法对容易遭受歧视人群的个人信息进行特别保护。[9]

---

〔1〕 参见丁晓东："个人信息权利的反思与重塑——论个人信息保护的适用前提与法益基础"，载《中外法学》2020年第2期。

〔2〕 参见张新宝："从隐私到个人信息：利益再衡量的理论与制度安排"，载《中国法学》2015年第3期。

〔3〕 Restatement of Employment Law § 7.06 cmt. h (2015).

〔4〕 Restatement of Employment Law § 7.05 (b) cmt. d (2015).

〔5〕 Restatement Second, Torts § 892 A (1).

〔6〕 Steven L. Willborn, Notice, Consent, and Nonconsent: Employee Privacy in the Restatement, *Cornell Law Review*, Vol. 100: 6, p. 1423-1452 (2015).

〔7〕 Pub. L. No. 88-352, § 703, 78 Stat. 241, 255-57 (1964) (codified at 42 U. S. C. § 2000e-2 (2012).

〔8〕 Ifeoma Ajunwa, Kate Crawford & Jason Schultz, Limitless Worker Surveillance, *California Law Review*, Vol. 105: 3, p. 735-776 (2017).

〔9〕 主要包括《残疾人法》（ADA 1990），《反雇佣年龄歧视法》（ADEA 1967），《反雇佣歧视法》（ENDA 2014），《反怀孕歧视法》（PDA 1964），《基因信息反歧视法》（GINA 2008）以及《健康保险可携带性与责任法》（HIPAA 2015）等联邦法。

在以上法律保护范围内，雇主不能以雇员同意为侵害雇员的信息隐私而抗辩。二是结合雇佣关系的特殊性而对同意有效性作出判断。[1]2015年《美国雇员法重述》明确指出，在就业环境中，作为获得或保留就业的条件而取得雇员同意，不是对雇主侵犯隐私的有效同意，不能作为非法入侵的抗辩。三是美国法上对于隐私利益（privacy interest）的特殊侵权保护。根据雇主的合法商业利益或公众利益判断，雇主对雇员隐私利益的入侵的性质、方式和范围明显不合理，特别是"对一个理性人（a reasonable person）来说是非常无礼的"，则应当认定该行为具有高度冒犯性（highly offensive），[2]换言之，对于高度侵犯隐私利益的判断应采理性人标准，辅之以对行为的综合判断作为评判标准，不接受以同意作为有效抗辩理由。

3. 两种模式制度安排对我国的启示

对劳动者同意是否作为合法性来源的差异性制度安排体现了法律目标的不同（见表5-1）。"一般否定，例外允许"的模式在保护劳动者个人信息安全方面的优势是显而易见的，但对同意适用进行了严格限定，不利于雇主对劳动者信息的利用。欧盟历经前数据、小数据到大数据时代，立法者价值取向从注重保障个人信息自决权到兼顾信息自由流动，也有朝促进信息流动方向的松动。GDPR的立法者曾认为，在具有强烈从属性的雇佣关系下，雇员同意的意思表示往往非基于自愿作出，因而明确规定雇员同意作为合法性基础存在障碍，但这一内容在最终稿中被删除，[3]充分说明立法者并不打算构建统一的雇主信息处理基本自由度，而是转交各国立法者处理。然而，对雇员信息处理自由度的差别不仅受个人信息保护法的价值影响，同时深受本国劳动法功能的限制。在欧盟法给德国法留存的空间内，德国传统的法团主义社会结构在劳动法上为雇员严格的个人信息保护赢得博弈空间。

美国的"公平信息隐私实践"其实质为利用数据而尊重个人利益的治理方式，对待新兴技术更为谦抑，正如肯尼迪大法官所说"在思考新兴技术在

〔1〕　Steven L. Willborn, *supra* note 63, 1423.

〔2〕　Restatement of Employment Law § 7. 06（a）（b）（2015）.

〔3〕　Proposal for a General Data Protection Regulation（2012/0011 COD），11 June 2015, 9565/15.

社会中的作用尚未明确之前，请谨慎行事"。[1]"一般允许，例外否定"有利于信息利用，但在个人信息保护方面表现欠佳，甚至有学者认为美国职场的隐私权逐渐成为"任意的合同附则"，受制于雇主的自由裁量。[2]其背后的原因之一在于，个人信息保护的新兴领域缺乏雇员利益保护的社会结构支持。工会组织率的衰退使得雇员难以对雇主过度使用信息提出有效反对，特别是技术选择与生产力管理常被视为雇佣合同中的管理权，雇员更难就此提出有效质疑。[3]学者伊安·曼诺卡的最新研究说明盎格鲁—撒克逊的自由资本主义传统下，工会能力的缺乏是法律对雇员信息权保护不足的重要因素。[4]

表 5-1　两种模式下劳动者个人信息保护之比较

| 比较事项<br>制度安排 | 一般否定，例外允许 | 一般允许，例外否定 |
|---|---|---|
| 同意的效力 | 仅在特定的情形下作为合法性来源 | 可作为侵权的抗辩事由 |
| 可处理信息范围 | 基本限于"雇佣目的"范围内，除非集体协议（包括工厂协议）约定或劳动者纯获利益 | 可通过同意突破"雇佣目的"限制 |
| 不可处理信息范围 | 超越"雇佣目的"的信息一般被禁止处理 | 除法律禁止处理的个人信息，其余信息均可处理 |
| 审查要素 | 1. 审查是否符合"雇佣目的"的必要性<br>2. 以同意为合法性来源时严格审查同意的有效性 | 1. 审查同意的有效性，但标准把握较前者宽松<br>2. 审查是否对隐私利益具有"高度冒犯性" |
| 利益倾向 | 个人信息保护 | 信息利用与开发 |

---

〔1〕　City of Ontario *v.* Quon, 560 U. S. 746, 759（2010）.

〔2〕　Marta Otto, The Right to Privacy in Employment: A Comparative Analysis, *Hart Publishing*, 2016, p. 63-64.

〔3〕　U. S. Congress, Office of Technology Assessment, The Electronic Supervisor: New Technology, *New Tensions*, OTA-CIT-333（Washington, DC: U. S. Government Printing Office, September 1987）.

〔4〕　Manokha Ivan, The Implications of Digital Employee Monitoring and People Analytics for Power Relations in the Workplace, *Surveillance & Society*, Vol. 18: 4, p. 540-554（2020）.

我国《个人信息保护法》的基本目标在于平衡个人信息保护与信息流动、信息利用。劳动者作为持续性债之关系的一方主体，其人身属性处于比消费者更为弱势的地位，个人信息保护应更为精细地平衡信息主体保护与信息利用。如若仅将雇主处理信息的范围限定在"订立和履行合同所必需"，不但限制了劳动者同意成为合法性来源的可能，而且将阻碍信息利用与开发。雇主通过收集和处理劳动者的个人信息，结合算法创新更高效率的管理模式，正是数字时代改变商业模式和生产方式的基本途径，雇主的信息利用有可能带来巨大的生产与社会价值，不能因偏重保护劳动者个人信息而忽视劳动关系下信息利用的潜力。于我国立法而言，在保障劳动者真实意愿的基础上允许雇主利用信息，更符合个人信息保护法的"利用与保护"兼顾的目标。[1]《个人信息保护法》第 13 条主张以合同订立履行必需以及劳动者的集体合意——劳动规章制度与集体合同为劳动者同意的替代性来源，扩张信息处理的合法性基础，极大地扩大了雇主处理劳动者个人信息合法性的来源，以雇主在企业层面单方决定的规章制度来取代逐个征得劳动者同意，更方便雇主批量处理劳动者个人信息，充分实现了信息利用这一立法目的。

在实现信息利用之虞，也不可忽视《个人信息保护法》立法目的中排序为首的"保护个人信息权益"之价值。对于执法者及司法者而言，应充分认识到劳动者同意的特殊性，通过制定实施细则或司法解释的方式，[2]遵循体系性限制的基本方法，对劳动者同意的有效性（见表 5-2）和雇主信息处理的正当性、必要性加大审查力度。从这一前提出发，对劳动者同意与集体合意的《个人信息保护法》第 13 条适用的合法性进行一定限制，是实现利益平衡，优化立法效果的必由之路。

---

〔1〕　参见周汉华："探索激励相容的个人数据治理之道——中国个人信息保护法的立法方向"，载《法学研究》2018 年第 2 期。

〔2〕　例如，最高人民法院于 2021 年 7 月 27 日公布《关于审理使用人脸识别技术处理个人信息相关民事案件适用法律若干问题的规定》，以专门法律文件对人脸识别应用进行规制。对于劳动者个人信息保护，采取这种方式对雇主的信息处理行为予以规范也是一种有效的保护路径。

表 5-2　不同合法性来源下同意的性质及审查要点

| 合法性来源 | | 同意之性质 | 合法性审查之重点 |
|---|---|---|---|
| 超越雇佣目的的劳动者同意 | | 个人的明示同意 | 同意的形式与自治性 |
| 同意的替代性来源 | 订立或履行合同之必需 | 个人的默示同意 | 与订立或履行合同的相关性 |
| | 规章制度 | 集体合意 | 重点审查规章制度是否具备民主程序，劳动者是否充分行使了参与权 |
| | 集体合同 | | 重点审查集体合同依法签订的各要素 |

特别需要说明的是，对于超越雇佣目的劳动者同意的有效性，主要审查同意的形式与自治性。形式审查的内容包含两个方面，其一，是否满足"告知—同意"规则的要求；其二，收集敏感信息是否采取了单独同意或书面同意。这种形式审查与消费者的相应保护并无实质区别。更为关键的是，基于劳动关系的特殊性，对劳动者同意的自治性审查需要考虑多重因素，例如雇主是否存在强迫同意的内部惩戒规定，是否有运用管理权胁迫的意思表示，以及劳动者是否因拒绝同意而受到惩戒等，都应当纳入审查范围。而对于以规章制度作为合法性来源，在我国规章制度的决策机制为单决制的背景下，应加强对规章制度制定的民主程序之审查，确保劳动者在个人信息处理事项上享有参与权，以弥补集体合意的缺陷。

## 三、劳动者个人信息处理的正当、必要原则及其适用

"合法、正当、必要"三原则作为个人信息处理的基本原则，在我国《民法典》和个人信息立法发展中逐渐明晰。《民法典》及以往三次审议稿草案中，立法者对于个人信息处理行为从草案伊始就坚持"合法、正当、必要"三原则并在最终《民法典》第 1035 条中呈现，虽然《民法典》增加了"不得过度处理"的规定，但实质仍是必要原则的要求。[1]可见，处理信息时正当、必要原

---

〔1〕　不得过度处理个人信息本是必要原则的应有之义，亦有学者总结为最小够用原则。参见黄薇主编：《中华人民共和国民法典人格权编解读》，中国法制出版社 2020 年版，第 218 页。

则与合法原则应当结合适用，合法原则应受到另外两个原则的约束，[1]合法原则属于"形式合法性"范畴，而正当、必要原则在于"实质合法性"范畴。[2]

（一）正当、必要原则对劳动者同意适用限制的内涵

劳动关系下同意的适用限制以何种形式展开，又应安排到何种程度，无不受立法者之价值引导。在大数据时代，雇主作为信息控制者，无疑希望最大限度地利用信息这一生产要素，预测劳动者的行动或需求，实现精准高效的智能管理。然而，"收集和整理个人信息都是获取权力的方式，通常以信息主体为代价"[3]，特别是当劳动者处于比消费者更加不利的弱势地位时，劳动者个人信息之保护又是立法意图平衡的重要利益。加之劳动关系场景的特殊性，合法与正当、必要原则之间的关系更为复杂与细微，当信息处理行为合法性来源分别为劳动者明示同意和其他替代性来源，正当、必要对其的限制在具体规范解释路径上应有区别。

1. 正当与必要中的"目的限制"

正当与必要的内涵都包含"目的限制"。由于"目的限制"直接决定着正当与必要的判断，因此有学者认为其是个人信息保护法上的"帝王条款"。[4]在我国个人信息保护立法中，"目的限制"受原则体系中居于基本原则地位的"合法、正当与必要"的指引，作为具体原则而存在。GDPR 的原则体系也作出相似安排，"目的限制"与"数据最小化"原则规定了行为仅限于"特定的、明确的、合法的目的"，即使基于前述目的，也必须符合充分性和相关性等限制要求，以实现数据最小化的目标。[5]信息处理的正当原则包括目的正当与手段正当两个方面，目的正当是指个人信息的收集、使用应当是其开展业务所需要的，不得超出其业务能力范围开展信息收集活动，手段正当是指信息处理者处理相关信息要符合诚信原则，同时尽量满足公开透明

---

〔1〕　参见张新宝："个人信息收集：告知同意原则适用的限制"，载《比较法研究》2019 年第 6 期。

〔2〕　参见刘权："论个人信息处理的合法、正当、必要原则"，载《法学家》2021 年第 5 期。

〔3〕　A. Michael Froomkin, "The Death of Privacy", *Stanford Law Review*, Vol. 52 （5）, p. 1461 （2000）.

〔4〕　参见李惠宗："个人资料保护法上的帝王条款——目的拘束原则"，载《法令月刊》2013 年第 1 期。

〔5〕　参见京东法律研究院：《欧盟数据宪章——〈一般数据保护条例〉GDPR 评述及实务指引》，法律出版社 2018 年版，第 46-47 页。

的要求，以便当事人能够充分了解情况，自主行使自己的权利。[1]必要原则是指处理个人信息应当有特定目的，并且应当依据该特定的、明确的目的进行，通常不得超出目的范围处理个人信息，与实现所涉目的无关的个人信息不得处理。此外，必要原则还包括即使按照特定目的处理个人信息，也应当按照对信息主体影响最小的方式进行，应当在必要的限度内进行。[2]正当、必要原则在具体适用时无不受到"目的限制"的约束。甚至有学者认为，劳动关系场景下隐私保护的合理性来自对"合理目的"的解读而非同意。[3]

（1）目的限制要求。

目的限制原则在信息处理的收集和使用阶段都有所体现。其基本要求是信息控制主体应有特定的、正当的目的，并且明确地告知信息主体。《个人信息保护法》第6条规定"处理个人信息应当具有明确、合理的目的"。GDPR对目的明确规定了"特定""明确""合法"标准。

对于雇主而言，目的限制主要有以下三方面的要求。

第一，目的正当。当信息处理的合法性来源为"订立或履行劳动合同之必需"时，其正当性相对较为充分，主要结合比例原则考量正当性、必要性；若信息处理的合法性基础仅为劳动者同意时，该目的必须不违反强制性规定，且在社会惯例和人们认识中具有合理性；[4]当信息处理的合法性来源为集体合意时，其正当性为《个人信息保护法》第13条规定的以"人力资源管理"为目的之"必需"。由于"人力资源管理"仅仅是雇主管理权行使范围的大致表述，缺乏明确的法律定义，难以清晰界定法律概念的外延和内涵，宜在正当性、必要性的审查中进行具体探讨，对其审查应根据来源不同而有所差别。"依法签订的集体合同"合法性基础较为坚实，目的正当性审查可相对缓和，"依法制定的劳动规章制度"中集体合意之自治性较弱，对"人力资源管理"的范围限制应更严格，举例而言，雇主规章制度中要求劳动者上交个人

---

〔1〕 参见最高人民法院民法典贯彻实施工作领导小组主编：《中华人民共和国民法典人格权编理解与适用》，人民法院出版社2020年版，第374页。

〔2〕 参见黄薇主编：《中华人民共和国民法典人格权编解读》，中国法制出版社2020年版，第218页。

〔3〕 Lisa M. Austin, "Is Consent the Foundation of Fair Information Practices? Canada's Experience under Pipeda", *The University of Toronto Law Journal*, Vol. 56 (2), p. 206 (2006).

〔4〕 参见李惠宗："个人资料保护法上的帝王条款——目的拘束原则"，载《法令月刊》2013年第1期。

社交媒体账户（如微信）中的转账信息，以审查职务行为的廉洁性，就应认定为目的不正当。

第二，目的特定。特定包括时间上的特定，即最迟在收集信息时确定，内容上亦必须特定，即详细到足够确定何种个人信息处理行为在此目的下会被运行或不被运行，并且这种标准不违反法律规定，也不会造成信息处于不安全状态。雇主不得以"人力资源管理"这一笼统目的而处理劳动者信息。

第三，目的明确。雇主在履行告知义务时，应清晰易懂并披露足够多的细节，使得劳动关系双方能对约定目的产生一致的认识和个人信息可能使用范围的预期。[1]就劳动关系下的信息处理行为而言，对于目的明确的告知义务要求，不因合法性来源是劳动者同意或是其他替代性来源而不同，即使是因订立或履行劳动合同目的而处理信息，同样要履行告知义务。

（2）使用限制与相容性判断。

目的明确要求的做法，更有利于保障信息主体的基本权利和信息自主，然而在信息技术发展日新月异的背景下，若完全遵循告知的使用目的，信息利用将失去弹性而导致效率低下。欧盟在"目的限制"原则中，根据"相容性"进行测试，禁止基于初始目的之外的滥用，能够起到平衡信息保护与信息利用的作用。[2]据"目的限制"原则对于雇主在使用阶段的限制，基本要求是使用个人信息时的目的，不得与约定目的相违背，除非符合相容性判断，原则上禁止雇主基于初始目的以外的其他目的处理信息。对于相容性的判断，欧盟原第29条数据保护工作组提供了可资借鉴的判断标准。[3]主要包括：第一，信息收集目的及进一步处理目的之间的关系，目的之间的关系越远，相容性就越可能发生问题。例如雇主收集劳动者的健康信息用于准入目的，之

---

〔1〕　参见梁泽宇："个人信息保护中目的限制原则的解释与适用"，载《比较法研究》2018年第5期。

〔2〕　A comprehensive approach on personal data protection in the European Union, "Communication from the Commission to the European Parliament, the Council, the Economic and Social Committee and the Committee of the Regions", *COM* (2010) 609 *final*, https://eur-lex. europa. eu/LexUriServ/LexUriServ. do? uri = COM: 2010: 0609: FIN: EN: PDF (Last visited on July 14, 2021).

〔3〕　Article 29 Data Protection Working Party, "Opinion 3/2013 on purpose limitation", https://ec. europa. eu/justice/article-29/documentation/opinion-recommendation/files/2013/wp203_ en. pdf (Last visited on June 9, 2021).

后却将健康信息纳入绩效评估之目的。第二，信息收集的背景及信息当事人对信息进一步使用的预期，越超出预期越有可能视为不相容。如果雇主对劳动者信息的进一步处理以同意为合法性来源，则应当重点评估同意的有效性，如劳动者同意在多大程度上自由提供，以及雇主告知的精确性。如果劳动者同意的自由度有欠缺，或者雇主告知不够明确，甚至是一揽子授权，则相容性评估需要更为严格，例如以规章制度为合法性来源的信息处理行为，常在集体合意方面有缺陷，应特别重视相容性审查。第三，信息的性质及进一步处理对信息当事人的影响。信息敏感度越高，相容使用的范围就越窄。例如雇主收集劳动者的人脸识别信息目的是身份认证且经告知同意，但随后将劳动者人脸识别信息用于管理监控中的行为控制，基于人脸识别信息的高敏感度，对此信息的使用应认为是不符合"目的限制"的。第四，雇主是否采取了确保公平处理及防止对劳动者产生任何不适当影响的保护措施。如果雇主收集劳动者信息却没有任何措施保障劳动者因这种信息受到歧视，则更难以通过相容性测试。

2. 比例原则

比例原则发源于行政法，但已开始摆脱行政法之藩篱，影响民商法、刑法和诉讼法等所有其他部门法，具有发展成为整个法律帝国之基本原则的趋势。[1]传统的"三阶"比例原则可分为适当性原则、必要性原则与狭义比例原则三个子原则，狭义比例原则被誉为比例原则的"心脏"，代表在目的与手段之间进行利益衡量的精髓。[2]在欧盟数据保护法中，比例原则的适当性原则、必要性原则与狭义比例原则已经被其原则体系充分吸收，[3]2001 年第 29条工作组发布《雇佣背景下的个人信息处理意见》中将"比例原则"和"目

---

〔1〕 参见蒋红珍："比例原则适用的范式转型"，载《中国社会科学》2021 年第 4 期。

〔2〕 Jeremy Kirk, "Constitutional Guarantees, Characterisation and the Concept of Proportionality", *Melbourne University Law Review*, Vol. 21 (1), pp. 1-64 (1997).

〔3〕 GDPR 将"合法、公平和透明度"作为最原则化要求，贯穿于数据处理始终，"目的限制"与"数据最小化"原则规定了行为仅限于"特定的、明确的、合法的目的""精确性""存储限制""完整性与保密性"以及"权责一致"等原则可以解读为三项基本原则在处理质量、存储以及保密事项上的具体原则。参见京东法律研究院：《欧盟数据宪章——〈一般数据保护条例〉GDPR 评述及实务指引》，法律出版社 2018 年版，第 46-47 页。

的限制"作为雇员信息处理时应当遵循的基本原则，[1]但 GDPR 第 5 条 b 款保留了"目的限制"作为信息处理的具体原则，同时第 5 条 c 款所列的"数据最小化"原则实际上囊括了比例原则的主旨，即在衡量信息利用与保护、在必要的限度内处理信息。在我国，《民法典》与个人信息保护法体系中对信息处理规定的"合法、正当、必要"的三原则及其具体规定也已吸收了比例原则的核心内容。"目的限制"原则就已经涵盖了比例原则中适当性及必要性的主要部分。因此，在雇主处理劳动者信息时，更迫切的不是在立法中明确比例原则的重要地位，而是在司法者或信息监管者对雇主处理劳动者信息正当、必要性的审查中，将狭义比例原则贯彻到具体的审查体系中，判定雇主是否存在信息处理的正当利益。[2]

德国 BDSG 第 26 条第 1 款明确规定在雇佣关系中数据处理的基础是雇佣相关目的的"必要性"（Erforderlichkeit），该必要性的表述应结合雇佣关系目的从正当性与必要性两方面来理解，在个案中根据劳动关系的目的予以利益衡量。[3]雇主为履行雇佣合同而具有"必要性"的信息处理不需要征得雇员的同意，但是对于什么是"必要性"应依据比例原则，充分考虑雇主利益与雇员的个人数据保护之间的平衡。[4]加拿大联邦法院推荐的"合理目的测试"四问，对于判断超越雇佣目的的信息处理行为的正当性、必要性树立了可资借鉴的比例原则适用标准："第一，信息处理对满足特定需求是否切实必要；第二，此种信息处理能否有效满足特定需要；第三，敏感信息、私密信息的损害与信息主体所获利益是否成正比；第四，有无更少侵犯利益的方式

---

〔1〕　Article 29 Working Party, "Opinion 8/2001 on the Processing of Personal Data in the Employment Context", https://ec. europa. eu/justice/article-29/documentation/opinion-recommendation/files/2001/wp48_en. pdf (Last visited on June 9, 2021).

〔2〕　参见谢增毅："劳动者个人信息保护的法律价值、基本原则及立法路径"，载《比较法研究》2021 年第 3 期。

〔3〕　Franzen, in ErfK, Verlag C. H. Beck, 19. Aufl. (2019), BDSG § 26 Rn. 9.

〔4〕　在德国联邦法院 2017 年 4 月 25 日作出的一则著名的判决中，HUK Coburg 保险公司以"优化控制"为名与企业委员会签订工厂协议，依据该协议对每个雇员的工作流程进行监控与分析，凡是低于平均值的雇员需要对公司进行解释，德国联邦法院认为，"该工厂协议通过技术监控记录、存储和评估雇员在工作时间内基于量化标准的基本工作行为，这是对人格权的严重侵害。这种侵害不是雇主合法利益可覆盖的范围"。BAG, 25. 04. 2017, 1 ABR 46/15.

能够达到同种目的。"[1]

在劳动者个人信息处理行为的正当性、必要性判断中，比例原则的适用应充分考虑到劳动者与雇主之间的人身依附性，对于可能导致雇员人格权被严重侵犯的信息处理行为，无论将该行为认定为侵害民法典的具体人格权还是一般人格权，在法律评价上均属严重违法行为，故而不再适用比例原则进行利益衡量。正如德国著名劳动法学者多伊普勒所言，在利益衡量时，应坚守的红线为"只有在人格领域没有发生严重侵入的前提下，才有比例原则的适用"。[2]如果对于雇员人格领域有不成比例的侵入，如对雇员上厕所时间的持续监控，则该信息处理的行为是不合法的。例如，德国柏林劳动法院的一则判例中禁止雇主要求司机每三分钟在信息软件上打卡一次，法官认为这种信息搜集构成对雇员人格权的严重侵害因而违法。[3]

（二）劳动者同意的"合法、正当、必要"原则的审查

1. 合法性来源不同对于"合法、正当、必要"原则审查的影响

雇主处理信息的合法性来源不同，对于"合法、正当、必要"三原则的解释要点也有不同，才能在保障雇员信息自由、雇主知情权以及信息利用三者之间实现利益平衡。《个人信息保护法》加重了信息处理主体的告知义务，并明确了敏感信息同意的书面同意形式，为劳动者信息保护与雇主行为约束提供了保障。但在劳动关系下，双方因订立或履行劳动合同形成"默示同意"，或者因集体合意而实现了劳动者个人信息的批量处理，再强制性要求企业收集劳动者敏感信息采明示同意易增加巨额成本，因此有结合劳动法进一步解释之必要。一方面，符合订立和履行劳动合同所必需是一种客观目的，而非主观目的，是否符合订立或履行劳动合同之必要的识别则特别关键。过度关注雇主管理权而忽视雇员利益，借助雇佣合同、企业规章制度等形式，但凌驾于雇员信息利益与隐私权之上的信息处理行为不应被认为"订立或履行合同所必需"。另一方面，即使超越劳动合同目的收集劳动者信息，为保证

---

〔1〕 Lisa M. Austin, "Is Consent the Foundation of Fair Information Practices? Canada's Experience under Pipeda", *The University of Toronto Law Journal*, Vol. 56（2）, p. 214（2006）.

〔2〕 Däubler, Gläserne Belegschaft, *Bund Verlag*, 9. Aufl. , 2021, S. 178f.

〔3〕 ArbG Berlin, 10. 8. 2017-41 Ca 12115/16-ZD 2018, 498.

信息利用，如能判明同意的真实性也应获得合法性，但是对于该行为的正当性、必要性审查应有严格的标准。规章制度的制定因法定决策机制难以实现劳资共决，因而除在自治性上关注民主程序这一要件外，更应通过正当性、必要性的实质审查，把握劳动者个人信息权益之保障。

2. "合法、正当、必要"三原则的重点审查要素

劳动者个人信息处理行为的合法性来源多元，且存在相互转化的可能，故对"合法、正当、必要"的审查，应分阶段展开。第一阶段主要审查合法性。不同合法性来源中的合法性审查重点有别，特别需要关注"订立/履行合同所必需"之合法性不能成立时，如向"劳动者同意"转化，其审查重点发生相应变化。第二阶段对正当性、必要性的审查主要通过"目的限制"与"比例原则"的规范解释要点展开。

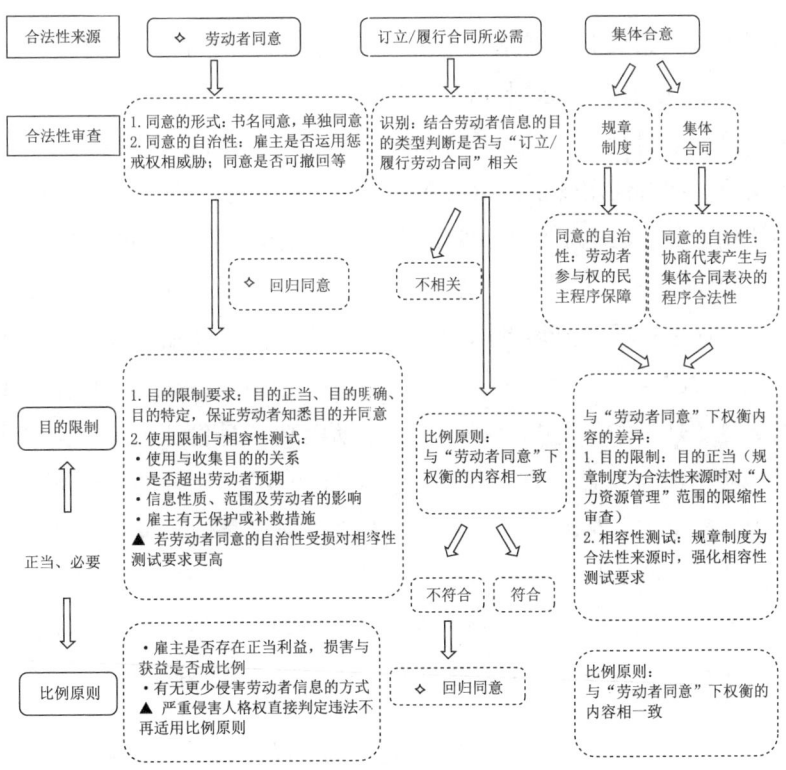

**图5-1　劳动关系下"合法、正当、必要"的重点审查要素**

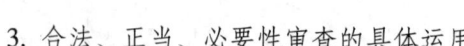
3. 合法、正当、必要性审查的具体运用

从司法实务来看，劳动争议案件中对于劳动者个人信息处理原则应当加强体系性适用。如某案中某公司安排员工至长沙市出差，工作及住宿地均在公司长沙办事处，为居民区一室一厅及厨卫仓库，客厅安装摄像头正对大门24小时运行，该员工认为其隐私权被侵犯。法官则认为公司在客厅安装摄像头，可对工作区域进行监督，也可避免货物缺损的情况发生，存在必要性。[1] 法官未就该信息的目的类型进行归类以识别该信息收集行为是否符合"订立或履行劳动合同所必需"，就该信息处理的范围，亦没有就雇员个人信息及隐私权受侵害与信息收集行为的获益运用比例原则进行利益衡量，仅强调信息处理行为具有管理上的必要性。类似的案例还有劳动者打伞防止监控，法院认可雇主监控行为的判决，亦未体系性地审查雇主信息处理行为是否合法、正当及必要。[2]

就劳动者同意或是其他替代性事由作为合法性来源的信息处理行为的"合法、正当、必要"三原则审查，容易面临一些复杂的、模糊的情境。应结合个案在具体运用时进行场景化探讨。例如，同样是使用劳动者的人脸识别或虹膜信息，如果使用场景是雇主基于管理权对劳动者进行的一般考勤管理，纸质的签到以及普通电子打卡就应视为"订立或履行劳动合同所必需"，人脸识别或虹膜识别等信息处理行为在当下适用比例原则判断显然超越了合理范围。如允许雇主在征得劳动者同意基础上处理信息，须在保证同意自治性的前提下，经过图5-1中"合法、正当、必要"的体系性审查。但是，如果人脸识别满足的是工作环境中保密或者安全所需要的身份认证，如生物实验室等场景，就应视为"订立或履行劳动合同所必需"，仅需进行比例原则的考察。再如，雇主运用基因技术以及人工智能，对雇员健康信息根据基因进行潜在疾病分析或性格类型分析，处理超越"履行劳动合同之必要"，就应当重新启动图5-1中以"劳动者同意"为合法性来源的体系性审查，在合法性来源上需要雇员在自治基础上的真正同意，还需要结合该行为的正当性与必要

---

[1] 参见湖北省武汉市东西湖区人民法院（2019）鄂0112民初3653号民事判决书。

[2] 参见广东省深圳市中级人民法院（2020）粤03民终6076号民事判决书。

性进行考察，除进行"目的限制"的审查外，应特别运用比例原则对雇员人格尊严的损害程度与行为的必要性之间进行利益权衡，如基因信息处理行为过分侵害雇员人格尊严或人格自由，应判定为不符合正当性和必要性而违法，[1]雇主基于基因信息而对劳动者有歧视等行为，则应由反歧视法予以调整。

### 四、劳动者个人信息的劳动基准保护

#### （一）个人信息保护作为劳动基准的必要性

1. 数字化时代人权保护的挑战

劳动基准法最重要的功能在于保障劳动者的基本人权，传统的劳动基准主要涉及劳动者的生命安全、身体健康以及劳动者生存所依赖的劳动报酬待遇等。[2]然而，随着移动互联网、大数据、云计算、人工智能等科技迅猛发展，人类进入数字化时代，数据的产生呈现爆炸式增长，数据的处理速度和能力大幅提升、成本大幅下降，数据成为至关重要的资源，人们的社会行为和日常交往都在不断地数字化。人权形态正在经历着深刻的数字化重塑：一方面，人权保护面临着全新的威胁和侵蚀，无限制的、全面扩张的监控使得个人可能随时随地被监督和检视，黑箱算法不仅能预测还可控制个人的行为，导致各种歧视和不公；另一方面，新兴数据和信息权利正在理论和制度层面、国内和国际范围、私法和公法领域逐步获得确认和保护，大大丰富了生存权、发展权的时代内涵，开启了以"数字人权"为代表的"第四代人权"。[3]

具体到劳动关系中，人权保护同样面临着结构性的变化。应聘面试被问及婚育家庭情况、入职前安排体检、工作场所安装视频监控等现象仍然普遍存在，但是工作设备、工作过程和工作对象的日益数字化带来了新的风险，前述"智能手环监工"事件便是典型例证。可以说，数字化社会中个人信息保护和利用的矛盾冲突在劳动用工的场景下表现得更为明显，用人单位几乎

---

〔1〕　参见田野："雇员基因信息保护的私法进路"，载《法商研究》2021 年第 1 期。

〔2〕　参见《劳动与社会保障法学》编写组：《劳动与社会保障法学》，高等教育出版社 2017 年版，第 191 页。

〔3〕　参见马长山："智慧社会背景下的'第四代人权'及其保障"，载《中国法学》2019 年第 5 期。

每时每刻都在进行着对劳动者的个人信息处理，随之而来的是劳动关系中愈发多见的隐私侵犯、歧视对待、全面监控、行为操纵等现象。

然而，劳动者不是机器，需要尊重、信任和自由空间，不能允许用人单位用高科技给劳动者戴上"镣铐"，我国《宪法》第 38 条所规定的对公民人格尊严的保障需要在各种法律关系中得以落实。《个人信息保护法》第 1 条开篇明义地指出是"根据宪法，制定本法"，《民法典》最大的创新和亮点是人格权独立成编，加大了对隐私权和个人信息的保护力度，[1]第四期国家人权行动计划还专设了一节，强调要加强个人信息保护、完善有关法律制度。[2]所以，我们也不能停留在保障生存的层面上来理解劳动基准法，精神性的利益保护愈发重要，关乎人格尊严和自由发展的个人信息保护应成为劳动基准法的内容，否则就是自动放弃劳动法的发展空间。实际上，劳动基准法的内容在历史上也呈现出一个逐渐扩展的过程，[3]立法较早的日本、韩国的劳动基准法中没有涉及个人信息保护，英国的劳动基准法则包含了劳动者的个人信息保护制度，[4]波兰和匈牙利的劳动法典也在近期修订时增加了多个有关个人信息保护的条款。[5]

2. 对其他劳动基准实现的意义

用人单位掌握着大量的劳动者个人信息，可以运用先进的技术处理数据。在此基础上利用算法作出决策，除了可能导致就业歧视，[6]自动化决策还会影响到劳动者休息休假、劳动报酬、职业安全等各方面的劳动条件。曾经刷屏的《外卖骑手，困在系统里》报道中提到，某外卖平台使用的"实时智能配送系统"会将骑手的潜能和速度挖掘到最大限度，同一距离的外卖订单配送时间被不停地缩短，配送时间和准时率又和配送费挂钩，骑手们为了准时

---

〔1〕 参见王利明："民法典人格权编的亮点与创新"，载《中国法学》2020 年第 4 期。

〔2〕 参见常健："继往开来的第四期国家人权行动计划"，载《人民日报》2021 年 9 月 13 日，第 16 版。

〔3〕 参见王全兴：《劳动法》，法律出版社 2017 年版，第 67 页。

〔4〕 参见闫冬："英国劳动基准立法"，载《中国劳动》2012 年第 12 期。

〔5〕 参见谢增毅："劳动者个人信息保护的法律价值、基本原则及立法路径"，载《比较法研究》2021 年第 3 期。

〔6〕 就业歧视问题不是本书关注的焦点，就此另有学者研究，参见阎天："女性就业中的算法歧视：缘起、挑战与应对"，载《妇女研究论丛》2021 年第 5 期。

送达违反交通规则也在所不惜，从而导致事故频发。[1]工厂里也有类似场景，据报道某电子设备制造公司引入了智能员工管理系统，遍布车间的摄像头、车间门口的电子考勤系统和录入所有工人信息的 OA 系统分工合作，几乎替代了，甚至超越了原来车间主管的工作：摄像头负责监控所有工人的在岗情况和工作效率，系统会通过画面识别工人动作，用录像记录下每个人加工元件的时长并与规定时间比对；电子考勤系统把打卡程序细化到车间，工人离开岗位超过规定时间也会被提交到 OA 系统；OA 系统把摄像头录像和考勤记录归档，每月根据工人的工作量和缺勤情况进行绩效考核，缺勤和效率低下者会被扣工资，超额完成者则受到额外奖励；虽然公司允许员工对考核结果提出异议，但即使上级进行人工复核，一般还是采信 OA 系统的判断，比如某次工人去洗手间的时间超出规定 3 秒就被系统扣了工资，车间主管帮其申诉后，上级仍然维持了系统的决定。[2]

可见，如果任由用人单位使用智能系统对劳动者进行全方面监控，运用算法技术分析收集到的个人信息，再配合以相应的考核、奖惩来引导操控劳动者的行为，可能导致劳动者劳动强度不断增加、休息时间难以得到保证、劳动报酬受到影响等后果。劳动者不可能一直保持高效，人类监督下还有"喘息"机会，系统却看得一清二楚，算法还可能把这种状态作为标准，持续提出"优化"工作表现的要求。"提高工作效率""监督员工出勤"可以是用人单位处理劳动者个人信息的正当理由，但是将这种目标追求推向极致，会导致对于剩余价值的残酷压榨。长期来看，剥夺劳动者的自主空间对用人单位也未必是好事，因为异化为"工具"的劳动者是缺乏能动性和创造力的。此外，现实生活中纷繁复杂的因素并非都能转换成机器可读的数据和程序，系统是依据冰冷且一成不变的计算逻辑作出决策，而人类又是具备反思能力、拥有七情六欲的主体，其行为也不是完全可预测。[3]虽然自动化决策也可能

---

〔1〕 参见赖祐萱："外卖骑手，困在系统里"，载《人物》2020 年第 8 期。

〔2〕 参见刘畅："被算法'监控'的打工人"，载新浪网，https://finance.sina.com.cn/tech/2021-01-13/doc-ikftssan5519288.shtml，最后访问日期：2021 年 12 月 17 日。

〔3〕 参见［英］凯伦·杨、马丁·洛奇编：《驯服算法：数字歧视与算法规制》，林少伟、唐林垚译，上海人民出版社 2020 年版，第 28-30 页。

出现错误判断，算法却看上去客观又中立，用人单位更容易推卸责任，劳动者往往难以反驳、只能被动接受。无怪乎欧盟委员会在 2020 年 2 月 19 日公布的《人工智能白皮书》中强调，在招聘过程中或者在影响劳动者权利的情况下使用人工智能应用的，应该视为高风险活动，将来设计监管框架时有必要确定强制性法律要求。[1]严格监管的机制之一就是加强劳动者个人信息保护，因为从源头上看，劳动者的个人信息是用人单位进行算法管理的"原材料"，从结果上看，用人单位又是针对性地将算法运用在劳动者个体身上，所以规制用人单位对劳动者个人信息的处理，也是预防用人单位利用算法过度"压榨"劳动者的重要路径，关系到其他劳动基准的保障。

3. 私法、公法双重规制的必要

个人信息私法保护的作用不容忽视。[2]《民法典》第 1034 条及以下条款对个人信息保护的规定体现了立法者对个人信息私法保护的高度重视，劳动者作为自然人也享有《民法典》赋予的对其个人信息的相应民事权益。《个人信息保护法》更进一步在第四章赋予了个人在个人信息处理活动中的知情决定权、查阅复制权、更正补充权、删除权等权利，而且根据第 50 条，个人信息处理者拒绝个人行使权利的请求的，个人可以依法向人民法院提起诉讼。前述规定并未将劳动关系排除在适用范围之外，劳动者可以向用人单位主张这些权利，而将来明确这些规范属于劳动基准，重点在于强调它是保护性强行法，不能被当事人的意思所排除，构成保障劳动者权益的底线，[3]比如用人单位让劳动者签署承诺书放弃个人信息保护的相关权利，或者通过合同约定减轻或排除自己作为信息处理者的义务和责任等行为无效，但是在劳动合同或集体合同中可以作出更有利于劳动者的约定。[4]

---

〔1〕 European Commission, "White Paper on Artificial Intelligence-a European approach to excellence and trust", https://ec. europa. eu/info/sites/default/files/commission - white - paper - artificial - intelligence - feb2020_ en. pdf, ( last visited on 17 December 2021).

〔2〕 参见程啸："民法典编纂视野下的个人信息保护"，载《中国法学》2019 年第 4 期。

〔3〕 参见沈建峰："劳动基准法的范畴、规范结构与私法效力"，载《法学研究》2021 年第 2 期。

〔4〕 比如，虽然 GDPR 第 88 条规定，成员可以通过法律或通过集体协议制定特定规则以确保在雇佣语境下处理雇员个人数据时保护其权利和自由，但是集体协议或者企业协议的约定不能突破条例的底线，即只能在条例所赋予的个人信息保护上"做加法"。Vgl. Pauly in: Paal/ Pauly, Datenschutz-Grundverordnung Bundesdatenschutzgesetz, *Verlag C. H. Beck*, 3. Aufl. , 2021, DS-GVO Art. 88, Rn. 4.

　　然而，仅在私法上进行权益界定和保护不足以完全解决问题，尤其在主体地位不平等、持续时间长，又强调信赖合作的劳动关系中，还需要借助公法的保护机制，即设置国家的监督、强制和惩罚，才能提供更为充分、全面和有效的个人信息保护。[1]之所以在劳动关系中实现个人信息保护需要配备公权力保障，主要存在以下几方面的原因。

　　第一，实践中通过劳动者来主张《民法典》或《个人信息保护法》所赋予的权利可能性不大，尤其是在劳动关系的存续期间，劳动者缺乏主动维权的能力、精力和动力，却直接面临着不听从用人单位命令就会被处罚，甚至被解雇的风险，从而在侵害发生之时不敢反抗，事后维权又存在着举证困难、赔偿有限等种种障碍；相反行政监管可以在侵害发生之时就介入，甚至侵害发生之前就发挥警示预防等作用，执法效率也更高，这并非否定私法保护路径，只是它经常是在劳动关系没有成功建立或者劳动关系结束之后才发挥作用。第二，劳动合同的顺利履行有赖于双方之间的信赖与和平，充斥着提防和猜忌的工作氛围必然是有害的，借助公权力实现个人信息保护，有利于促进劳资双方的信任和合作；反之，劳动者提起仲裁或诉讼主张权利往往意味着和用人单位"撕破脸"，可能影响到劳动关系的稳定和谐，[2]比如，德国联邦议会曾经在2010年讨论过专门的《德国雇员个人信息保护法草案》，立法理由中就特地强调了该立法对于创设"充满信任的工作氛围"的重要意义。[3]第三，劳动关系具有很强的外部性，劳动关系中的个人信息处理经常是大规模、持续性发生，关涉到公共利益和秩序，应该配置公法效力；虽然目前我国劳动监察的力量较弱、资源缺乏，甚至有各种行政不作为的情形，却并非不可改变的状况，而且网信、公安、市场监督管理等部门也有监管职责，将来还可以设立专门、独立、权威的个人信息保护执法机构，[4]只要做好部门之间的权责划分和配合衔接，避免相互推诿即可。

---

〔1〕　参见王锡锌："个人信息国家保护义务及展开"，载《中国法学》2021年第1期。

〔2〕　就是否应该配备公权力保障需要考虑的因素，参见沈建峰："劳动基准法的范畴、规范结构与私法效力"，载《法学研究》2021年第2期。

〔3〕　Vgl. Deutscher Bundestag 17. Wahlperiode, Entwurf eines Gesetzes zur Regelung des Beschäftigtendatenschutzes, Drucksache 17/4230.

〔4〕　参见周汉华："个人信息保护的法律定位"，载《法商研究》2020年第3期。

## (二) 劳动基准法中保护个人信息的特殊安排

对于在劳动关系框架下保护个人信息没有什么特殊之处的事项，在劳动基准法中重复《个人信息保护法》的规则没有多大意义，用好援引技术就能解决问题。更重要的是基于劳动关系的特殊性，考虑需要进行哪些调整，所谓调整既不是因为劳动者的弱势地位而一味加强保护，也不是为了回应用人单位人力资源管理的需要而整体降低标准，而是针对性地部分强化、部分弱化。此外，还需要在实体规则、程序安排和机构设置方面做好两部法律的衔接。

### 1. 主体上的适用范围设定

作为劳动基准的个人信息保护机制不应该严格地以存在劳动关系为适用前提，而应该吸收其他国家和地区的经验采取功能性的定位，即权利主体不应该局限于劳动者。GDPR 第 88 条针对的是"雇佣语境下的处理"，强调"在如下情形中尤其适用：为了招聘、履行劳动合同，履行法律或集体合同规定的义务；对工作的管理、计划和组织；工作场所的平等与多样性；工作中的健康和安全；对员工和顾客财产的保护；为了行使和履行与雇佣相关的权利和义务；为了终止雇佣关系"。该规定重视的是事实状态和保护需求，而不是法律上的分类。[1]德国立法者更是直接在顺应条例修改后的 BDSG 第 26 条第 8 款中表明，该法意义上的雇员不仅包括劳动者，还包括学徒工、参加残疾人就业促进项目的人、类雇员、公务员等群体，该法不仅适用于劳动关系存续期间，也适用于劳动合同缔约前和结束后的相关个人信息处理。其保护范围不可谓不广，有学者特别指出，该法保护类雇员意义重大，平台经济的从业者是否属于劳动者目前仍有争议，但是他们基本都对平台有经济从属性且需要倾斜保护，所以至少能够认定为类雇员，平台用工每天都在发生大量的从业者个人信息处理，亟需相关条款的调整。[2]

不管是在招录阶段为了签订劳动合同进行磋商，还是在劳动合同解除或终止之后处理后续的相关问题，应聘者与招聘单位之间、前员工与前用人单

---

〔1〕 Vgl. Riesenhuber in: BeckOK DatenschutzR, 36. *Ed.* 1. 2. 2021, DS-GVO Art. 88 Rn. 30.

〔2〕 Vgl. Däubler, Gläserne Belegschaft, *Bund Verlag*, 9. Aufl., 2021, S. 154.

位之间都存在着类似合同的信赖关系，产生处理个人信息的需求也基本源于即将成立劳动关系或曾经有过劳动关系，所以应该适用同样的个人信息保护机制。招聘单位出于招录员工的目的处理求职者的个人信息，比如收集审核简历、要求求职者提交各种材料、面试时询问各种问题、安排体检测试等，都是容易出现个人信息保护问题的典型场景，实践中也出现了招聘单位使用简历自动筛选系统、委托第三方对候选人进行背景调查等新情况。在劳动关系结束之后，一方面，劳动关系存续期间已经收集的个人信息还存在着再次处理的问题，比如前用人单位能否向第三方透露劳动者曾经在职期间的奖惩情况，形成所谓的"职场黑名单"？另一方面，用人单位还有可能出于履行离职竞业限制约定的支付义务和通知义务、支付企业补充养老保险待遇等需要继续收集处理前员工的个人信息。

更为重要的是，我国裁审实践中认定的劳动关系大多适用的是原劳社部2005 年 5 月 25 日发布的《关于确立劳动关系有关事项的通知》，往往要求劳动者满足"主体适格"，所以一直以来大学生兼职、实习，退休人员或超龄人员再就业等认定劳动关系存在困难，但是在用工过程中一样存在着个人信息处理的问题。另外，平台经济近年来发展迅猛，目前我国有数以千万计的网约车司机、外卖骑手等依托互联网平台就业，组织型平台中的部分劳务提供者可以相对自主地决定是否工作、何时以及何地工作，平台对劳动过程的控制也与传统的劳动管理有所不同，导致平台与劳务提供者之间的法律关系定性争议很大。[1]因此，假设我们只给予与用人单位有劳动关系的劳动者以个人信息保护，那么上述群体大多会被排除在适用范围之外，虽然他们在个人信息保护的事实状态和保护需求上和劳动者没有本质区别，与用工主体之间同样存在着持续的、不平等的信息处理关系。实际上，由于上述平台从业人员的工作时间和地点灵活机动，平台不能像传统用人单位那样"在眼皮底下"进行管理，所以反而会为了达到监督控制的目的收集更多信息。比如，外卖平台实时监控骑手配送过程中的具体位置和运动轨迹，骑手的到店时间、取

---

〔1〕 参见王天玉："互联网平台用工的'类雇员'解释路径及其规范体系"，载《环球法律评论》2020 年第 3 期。

餐时间、送达时间等都一清二楚，还可以通过用户评价或投诉得知骑手的服务态度等表现。[1]就平台从业人员的基本劳动权益保护，人力资源和社会保障部等 2021 年 7 月 16 日发布的《关于维护新就业形态劳动者劳动保障权益的指导意见》已经作出了有益尝试，该意见首次提出了"不完全符合确立劳动关系情形"的表述，即虽属于不完全符合确立劳动关系情形但企业对劳动者进行劳动管理的，以后要将此类就业人员纳入"最低工资和支付保障、休息和劳动定额、劳动安全卫生责任"等制度的覆盖范围内，这些正是劳动基准制度的核心内容，将来新就业形态的劳动者权益保障也应该包含个人信息保护。

另外，义务主体方面应该考虑设置小微企业和个体工商户的豁免条款。持续不平等的信息关系应该是个人信息权利保护的适用前提，即无论是从思想资源、制度框架起源，还是从欧美等国家和地区的规定来看，个人信息权利保护针对的对象都是具有专业性或商业性信息收集特征的主体，尤其是利用现代科技大规模收集个人信息的主体。[2]我国现行劳动法没有对小微企业和个体工商户的优惠待遇，然而如果对所有的用人单位一刀切地适用个人信息保护的规定，可能导致保护目的的落空或法律争议的泛滥。一方面，小微企业和个体工商户用工人数不多，处理的个人信息有限，适用数字化技术和设备也不是很普及，老板与员工之间的强弱对比不是那么明显，人身信任关系却更强，相应造成的个人信息保护的风险和可能的威胁也没那么大。另一方面，小微企业和个体工商户规模小、资金少，往往缺乏个人信息保护方面的专业人才、知识和意识，与劳动者之间也不存在那么明显的权利失衡和信息不对称，而过高的合规成本和保护标准可能导致其承担过重的财务负担和经营困难。[3]实际上，《个人信息保护法》的立法者也意识到了执行该法对此类主体可能造成的负担，所以在第 62 条规定国家网信部门要针对小型个人信息处理者制定专门的个人信息保护规则标准。

---

〔1〕 参见赖祐萱："外卖骑手，困在系统里"，载《人物》2020 年第 8 期。

〔2〕 参见丁晓东："个人信息权利的反思与重塑——论个人信息保护的适用前提与法益基础"，载《中外法学》2020 年第 2 期。比如《美国加州消费者隐私法》将受管辖的企业范围限定于年收入超过 2500 万美元的公司，或为了商业目的而收集、出售或共享 50 000 条以上个人信息的公司，又或年收入的 50% 以上为销售消费者个人信息所得的公司。

〔3〕 参见谢增毅："劳动法与小企业的优惠待遇"，载《法学研究》2010 年第 2 期。

2. "必需" 的具体化与典型问题的规制

判断是否 "为订立、履行、解除或终止劳动合同所必需" "按照依法制定的劳动规章制度或依法签订的集体合同实施人力资源管理所必需"，会是将来保护劳动者个人信息的核心问题。欧盟数据保护委员会对 GDPR 第 6 条第 b 项 "履行合同所必需" 的解释持相当谨慎的态度，需从合同目的出发，基于事实判断是否存在客观上的必要、是否符合数据主体的合理期待、是否有对其权益影响较小的替代选择。[1]德国立法者提出在理解 BDSG 第 26 条第 1 款的 "建立、履行或终止劳动关系所必需" 时，应在雇主与雇员相互冲突的基本权利间寻求一致性，尽可能在雇主处理数据的正当利益和雇员的人格权益之间达成平衡。[2]德国联邦劳动法院则在众多判决中根据比例原则进行了必要性审查，即首先看雇主处理雇员的个人信息是否有助于目的的达成，然后看是否存在更温和的、对雇员权益侵害更轻的手段，最后在判断雇主追求的目的与对雇员权益的影响是否相称时进行利益衡量。[3]可见，界定 "必需" 是个难题，因为它是一个典型的 "语境依赖型" 概念。[4]

然而，仅通过劳动仲裁或法院在个案中的裁判意见起到的救济效果和示范作用有限，行政机关、裁审部门需要更加清晰的规则依据，用人单位和劳动者也需要更为明确的行为指引。考虑到劳动者个人信息保护的应用场景多样、科学技术和社会经济环境的发展变化迅速，[5]而法律又需要保证一定的

---

〔1〕 EDPB, "Guidelines 2/2019 on the processing of personal data under Article 6 (1) (b) GDPR in the context of the provision of online services to data subjects", https://edpb.europa.eu/sites/default/files/files/file1/edpb_ guidelines-art_ 6-1-b-adopted_ after_ public_ consultation_ en. pdf, last visited on 17 December 2021.

〔2〕 Vgl. Deutscher Bundestag 18. Wahlperiode, Entwurf eines Gesetzes zur Anpassung des Datenschutzrechts an die Verordnung (EU) 2016/679 und zur Umsetzung der Richtlinie (EU) 2016/680, Drucksache 18/11325.

〔3〕 Wybitul, Der neue Beschäftigtendatenschutz nach § 26 BDSG und Art. 88 DSGVO, *NZA* 2017, 413 (415); BAG, NZA 2017, 394 (396).

〔4〕 参见 ［荷］玛农·奥斯特芬：《数据的边界：隐私与个人数据保护》，曹博译，上海人民出版社 2020 年版，第 168 页。

〔5〕 比如 20 世纪 90 年代学者在讨论劳动者在工作场所通信的问题时，除了谈到电子邮件还涉及书面信件和传真，但是现在后两种通信方式已经很少使用了，参见张新宝："雇员在工作场所的隐私权保护与限制"，载《现代法学》1996 年第 5 期。

抽象性和稳定性，所以劳动者个人信息保护的典型场景不适合直接由劳动基准法本身进行规制，而是应该放在劳动基准法的配套性文件中处理。将来可以针对入职面试与体检、背景调查与职场黑名单、工作场所的视频监控、电话监听和局域网监控、行踪轨迹与生物识别信息的处理等实践中最普遍的、冲突最明显的问题，由人力资源和社会保障部出台专门的部门规章，配合以最高人民法院定期公布的劳动人事争议典型案例，从而兼顾确定性与灵活性。

以工作场所的视频监控为例，《个人信息保护法》第 26 条调整的是为了维护公共安全在公共场所安装视频监控设备的行为，然而，除展览厅、体育场、银行窗口、酒店大堂、超市售货区等部分工作场所同时构成公共场所，[1]更多工作场所是公众不能自由进出的，用人单位安装视频监控可能是为了防止公司财产被偷盗和商业秘密泄露、维持生产流程和经营秩序、监控劳动者的工作表现、预防和制止违纪行为等。工作场所的视频监控有可能对劳动者的人格尊严和自由产生较大威胁，因为监控下劳动者的一举一动都可能成为被观察、记录和分析的对象，包括完成工作时的行为，与同事和上司的交流，甚至当时的姿态和表情，容易造成很大的精神压力，劳动者不免战战兢兢、行为受限。[2]虽然工作场所并非私人空间，劳动者的举动本来就可能被别人所打量，但是人能够获得的信息有限，没有视频监控这种"上帝视角"和强大的保存、复制、分析的功能。如何处理视频监控场景下劳动者的个人信息保护问题？将来可以考虑形成以下规则：第一，工作场所进行视频监控应该是出于保障人身和财产安全、维持生产经营秩序、确保工作义务履行、防止违法犯罪行为等正当目的；第二，对于更衣室、卫生间、淋浴房、休息室等私密区域不得进行视频监控；第三，原则上视频监控应公开进行，设置显著的提示标识，除非为了调查具体的违法犯罪行为不得不进行秘密监控；第四，不得为了监督控制劳动者的工作表现而对其进行长时间不间断的监控，出于其他目的不得不进行的持续监控也不得用于评判劳动者的工作表现；第五，应该尽

---

〔1〕 就"公共场所"的界定参见龙卫球主编：《中华人民共和国个人信息保护法释义》，中国法制出版社 2021 年版，第 112-114 页。

〔2〕 Vgl. Riesenhuber, in: BeckOK DatenschutzR/, 37. *Ed.* 1. 2. 2021, BDSG § 26 Rn. 144.

量使用更为温和的视频监控技术，实时监控能够达到目的则不得进行录像，需要录像的，保存期限应为实现处理目的所必要的最短时间且应及时删除。[1]

3. 删除权、可携带权与自动化决策条款的修改

《个人信息保护法》第 47 条规定在劳动关系中的适用可能面临困境。部分情况下会有多种信息处理的合法性基础可供选择，比如用人单位处理劳动者的医疗健康信息、请假记录等，虽然也为计算医疗期、发放病假工资等人力资源管理所必需，但是开始时用人单位可能选择了基于劳动者同意而进行个人信息处理，如果之后劳动者和用人单位间产生了矛盾，比如就是否应该批准病假有争议，那么劳动者可能会撤回同意，此时按照第 47 条第 1 款第 3 项用人单位有义务删除相关信息，未主动删除的，劳动者有权请求删除。然而，劳动关系中往往需要保证处理个人信息的连续性和完整性，比如用人单位按照《劳动合同法》第 40 条第 1 项解除劳动合同的前提条件之一是劳动者患病且法定医疗期届满，判断医疗期是否届满需要有前后完整的记录，如果由于劳动者撤回同意而删除之前的信息，就算之后的信息处理用人单位还能援引其他的合法性基础，仍然会使得用人单位难以进行病假管理，"因病解雇"导致仲裁、诉讼时也会无法举证。相比之下，GDPR 第 17 条第 1 款第 b 项的规定更为周延，即"数据主体撤回同意且没有其他数据处理的合法性基础的情况下"，将来可借鉴其表述。

在我国《个人信息保护法》的制定过程中，就是否应规定数据可携带权原本就有相当大的争议，所以第 45 条也进行了和缓化处理，[2]个人信息处理者在收到个人信息主体的信息转移或传输请求时，只有"符合国家网信部门规定条件的"，才应该提供转移的途径。持赞成可携带权的学者，主要论据为此举有助于预防和制止平台经济领域的垄断行为，促进市场公平竞争，激励技术创新，维护消费者利益和社会公益。[3]然而，劳动关系的语境下并不需

---

〔1〕　德国联邦劳动法院曾经面临类似的难题，在系列判决中总结了一些规则可供借鉴，vgl. BAG, 27. 3. 2003, NZA 2003, 1193（1195）；BAG, 29. 6. 2004, NJW 2005, 313（315）；BAG, 26. 8. 2008, NZA 2008, 1187（1191）；BAG, 23. 8. 2018, NZA 2018, 1329（1332）.

〔2〕　参见龙卫球主编：《中华人民共和国个人信息保护法释义》，中国法制出版社 2021 年版，第 206 页。

〔3〕　参见程啸：《个人信息保护法理解与适用》，中国法制出版社 2021 年版，第 343-345 页；汪庆华："数据可携带权的权利结构、法律效果与中国化"，载《中国法律评论》2021 年第 3 期。

要追求打破用户锁定效益、防止企业数据垄断的目的，反而可能出现反对引入可携带权的学者提到的风险，比如劳动者个人信息的转移不但会增加个人隐私泄露的风险，给企业带来不小的经济负担，[1]还容易影响到同事等第三人的个人信息以及用人单位商业秘密的保护。此外，对于劳动者最可能主张可携带权的场景，即解除或终止劳动合同后的档案转移，《劳动合同法》第50条已经规定了用人单位的义务。所以，目前不宜在劳动基准法中赋予劳动者可携带权。

面对劳动关系中应用自动化决策带来的歧视、压榨、误判等危害，一禁了之显然不是正确的选择，且不谈效率低下的问题，人类决策也不能避免前述风险，所以法律规制应重点关注如何减少自动化决策方式带来的额外不利影响。聚焦到劳动基准的问题上，按照《个人信息保护法》第24条要求用人单位保证决策过程的透明度和结果的公平、公正，并赋予劳动者针对自动化决策要求用人单位予以说明的权利和拒绝权，有益却作用有限。算法的可解释性受到了诸多质疑，[2]单个劳动者在职期间行使该项权利的概率也不大，更有效的或许是在引入自动化决策机制时，根据《劳动合同法》第4条认定此举属于直接涉及劳动者切身利益的重大事项，要求用人单位就其对劳动者的权益影响向职工代表大会或者全体员工作出解释，并就相关方案进行平等协商。拒绝权行使的前提是决定由算法单独作出，没有任何的人为影响，用人单位却很容易主张算法只是起到辅助作用，自己保留了最后决策权，劳动者很难验证和证明是否的确如此，行使拒绝权的法律效果如何也有待厘清，比如用人单位在招聘时使用简历自动筛选系统的，被过滤掉的候选人主张拒绝权的后果是什么？劳动基准法立法时还应补充两点：一是避免劳动者"被透视"，坚持数据最小化原则和目的限制原则，不允许用人单位对劳动者进行全面监控、观察记录劳动者的一言一行，即一开始就不提供相应的个人信息基础，对于用人单位出于不同目的收集的各种类型的个人信息原则上也应该

---

〔1〕 参见卓力雄："数据携带权：基本概念，问题与中国应对"，载《行政法学研究》2019年第6期。

〔2〕 参见丁晓东："论算法的法律规制"，载《中国社会科学》2020年第12期。

分开保存和处理，从而达到限制对劳动者进行数字画像[1]的目的；二是强调算法取中，不得任由用人单位追求"最优解"，国家市场监督管理总局、中央网络安全和信息化委员会办公室、人力资源和社会保障部等七部委于2021年7月16日出台的《关于落实网络餐饮平台责任切实维护外卖送餐员权益的指导意见》要求，各平台不得将"最严算法"作为考核要求，而是应通过"算法取中"等方式合理确定订单数量、在线率等考核要素，适当放宽配送时限，将来应坚持并推广这一立场。

4. 主管机构、救济方式与法律责任的协调

虽然立法时有过争论，但是我国目前并未将个人信息保护监管职责统一到一个部门，而是在《个人信息保护法》第60条规定由国家网信部门统筹协调、有关部门在各自领域内各司其职。[2]劳动基准法出台后，增强劳动监察的力量是大势所趋，将来中央与地方各级人力资源和社会保障部门应该在内部设置专门的个人信息保护机构，配备个人信息保护方面的专门人员，负责履行劳动用工领域的个人信息保护职责。具体分工上可以由人力资源和社会保障部门专设的个人信息保护机构进行日常的宣传教育、指导监督工作，由劳动保障监察机构接受和处理劳动者与个人信息保护有关的投诉、举报，对于劳动用工领域较为简单、涉及人数较少、违法程度较轻的违法个人信息处理活动，由劳动保障监察机构进行初步的调查和处理，较为复杂的、涉及人数较多、违法程度较重的违法个人信息处理活动，则交由人力资源和社会保障部门专设的个人信息保护机构处理，专业问题极为复杂、涉及人数众多、违法程度严重的，应由人力资源和社会保障部门与同级网信部门一起调查处理。

在救济方式上也不能太过依赖行政力量的介入，而应该在劳动者愿意主动维权时给予制度设计上的支持。《劳动合同法》第38条赋予了劳动者在用人单位有严重违法或违约行为下的"被迫辞职权"，按照其第1项的规定，劳动者以用人单位"未按照劳动合同约定提供劳动保护或者劳动条件"为由解

---

〔1〕　有德国学者提出，为避免劳动者沦为"被评价的客体"，应该禁止对其进行人格画像。vgl. Däubler, Gläserne Belegschaft, Bund Verlag 9. Aufl. , 2021, S. 116.

〔2〕　参见程啸：《个人信息保护法理解与适用》，中国法制出版社2021年版，第457页。

除劳动合同并主张经济补偿金的，法院应当支持。按照传统观念，劳动保护更多针对生产安全和身体健康，劳动条件则多指工作所需的场所、设施、用品等，[1]将来应该更新观念，认定个人信息保护也属于劳动保护的范畴，或者直接将"用人单位严重侵害劳动者个人信息权益的"列入其中。

关于用人单位违法处理劳动者个人信息的法律责任，《个人信息保护法》第七章的规定已经相当完备，需要解决的更多是协调性问题，尤其是行政处罚方面。现行法规对于用人单位违反劳动基准相关规定的行政处罚力度较小，以违反劳动安全保护的罚款为例，《安全生产法》第 99 条第 5 项规定，生产经营单位未为从业人员提供符合国家标准或者行业标准的劳动防护用品的，责令限期改正，处 5 万元以下的罚款，逾期未改正的，处 5 万元以上 20 万元以下的罚款，而根据《劳动保障监察条例》第 23 条第 7 项，用人单位安排未成年人从事矿山井下、有毒有害、国家规定的第四级体力劳动强度的劳动或者其他禁忌从事的劳动的，按照受侵害的劳动者每人 1000 元以上 5000 元以下的标准计算处以罚款。相较之下，用人单位违法处理劳动者个人信息或者处理劳动者个人信息未履行保护义务的，按照《个人信息保护法》第 66 条应责令限期改正，拒不改正的可处 100 万元以下罚款，情节严重的可处 5000 万元以下或者上一年度营业额 5%以下罚款。就用人单位违法行为的过错程度而言，前述危害劳动者生命健康安全的行为不会低于侵犯劳动者个人信息权益的行为，处罚幅度却明显不一致，将来是调高前者还是降低后者有待思量。

## 五、结语

当种种充满赛博朋克意味的场景出现在劳动世界里，可能有人会问，科技发展真的会让人类生活更美好吗？像"卢德分子"那样反对技术进步显然并非正途，我们需要努力的是尽量用法律去纠偏。随着工作设备、工作过程和工作对象的日益数字化，用人单位处理劳动者个人信息更为彻底和全面，

---

〔1〕 参见杨景宇、信春鹰主编：《中华人民共和国劳动合同法解读》，中国法制出版社 2007 年版，第 119 页。

劳动者被监视、分析、预测、控制的风险加大，可能威胁到劳动者的人格尊严、自由发展、其他人身和财产权益，我们应该与时俱进地加强劳动者的"数字人权"保护，当下最好的选择，可能是从相关法律制度在劳动领域的适用和劳动基准立法两个层面上共同推进。

第六章

# 人工智能对劳动法的挑战与回应

战东升

西南政法大学经济法学院副教授

## 一、引言

人工智能（Artificial Intelligence，AI）是研究、开发用于模拟、延伸和扩展人的智能的理论、方法、技术及应用系统的一门新的技术科学，研究对象主要包括机器人、语言识别和图像识别等。[1]近些年来，世界主要发达国家都把发展人工智能作为提升国家竞争力的重大战略，并密集出台了一系列的规划和政策。例如，美国于2016年10月发布《国家人工智能研究与发展策略规划》；2019年2月美国总统特朗普签署《维护美国在人工智能时代的领导地位的行政令》，启动"美国人工智能倡议"。在欧洲，2017年11月英国发表《在英国发展人工智能》；2018年法国发布《人工智能科技战略》；2018年4月欧盟委员会向欧洲议会、欧盟理事会等提交《欧盟人工智能报告》，制定未来10年欧盟人工智能行动计划。[2]我国也不例外，2016年5月，国家发展和改革委员会、科学技术部、工业和信息化部、中央网络安全和信息化委员会办公室联合发布《"互联网+"人工智能三年行动实施方案》，这是我国首次单独为人工智能发展提出具体的策略方案。2017年7月，国务院印发《新一代人工智能发展规划》，发展人工智能正式上升为国家战略，并提出"三步走"的战略目标。党的十九大报告中也特别强调推动互联网、大数据、人工智能和实体经济深度融合。

---

〔1〕 参见朱敏等："人工智能与劳动力市场变革：机遇和挑战"，载《教育经济评论》2018年第2期。

〔2〕 参见龙卫球："科技法迭代视角下的人工智能立法"，载《法商研究》2020年第1期。

目前，人工智能已经渗透到我国的电子科技、制造业、物流快递、教育服务、金融投资等诸多领域。[1]人工智能的快速发展在给人类社会带来巨大利益的同时，也将对劳动就业产生深远影响。有学者认为，人工智能时代，就业结构将发生根本性变革，简单的、重复性的或危险性的工作将由人工智能完成。[2]现实生活中，一些行业也的确显露出人工智能替代既有工作岗位的迹象。那么，人工智能将对劳动就业产生什么样的影响？人工智能对劳动法将带来哪些挑战？人工智能时代的劳动法又应当如何应对？这些问题都直接影响到广大劳动者的生存权和发展权，值得深入研究。对此，国内外学术界虽然已经取得了一定的研究成果，但目前多集中于经济学和社会学等学科领域。是故，本书将主要从劳动法学的视角出发，以人工智能对劳动就业的影响为切入点，在综合考察人工智能对现行劳动法产生的挑战之后，进而分成弱人工智能和强人工智能两个阶段予以回应，从而为该命题的劳动法研究提供一些参考。

## 二、前人工智能时代劳动法的变迁

历史上发生的每一次工业革命都带来了科技进步，在科技不断革新的社会背景下，生产力与生产关系不断更迭，而生产过程从本质上看是人的劳动过程。因此，在技术体系、产业结构与生产方式变革的共同作用下，劳动者的就业形态也随之发生改变。为了缓解工业革命给劳动者就业带来的冲击，适应就业结构所发生的变化，劳动法以标准劳动关系为核心，构建了一整套劳动保护制度。近代史上已经发生过三次工业革命，目前正迎来第四次工业革命。在前三次工业革命过程中，劳动法对科技进步给劳动就业造成的负面影响予以积极回应，在稳定就业与保护劳动者权益等方面起到了无可替代的作用。[3]

在第一次工业革命中，蒸汽技术主导的技术体系为机器生产提供了支撑，

---

〔1〕　参见蒋南平、邹宇："人工智能与中国劳动力供给侧结构性改革"，载《四川大学学报（哲学社会科学版）》2018 年第 1 期。

〔2〕　参见冯彦君、隋一卓：" '后现代性' 视阈下劳动法的革新与完善"，载《南通大学学报（社会科学版）》2018 年第 4 期。

〔3〕　参见田思路："工业 4.0 时代的从属劳动论"，载《法学评论》2019 年第 1 期；杜传忠、许冰："第四次工业革命对就业结构的影响及中国的对策"，载《社会科学战线》2018 年第 2 期。

促进了以分工为基础的社会化大生产的出现。与此同时，传统农业与手工业受到冲击，工业比重上升，就业结构中的农民、手工业者锐减，操控机器的生产工人大幅增加，从而产生了现代意义上的工厂和劳动者阶层。生产资料占有者较之劳动力所有者具有强势地位，劳动者开始依附于工厂，从而形成实质从属关系。为了解决就业中力量对比日益失衡的劳资矛盾问题，各国陆续出台以保护劳动者为核心任务的工厂法，有效缓解了传统生产部门的失业现象以及对资本处于实质隶属地位的从属劳动者所面临的权益保护等社会问题。

第二次工业革命形成了以电力与内燃机为主导的技术体系，电气技术的广泛运用推动了工业资本规模的扩大，交通、机器制造与重化工业等成为主导产业。这些主导产业通过扩大生产规模与降低管理成本等方式实现规模收益，企业规模的扩大加剧了行业内企业间竞争，促进了生产与资本的集中。福特制大规模的集中生产方式应运而生，相较于传统单件生产方式，工人在更大程度上被束缚于流水线作业中，大多数生产也都发生在企业之中，并随之产生大规模的与企业具有极强从属劳动关系的全日制劳动者。为了建立并巩固稳定的劳动关系，更多国家开始进行工厂立法。同时，为了解决第一次世界大战与经济危机所导致的失业与贫困问题，各国还纷纷建立了社会保障制度。

第三次工业革命是涉及信息、生物、空间等多项技术领域的一场信息控制技术革命，信息技术的兴起促进了传统的劳动与资本密集型产业开始向知识和技术密集型产业转型发展。因此，科技革命的发展亟需高素质劳动者与不断改进的劳动手段作为依托，于是出现了大批以知识型与工程技术型劳动为主的高创造性就业岗位，以体力劳动为主的低创造性就业岗位逐步被削减。此外，信息技术的发展使生产要素在企业内外组合成为可能，服务外包、劳务派遣等大量灵活就业岗位的出现，企业与劳动者之间僵化的用工关系开始松动。为了应对劳动关系的非典型化发展，各国劳动立法都在一定范围内作出了灵活调整。

回顾前三次工业革命的发展历程，我们可以发现从蒸汽时代的强从属劳动到电气时代的流水线重复劳动，再到信息时代初显松动的劳动关系，虽然在此过程中灵活就业形式已经产生，但总体来看，劳动者的就业方式仍然以全日制就业为主。为此，各国劳动立法与时俱进，并形成了一套以标准劳动关系为基础，以强从属性为特征并以全日制劳动者为主要对象的劳动就业市场法律规制模式。其中，最高工时、最低工资、解雇保护、社会保障等成为制度核心，共同为劳动者在工作时间、工资福利、缓解失业等方面提供了安全保障。总体来看，这样的法律规制模式是伴随着工业化大生产发展起来的，[1]其试图通过保障个别劳动者工作岗位的稳定，以达到维系整个劳动就业市场稳定之目的，背后所折射出的是重视劳动就业稳定与安全的理念与价值。但与此同时，这也在一定程度上使劳动就业市场缺乏灵活性，容易陷入僵化与封闭的境地。然而，当下以人工智能为代表的第四次工业革命正席卷而来，基于工业化大生产而构建的传统劳动就业市场法律规制模式，在面对实践中涌现出的大量新形态就业者时已经出现不适，亟须作出契合时代需求的转变。

### 三、人工智能对劳动就业市场的影响

第四次工业革命，是以智能化、信息化为核心，以大数据、云计算、人工智能、量子通信等前沿技术为代表的全新技术革命，又被称为"人工智能革命"。"人工智能革命"不仅仅是技术上的进步，更会对生产制造方式、产业链分工等层面带来结构性变革，其中最容易受到人工智能影响的是劳动就业市场。

（一）微观表现：替代旧岗位与创造新岗位

人工智能的发展会降低自动化的成本，从而引发机器对人类劳动的替代，造成大量劳动者失业。这种失业是由技术进步所导致的，因而属于"技术性失业"。实际上，从18世纪后期工业化开始，很多经济学家就对技术进步取代人类劳动的问题展开了持续而深入的研究，探讨技术进步到底是促进还是抑制就业，但迄今为止学术界仍未达成统一意见。[2]

一方面，人工智能提高了劳动生产率，很多现有的工作岗位将会被高效、

---

〔1〕　参见涂永前："应对灵活用工的劳动法制度重构"，载《中国法学》2018年第5期。

〔2〕　参见曹静、周亚林："人工智能对经济的影响研究进展"，载《经济学动态》2018年第1期。

廉价的机器人所取代，从而减少人类的就业机会。随着技术进步与工作效率的提高，创造新产品所必需的关键要素需求将产生从无到有、从有到优的提升，但是技术创新的节约效益致使劳动力需求降低，从而引发更多旧的岗位被代替，并进一步增加了劳动者失业的风险。[1]根据2013年牛津大学教授Carl Benedikt Frey和Michael A. Osborne的一项研究预测，在未来10年至20年内，美国有47%的工作岗位将面临被人工智能替代的风险。[2]2015年，日本野村综合研究所的一项数据显示，未来日本劳动人口的49%也将被人工智能和机器人所替代。[3]此外，世界银行《2016年世界发展报告》表明，未来人工智能对经济合作与发展组织（OECD）国家的岗位的平均替代率将为57%，印度的岗位替代率将为43%至69%，而中国的岗位替代率则在55%至77%。[4]同样，国内也有学者认为，在人工智能的影响下，第二产业及第三产业中的传统行业已是失业的重灾区，低端服务业、制造业的可替代性很强。如表6-1所示，越是低端的行业，越是如此。[5]

表6-1　各个行业岗位被取代的概率[6]

| 行业 | 工作岗位 | 被取代概率 | 行业 | 工作岗位 | 被取代概率 |
|---|---|---|---|---|---|
| 1 | 操作农用机械人员 | 96% | | | |
| 2 | 快餐加工员 | 86% | | | |
| 2 | 电子产品生产线员工 | 94% | | | |
| 2 | 低技术含量实验员 | 99% | | | |

---

〔1〕 参见曹静、周亚林："人工智能对经济的影响研究进展"，载《经济学动态》2018年第1期。

〔2〕 Carl Benedikt Frey&Michael A. Osborne，"The future of employment：How susceptible are jobs to computerisation?"，https：//www. sciencedirect. com/science/article/pii/S0040162516302244，accessed November 10, 2019.

〔3〕 ［日］笠木映里等："AIと社会と法：パラダイムシフトはおきるか？（第7回）代替性：AI・ロボットは労働を代替するか?"，载《論究ジュリスト》2019年第31期。

〔4〕 世界银行："2016年世界发展报告：数字红利"，载世界银行官网，http：//www. worldbank. org/en/publication/wdr2016，最后访问日期：2019年11月10日。

〔5〕 参见蒋南平、邹宇："人工智能与中国劳动力供给侧结构性改革"，载《四川大学学报（哲学社会科学版）》2018年第1期。

〔6〕 参见蒋南平、邹宇："人工智能与中国劳动力供给侧结构性改革"，载《四川大学学报（哲学社会科学版）》2018年第1期。

续表

| 行业 | 工作岗位 | 被取代概率 | 行业 | 工作岗位 | 被取代概率 |
|---|---|---|---|---|---|
| 3 | 服装销售 | 80% | 3 | 厨师、快餐业者 | 81% |
| 3 | 超市工作人员 | 76% | 3 | 酒吧服务生 | 77% |
| 3 | 开大卡车人员 | 82% | 3 | 快递员 | 90% |
| 3 | 信贷员 | 98% | 3 | 保险人员 | 90% |
| 3 | 前台接待及信息类人员、 | 96% | 3 | 狱警 | 80% |
| 3 | 导购 | 94% | 3 | 士兵 | 82% |
| 3 | 法律助理及高级律师 | 92% | 3 | 家政保洁 | 93% |
| 3 | 零售行业导购员 | 89% | 3 | 收银员 | 99% |
| 3 | 出租车司机、专职司机保安 | 84% | 3 | 演员、时装模特 | 82% |

　　另一方面，尽管一些工作岗位被取代，但日新月异的人工智能技术也在不断创造出新的就业机会。OECD 的研究者提出，现有工作岗位被代替并非人工智能发展的直接目的，智能化发展旨在提高劳动效率，在形成新兴工作任务的基础上，成为就业岗位与产业行业革新的动力源。[1]人工智能不仅可以通过改变产业布局、工作岗位内容等因素影响劳动需求总量，同时随着应用人工智能领域的逐渐增多，也产生了大量的新产业和新岗位。主要表现在：一是产生了许多技术研发类的岗位；二是通过细化、合并和升级传统的行业部门，形成了新的行业；三是人工智能的应用使人类有更多的时间和精力去购物、旅游、娱乐等，由此也促进了某些服务行业的发展。据工业和信息化部测算，目前我国已有 700 多家从事人工智能的企业，直接或间接从业人员多达近百万人。[2]

　　综上，人工智能对劳动就业的影响主要表现在"就业创造效应"和"就业替代效应"这两个方面。[3]对于上述两种不同的现象，有学者指出人类工作岗位虽有被技术替代的风险，但这不一定就会给人类带来实际的工作损

---

〔1〕　参见朱敏等："人工智能与劳动力市场变革：机遇和挑战"，载《教育经济评论》2018 年第 2 期。

〔2〕　参见李允："人工智能背景下的就业现状与对策"，载《中国法律评论》2018 年第 2 期。

〔3〕　参见张美莎、曾钰桐、冯涛："人工智能对就业需求的影响：基于劳动力结构视角"，载《中国科技论坛》2021 年第 12 期。

失。[1]从长期来看，人工智能带来的新产业所创造的就业岗位，是否多于被机器替代的岗位仍是未知的。就短期而言，人工智能极有可能对特定地区、特定产业、特定群体的就业造成影响，因此我们要高度警惕人工智能的就业替代效应在短期内集中释放。[2]值得注意的是，从历史发展的视角来看，技术革命引发的下岗与失业是经济进步的有机组成部分。具体而言，正是生产力的提高，才能实现经济的增长，从而将人力导向回报率更高的行业；那些消耗过多重体力、重复性或危险性的工作也将不再需要由劳动者来完成。与此前的技术变革相比，人工智能变革技术的发展速度更快、范围更广，决策者面临着技术与教育的竞赛，那些鼓励劳动者提高技能，使所有劳动者都受益于数字机会的将成为真正的赢家。[3]

(二) 宏观影响：就业岗位的"极化"分布

源于人工智能自身的技术特点，随着人工智能运用规模的扩张，其在不断占据旧岗位、创造新岗位的同时，还可能带来一种就业极化现象，即中等技能岗位逐渐被人工智能所替代，而低技能和高技能岗位的就业率得到提升。[4]世界银行《2016年世界发展报告》指出，这一趋势不仅出现在发达国家，在发展中国家也越来越明显。如菲律宾、南非、马来西亚等国家，其高技能与低技能岗位的就业比例提高，而中等技能岗位的就业率出现显著的下降（参见图6-1）。[5]尽管中国目前仍然是低技能劳动者就业量下降、中等技能劳动者就业量增加的情况，但根据大部分国家已经出现的就业极化的趋势来看，未来中国极有可能同样出现这种就业极化的现象。[6]

---

[1] 参见曹静、周亚林："人工智能对经济的影响研究进展"，载《经济学动态》2018年第1期。
[2] 参见李亢："人工智能背景下的就业现状与对策"，载《中国法律评论》2018年第2期。
[3] 参见世界银行："2016年世界发展报告：数字红利"，载世界银行官网，http://www.worldbank.org/en/publication/wdr2016，最后访问日期：2019年11月10日。
[4] 参见曹静、周亚林："人工智能对经济的影响研究进展"，载《经济学动态》2018年第1期。
[5] 参见世界银行："2016年世界发展报告：数字红利"，载世界银行官网，http://www.worldbank.org/en/publication/wdr2016，最后访问日期：2019年11月10日。
[6] 参见朱敏等："人工智能与劳动力市场变革：机遇和挑战"，载《教育经济评论》2018年第2期；世界银行："2016年世界发展报告：数字红利"，载世界银行官网，http://www.worldbank.org/en/publication/wdr2016，最后访问日期：2019年11月10日。

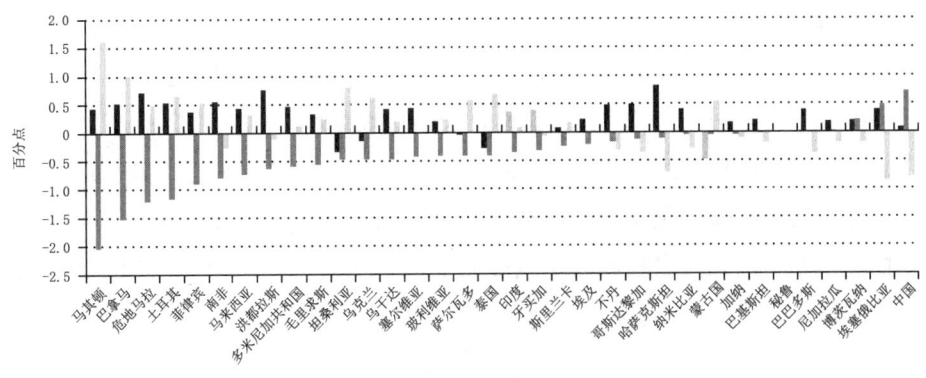

高技能职业(大量使用非常规的认知与人际交往能力)
中等技能职业(大量使用常规的认知与动手技能)
低技能职业(大量使用非常规动手技能)

**图 6-1　发展中国家就业比例的年均变化（1995 年前后至 2012 年前后）**〔1〕

　　对于就业极化现象产生的原因，一种观点认为，有两类难以被自动化的
工作分布在劳动技能的两端，因此产生了就业极化现象：一类是抽象性质的
工作，主要分布于专业、技术或者管理岗位，需要劳动者具备创造力、沟通
能力、解决问题的能力等；另一类是具体化的手工工作，大多分布于服务性
岗位，需要劳动者具备环境适应能力、语言识别能力、互动能力等。另一种
观点认为，当自动化成本降低，对于两个同等复杂的岗位而言，由于培训需
求度更高的任务所需的劳动力相应昂贵，企业倾向于优先自动化这类岗位；
但是对于高度复杂、培训密集型的岗位，企业却难以自动化。劳动力会因此
向高度复杂或者主要靠发挥天赋完成的、不需过多培训的岗位进行输送，从
而造成了就业极化的现象。〔2〕

　　近年来，伴随着人工智能的快速发展，我国虽未出现就业极化现象，但
催生了大量新就业形态从业者。这些新就业形态的从业者主要集中在外卖骑
手、网约车司机等群体，从业人数增长迅速，已经成为我国当前以及未来劳
动力市场不容忽视的就业群体。2019 年，单是美团平台上的外卖骑手，总数

　　〔1〕　参见世界银行："2016 年世界发展报告：数字红利"，载世界银行官网，http://www.worldb-ank.org/en/publication/wdr2016，最后访问日期：2019 年 11 月 10 日。
　　〔2〕　参见曹静、周亚林："人工智能对经济的影响研究进展"，载《经济学动态》2018 年第 1 期。

便接近 400 万人，一年增长近四分之一。[1]就技能层面来看，这些新就业形态从业者主要是中等技能劳动者，在中等技能就业岗位尚未被人工智能代替的情况下，大多数从业者可以通过现有的工作模式实现其社会价值。然而，与此同时，值得注意的是目前无人配送机器人、无人驾驶等已经实现商业化，因此，未来这些新就业形态的从业者最终是否会被人工智能所取代，致使中等技能就业岗位大为缩减而高低技能就业岗位出现增长，由此出现就业极化现象，则有待实践进一步检验。

（三）小结

人工智能对劳动就业市场的影响及其与劳动法之间的关系，因人工智能发展阶段的不同可能呈现出不同的发展样态。有学者将人工智能分为三大类：（1）弱人工智能，即擅长于单个方面的人工智能；（2）强人工智能，即具有人类级别能力的人工智能；（3）超人工智能，即在各方面都比人类更强大的人工智能。[2]由于超人工智能太过超前，故而本书将主要探讨前两个阶段。人工智能的发展虽然能把人类从繁重的劳动中解放出来，但人工智能的推广也意味着越来越多的中等技能劳动者被淘汰，并将最终影响到就业结构、就业方式等方面。目前，伴随着人工智能的快速发展，人工智能对劳动法的冲击逐渐显现，并在解雇保护、职业培训、社会保障以及劳动法主体地位等方面带来具体挑战。

历史上已经发生过三次工业革命，每一次技术变革对劳动过程的发展都具有决定性影响，这些影响通过劳动力与生产资料结合方式的变化最终反映到劳动法的发展轨迹上。近些年，随着人工智能的快速发展，劳动就业形态已经发生了较大改变。多种多样的灵活就业形态，表现出去组织体化、从属性弱化、就业关系灵活化的特征。[3]如前所述，目前在中低技能就业岗位出

---

〔1〕 参见李心萍：“推动新就业形态规范发展”，载《人民日报》2020 年 9 月 23 日，第 18 版。

〔2〕 Tim Urban，“The AI Revolution：The Road to Superintelligence”，https://getpocket.com/explore/item/the-ai-revolution-the-road-to-superintelligence，accessed November 10, 2019. 值得注意的是，虽然理论上对于人工智能的分类进行了这样的划分，但是实践中人工智能的发展进程却未必如此按部就班，可能出现同一时空下不同阶段的交融，但这并不妨碍我们在此分类的基础上进行相应的探讨。

〔3〕 参见涂永前：“应对灵活用工的劳动法制度重构”，载《中国法学》2018 年第 5 期。

现大批新就业形态从业者，其具有工作时间碎片化、工作地点灵活化、工作管理虚拟化等方面的特点，所形成的劳动关系具有非典型性特征，这意味着人工智能时代背景下劳动关系从属性的持续弱化成为现实，灵活用工呈现常态化的态势。[1]未来，随着人工智能的深入发展，特别是伴随着中等技能就业岗位的持续减少，部分劳动者将从"单位就业"被动转向"自雇就业"，进而成为自雇就业者，甚至成为失业者。

工业化国家的历史进程以及经济发展图景都足以证明，技术进步虽然在短期内会给既有就业结构带来挑战，引发大批劳动者下岗与失业，但它未必就成为阻碍一国经济发展的必然因素。就业状况与经济发展的关键在于，一国的劳动政策法制能否应时而变，并形成一套与本国劳动现状相适应的法律规制模式。[2]在人工智能时代，灵活安全的劳动就业市场成为各国共同追求的目标，其保护重点不应再局限于保护个别工作岗位的稳定，而应当转向劳动者自身多元深层次的安全需求。[3]在此背景下，劳动就业市场法律规制模式如果仍然固守传统劳动法时代的"稳定性"理念，仅就稳定劳动关系与工作岗位维度对劳动者作统一严格的劳动保护制度安排，则难以适应劳动者个人与企业的灵活化发展，甚至在稳定就业语境下所构建的劳动保护安全也难以实现。总体来看，人工智能时代的劳动就业形态是从单一向多元、从稳定向灵活发展的渐进过程，人类将从传统的从属劳动中解放出来，更多地去从事具有独立性、自主性和创造性的劳动，人类劳动的意义和本质将发生根本性变革。[4]建立在强从属性劳动基础上的传统劳动就业市场法律规制模式难以满足人工智能时代的规制需求，亟须作出调整。[5]

---

〔1〕　参见田思路、刘兆光："人工智能时代劳动形态的演变与法律选择"，载《社会科学战线》2019 年第 2 期。

〔2〕　参见涂永前："人工智能、就业与我国劳动政策法制的变革"，载《河南财经政法大学学报》2018 年第 1 期。

〔3〕　参见张车伟："中国 30 年经济增长与就业：构建灵活安全的劳动力市场"，载《中国工业经济》2009 年第 1 期。

〔4〕　参见田思路："工业 4.0 时代的从属劳动论"，载《法学评论》2019 年第 1 期。

〔5〕　参见战东升："挑战与回应：人工智能时代劳动就业市场的法律规制"，载《法商研究》2021 年第 1 期。

## 四、人工智能对劳动法的挑战

（一）弱人工智能对劳动法的挑战

在弱人工智能阶段，人工智能已经开始应用于各行各业，从作为辅助性工具逐渐发展到替代既有工作岗位。此际，人工智能的运用将对劳动就业产生如下影响：一是，人工智能在替代劳动者的过程中，必然伴随大量解雇案件的发生；二是，为应对人工智能运用带来的"就业极化"现象，需要通过职业培训使劳动者的技能更加适应岗位的需求；三是，对于确实因无法适应科技进步而被淘汰的失业者群体，还应进一步从制度层面加强对其的社会保障。因此，我们需要从劳动法的视角，分析并思考人工智能对解雇制度、职业培训制度、社会保障制度所产生的冲击与挑战。

1. 对解雇法律制度的挑战

人工智能的发展将导致企业因引入人工智能而解雇劳动者，实践中与人工智能相关的解雇案件有可能大量增加。因此，判断用人单位因引入人工智能而导致规模裁员（《劳动合同法》第41条第1款第3项）或个别雇的行为是否构成合法解雇，将成为不可回避的重要问题。此类案件在我国已经出现，如2017年上海发生了首例"机器换人"的劳动争议案件。如何处理此类案件，司法实践中争议较大。上海市劳动人事争议仲裁院负责"机器换人"案的仲裁员表示，该案的争议焦点之一即为智能系统取代人工岗位是否属于《劳动合同法》第40条第3项规定的"客观情况发生重大变化"。[1]

由于我国劳动法采用的是"法定解雇"原则，且《劳动合同法》制定于2007年，当时人工智能尚未得到广泛发展，立法者并未考虑到该问题，因此现行法律条文能否予以充分的回应就变得十分重要。而且，《劳动合同法》第40条第3项和第41条第1款第3项规定中的很多概念都属于法律上的不确定概念，如何为"重大技术革新"等，需要结合立法目的、具体的案件事实等进一步确定其含义。当现实生活中此类纠纷案件大量增加时，法官可能因对这些抽象概念的理解不同而出现"同案不同判"的现象。因此，为了有效缓

---

〔1〕 参见程子彦："上海首例智能取代人工劳动争议仲裁开庭，失业 or 转型？"，载《中国经济周刊》2017年第36期。

解法律适用中的不确定性，实现"同案同判"，进而避免出现损害法律和司法权威的情况，此类案件亟须确立一个统一的裁判标准，从而为司法人员、劳动者和用人单位提供明确的指引。

2. 对职业培训法律制度的挑战

人工智能的运用将替代更多既有的人工岗位，导致越来越多的劳动者面临失业。因此，政府和企业需要未雨绸缪，加强对人工智能所替代岗位的监测，并积极为失业者提供职业培训，使其能够实现重新就业。与此同时，人工智能也带来了大量的新岗位，要求劳动者具备新的技能，若不提前应对，未来这些岗位可能面临巨大的人才缺口。根据教育部、工业和信息化部等部委的推算，到 2025 年，我国信息技术产业面临的人才缺口可能高达 950 万人。[1]目前，我国的职业培训多为短期的、小规模的、碎片化的培训项目，缺乏足够让劳动者形成新技能的长期的、系统的培训。[2]鉴于我国目前的培训制度尚无法满足劳动力市场对人工智能等新技能的需求，因此，从法律层面完善现有的职业培训机制，保障劳动者真正掌握市场所需求的新技能，实现新的就业，就成为劳动法面临的重要挑战。

失业人员和人才缺口同时存在，表明人工智能导致的失业现象的实质是劳动者现有的技能无法满足市场和企业需求，即劳动力的供应和需求未成功匹配。2016 年 12 月 20 日，为应对人工智能对美国经济造成的影响，美国政府发布了《人工智能、自动化与经济报告》，其中提出的三大策略之一即为，教育和培训美国人为未来的工作做好准备。[3]同样，国务院于 2017 年 7 月发布的《新一代人工智能发展规划》也将加快研究人工智能带来的就业结构、就业方式转变以及新型职业和工作岗位的技能需求，大幅提升就业人员专业技能，满足人工智能发展带来的高技能高质量就业岗位需要，作为当前最紧

---

〔1〕参见李静："十大重点领域面临人才缺口"，载人民网，http://finance.people.com.cn/n1/2017/0221/c1004-29097590.html，最后访问日期：2019 年 11 月 10 日。

〔2〕参见蒋南平、邹宇："人工智能与中国劳动力供给侧结构性改革"，载《四川大学学报（哲学社会科学版）》2018 年第 1 期。

〔3〕The White House："Artificial Intelligence, Automation, and the Economy", https://obamawhite-house.archives.gov/blog/2016/12/20/artificial-intelligence-automation-and-economy, accessed November 10, 2019.

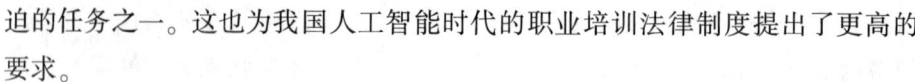

迫的任务之一。这也为我国人工智能时代的职业培训法律制度提出了更高的要求。

3. 对社会保障法律制度的挑战

在现代社会，为了对公民在年老、疾病、伤残、失业、遭遇灾害、面临生活困难时给予必要的物质帮助，世界上大多数国家或地区通过立法建立了社会保障制度。我国的社会保障法主要包括社会保险法、社会救助法、社会福利法和社会优抚法。其中，社会保险法是社会保障法律体系中的重要组成部分，我国 2011 年《社会保险法》规定了养老保险、医疗保险、工伤保险、失业保险和生育保险等五个险种。然而，我国现行的社会保险制度是适应现代工厂制度的产物，基本建立在全日制用工的基础之上，各种保险基金的筹集主要以劳动者全日制就业为前提。其中，养老保险、医疗保险和失业保险等基金主要来源于劳动者个人和用人单位的共同缴费，劳动者个人以本人工资收入作为缴费基数，而用人单位则以在职职工工资总额作为缴费基数。以养老保险为例，根据国务院《关于完善企业职工基本养老保险制度的决定》，用人单位缴费一般不超过企业工资总额的 20%，劳动者个人缴费率一般为本人工资的 8%。

实际上，我国现行的社会保障制度是借助国家力量对国民收入进行再分配的一种方式，是国民收入在不同群体之间的转移，包括横向转移和纵向转移。所谓横向转移是指在职者、退休者与失业者之间的收入转移；而纵向转移则是一种代际转移，是后代人对前代人的互助，例如在现行养老保险体制下，在职劳动者缴纳的养老保险费就需即时地支付给退休人员。[1]然而，随着人工智能替代和就业极化现象的加剧，未来可供人类选择的全日制就业岗位将不断减少，而非典型就业劳动者和失业人员将不断增加，养老保险、医疗保险和失业保险的缴费人数也将随之下降，基于劳动者的工资收入而筹集的社保基金必将大幅缩水，社会保障基金将面临枯竭的风险。加之，随着我国人口老龄化程度的日益加深，年轻劳动力占比不断下降，无论是社会保障

---

〔1〕 参见《劳动与社会保障法》编写组编：《劳动与社会保障法》，高等教育出版社 2017 年版，第 201 页。

的横向转移还是纵向转移在未来都恐将难以实现，社会保险的可持续性将面临前所未有的挑战。[1]人类现有的工作和生活模式，即劳动者通过工作而获得工资收入和社会保障以维持生活的方式，将面临前所未有的挑战。

（二）强人工智能对劳动法的挑战

目前，人工智能仅具备某些方面的技能，不具有人类的逻辑思维能力、联想能力以及创造力，无法完全替代人类的工作，与劳动者具有较大的差异，因此没有必要将其作为劳动法上的主体。然而，如果发展到强人工智能阶段，人工智能在各方面的能力都可以与人类相媲美，甚至可以完全替代人类的工作，此际是否将人工智能作为劳动法上的主体将成为一个不可回避的问题。

事实上，对于自然人是否排他性地享有民事主体地位的问题，学术界在机器人出现之前，在对动物主体地位的争论上就已经开始了探讨。然而，机器人的出现却因其具有自然人的部分能力，甚至包括一些被认为是自然人专属的能力，对人类的主体地位造成了更为强烈的挑战。[2]因此，应否将人工智能作为法律上的主体，社会各界一直争论不休，至今未能达成共识。但实践中，已经有国家开始赋予人工智能机器人有限的法律主体资格和部分权利义务。例如，帕罗是由日本开发的一种宠物型机器人，这种机器人能够感知触觉、位置、光、声音等外界环境，被广泛应用于世界许多老年护理中心。2010 年 11 月，帕罗获得日本富山县南砺市户籍，户口簿上的父亲是其发明人柴田崇德。[3]这意味着日本政府在一定程度上认可了智能机器人的主体地位，并将其作为有感知力的存在体，可以享有权利的法律主体。[4]2016 年 2 月，美国国家公路安全交通管理局表示可以将谷歌无人驾驶汽车使用的人工智能系统视为"驾驶员"，这可以看作是人工智能被赋予了虚拟的法律主体地位，

---

〔1〕　根据 2019 年 4 月中国社科院发布的《中国养老金精算报告 2019—2050》，2035 年我国养老金有耗尽的可能性，载 https://finance. ifeng. com/c/7llMRIKasuW，最后访问日期：2019 年 11 月 10 日。

〔2〕　参见赵万一："机器人的法律主体地位辨析——兼谈对机器人进行法律规制的基本要求"，载《贵州民族大学学报（哲学社会科学版）》2018 年第 3 期。

〔3〕　参见日本富山县南砺市政府网，https://www. city. nanto. toyama. jp/cms-sypher/www/info/detail. jsp？id＝7329，最后访问日期：2019 年 11 月 10 日。

〔4〕　参见郭少飞：" '电子人' 法律主体论"，载《东方法学》2018 年第 3 期。

但仅是有限的主体资格。[1]2016年5月,欧盟委员会法律事务委员会提交了一项动议,要求欧盟委员会把最先进的自动化机器"工人"的身份定位为"电子人",并赋予这些机器人依法享有劳动权、著作权等特定的权利与义务。[2]由此观之,包括劳动法在内的人工智能的法律主体地位问题已然成为摆在我们面前的重要立法课题。

## 五、弱人工智能阶段劳动法的回应

### (一) 解雇法律制度的回应

弱人工智能阶段,人工智能对解雇法律制度的挑战具体表现为,如何应对已经发生或者未来有可能频繁发生的人工智能取代人工岗位所引发的劳动争议。具体而言,针对企业因引进人工智能而导致的规模裁员或个别解雇的行为是否合法,目前的解雇法律制度需要作出回应。

一方面,需要明确企业是否可以因人工智能的引入进行规模裁员,即能否将引入人工智能解释为《劳动合同法》第41条第1款第3项的"重大技术革新",而且对于"重大技术革新"是否仅限于企业生产经营发生严重困难时为了继续生存而进行的技术革新,也存在着一定的争议。《劳动合同法》第41条第1款第3项规定的"企业转产、重大技术革新或者经营方式调整"是在《劳动法》的基础上新增的条款,与《劳动合同法》第41条第1款前两项规定不同,用人单位此时并未陷入经济上的困境,而是企业为了谋求更好的发展而自主进行的技术升级。[3]《劳动合同法》增加此项规定是为了放宽企业进行规模裁员的条件,从而赋予企业在劳动用工方面的自由度。[4]因此,根据现行法律规定,我们可以认为企业生产经营即便未发生严重困难,出于市场竞争的需要,因重大技术革新而进行的裁员可以认定为合法解雇。例如

---

〔1〕 参见丁治文:"人工智能背景下机器人投入劳动的法律问题初探",载《决策探索》2017年第18期。

〔2〕 参见胡裕岭:"欧盟率先提出人工智能立法动议",载《检察风云》2016年第18期。

〔3〕 参见杨善长:"单方解雇制度的反思与完善——以《劳动合同法》第39、40、41条为研究内容",载《中国劳动》2015年第8期。

〔4〕 参见《中华人民共和国劳动合同法》起草小组编写:《中华人民共和国劳动合同法释义》,中国市场出版社2007年版,第135页。

在张斌与南京爱立信熊猫通信有限公司经济补偿金纠纷一案[1]中，一审、二审法院均认为，该公司作为通信领域的生产型企业，引入高科技产品对原告岗位进行替代，提高了整体自动化程度，符合法律规定的"重大技术革新"的情况，且裁员行为符合法律规定的程序要求，所以判定该经济性裁员行为合法。但是，对于人工智能是否属于"重大技术革新"的判断，有必要在个案中进行具体问题具体分析，不能认为所有的人工智能都构成规模裁员的正当理由，而应由企业举证说明其必要性和合理性。[2]

另一方面，需要明确企业是否可以因人工智能的引入进行个别解雇，即人工智能取代人工岗位是否属于《劳动合同法》第40条第3项规定的"客观情况"发生重大变化。《劳动合同法》第40条第3项的兜底规定"客观情况"与第41条第1款第4项的兜底规定"客观经济情况"的区别，在实践中较难界定。但是，通常认为《劳动合同法》第40条第3项是预告辞退的兜底性规定，而裁员是预告辞退的一种特殊形式，仅限于经济方面的原因。[3]因此，通过文义解释和体系解释，我们可以认为《劳动合同法》第40条第3项的"客观情况"涵盖了第41条第1款第4项的"客观经济情况"。加之，我国《劳动合同法》第41条规定的裁员制度仅限于规模裁员，即一次裁减20人以上或者裁减不足20人但占企业职工总数10%以上的裁员。因此，规模以下裁员（包括个别解雇）应当属于《劳动合同法》第40条第3项的适用范围。[4]进而我们可以推论，因重大技术革新，即人工智能的引入而引发的规模以下裁员，从体系上属于《劳动合同法》第40条第3项规定的"客观情况"，由此企业可以因人工智能技术的引入进行个别解雇。

需要注意的是，在由于人工智能技术的引入而导致某类岗位消失的情况下，企业并不能当然地以"重大技术革新""客观情况发生重大变化"为由

---

[1]　张斌与南京爱立信熊猫通信有限公司经济补偿金纠纷案，江苏省南京市江宁区人民法院（2016）苏0115民初16418号民事判决书；张斌与南京爱立信熊猫通信有限公司劳动争议上诉案，江苏省南京市中级人民法院（2017）苏01民终7261号民事判决书。
[2]　参见田野："劳动法遭遇人工智能：挑战与因应"，载《苏州大学学报（哲学社会科学版）》2018年第6期。
[3]　参见王全兴：《劳动法》，法律出版社2017年版，第220页。
[4]　参见戦東昇："中国における整理解雇の法規制とその課題"，载《季刊労働法》2017年第256号。

立刻解雇劳动者。根据现行劳动法的规定，需要经过用人单位与劳动者进行协商，变更劳动合同等程序之后，方可解除劳动合同。然而，鉴于人工智能时代技术性失业形式的日趋严峻，未来可以考虑在加强雇主或政府"再就业支援"等义务的同时，缓和解雇保护规制，降低企业解雇或裁员的门槛。具体而言，对于因采用人工智能等新型技术而受到影响的企业，可在由雇主或政府负担再就业培训义务的前提下，放宽企业因技术革新裁员或解雇的限制性条件。此外，鉴于经济补偿金制度目前还承担了一定的解雇保护功能，因此，修改经济补偿金制度，也有利于缓和我国的解雇保护规制。当然，为了不减损劳动者的合法利益，有必要配套改革目前的失业保险制度，即在重构失业保险制度的基础上，取消经济补偿金制度，用失业保险金替代经济补偿金。[1]

(二) 职业培训法律制度的回应

如前所述，随着人工智能时代的到来，人工智能对劳动者就业产生的重要影响之一即为就业极化现象。因此，职业培训法律制度的改革也应当围绕就业极化现象进行。一方面，需要加强对已经失业和易被人工智能代替劳动者的就业培训与再教育，人工智能的发展可能导致某些工作岗位消亡速度的加快，劳动者更换工作会更加频繁，这意味着再培训的需求量也会增加。另一方面，需要加强对高技能人才的培养，特别是加强对人工智能人才的培养。人工智能作为新一代信息技术的集成，是多学科知识、技术共同支撑形成的复杂综合体，更是影响和考量法律、经济、社会、环境等各领域发展及人才智慧的复杂综合体，大力培养人工智能方面的人才是优化供给侧结构、实现可持续劳动力战略的关键。[2]具体而言，促进人工智能发展亟需三种人才：研发人才、应用推广人才和相关的复合型人才。

除此之外，还需注重人工智能垂直领域应用的纵向跨界人才、与社会科学领域的横向跨界人才的培养。[3]在这些方面，政府和相关职能部门以及行

---

〔1〕 参见王倩："经济补偿金制度修改的制度替代及方案设计"，载《法学》2017年第3期。

〔2〕 参见 〔日〕菅野百和："AIと労働法"，载福冈真之介编：《AIの法律と論点》，商事法務出版社2018年版，第275页。

〔3〕 参见程承坪："人工智能对劳动的替代、极限及对策"，载《上海师范大学学报（哲学社会科学版）》2020年第2期。

业协会、团体等应当发挥积极的作用。其一，精准定位职业培训对象。加强对劳动力市场的监测，精准预测易被人工智能替代以及未来可能出现大量人才缺口的行业、岗位，以便准确定位需要进行职业培训的对象。其二，增强培训内容的适应性。顺应人工智能技术发展趋势，及时调整各层次各类型职业培训的方式和重点，应当逐渐淘汰那些容易被人工智能替代的技能训练，而将培训重点转向那些不容易被替代的技能。加强职业培训的创新能力导向，需要特别重视对学习适应能力、组织协调能力以及解决复杂问题能力的培养。[1]其三，创新职业培训方式。可以将虚拟现实技术（virtual reality）、增强现实技术（augmented reality）、混合现实技术（mediated reality）等先进技术，与传统的指导、学徒式等形式相结合，从而构建新的数字化的职业培训模式，以培养劳动者的新技能。积极利用新兴的人工智能技术，通过建立新的职业教育模式对员工进行创新性培训。[2]其四，加强职业培训的支持和投入。例如，在税收方面，政府应积极利用各种宏观调控手段，不仅可以对为低技能劳动者提供职业培训的企业以及专门从事职业培训的教育类企业给予企业所得税或增值税的优惠，还可以对个人参加职业培训的支出进行适当的个人所得税的税前扣除。[3]其五，完善职业培训的合作机制。国家可以建立各级政府、机构、行业协会、培训机构等主体的合作机制，加强交流互动，共同为职业培训提供支持和帮助。

　　总而言之，针对人工智能的职业培训与再教育，一方面不应仅停留在政策方面或企业人事管理层面，而应上升到法律层面；另一方面应进一步出台与人工智能相适应的现代化职业培训政策，统一培训质量标准，完善培训评估体系，进而提供完善的法律保障。[4]然而，我们也应当充分认识到职业培

---

　　〔1〕 参见潘文轩："让劳动者更好受益于人工智能发展"，载《中国社会科学报》2017年12月20日，第4版。

　　〔2〕 参见潘天君、欧阳忠明："人工智能时代的工作与职业培训：发展趋势与应对思考——基于《工作与职业培训的未来》及'云劳动'的解读"，载《远程教育杂志》2018年第1期。

　　〔3〕 参见路春城、黄志刚："包容性增长视角下结构性减税政策研究"，载《中央财经大学学报》2011年第2期；葛玉御、宫映华："借势人工智能，实现税收现代化"，载《税务研究》2018年第6期。

　　〔4〕 参见欧阳忠明、潘天君："面对人工智能职业培训以变应变"，载《中国教育报》2018年10月9日，第9版。

训的功能有其局限性，无论职业培训制度如何完善，未来由于工作岗位的减少实际上只能满足一部分劳动者的需求，最终仍然会有大量失业者的存在。未来，通过职业培训重新获得就业机会将变得越来越困难，尤其是对于那些受教育程度较低的劳动者。有鉴于此，从劳动者个人角度而言，提高职业危机感，树立终身学习意识，提前规划职业生涯，将变得日益重要。同时，为了支持和帮助劳动者达成这一诉求，法律层面有必要将"职业权"上升为一种法定的权利，[1]并以法律的形式规定国家和企业在劳动者职业能力开发中应承担的义务。在人工智能时代，我们的劳动就业市场政策与劳动法理念应当发生相应的转变，即逐步实现从"岗位保障"向"职业保障"的转变。[2]

（三）社会保障法律制度的回应

针对人工智能对社会保障法律制度的挑战，未来应逐步制定适应人工智能时代的社会保障政策和社会保险机制。

一方面，转变现有社会保障基本模式，即从以劳动为核心的社会保障模式转向以公民身份为核心的社会保障模式，如推行全民基本收入（Universal Basic Income，UBI）保障方式。[3]与目前大多数国家实施的社会保障制度不同，全民基本收入保障方式是指国家不以个人资产、有无工作等为条件，定期向所有合法居民无条件提供定额现金的收入保障方式。一般而言，全民基本收入保障方式具有如下五个方面的特征：一是个人性，即国家应提供给每个成员，而不是向其家庭提供；二是无条件性，即对个人是否有工作或是否有工作意愿，以及如何使用该收入等均无要求；三是普遍性，即不区分人口特征、个人资产等情况，向每个成员均予提供；四是定期性，即应定期地提

---

〔1〕 职业权为日本劳动法学者诹访康雄所提倡，简而言之，谓劳动者通过职业生活追求幸福的权利。[日] 諏訪康雄：《雇用政策とキャリア権——キャリア法学への模索》，弘文堂2017年版，第233页。

〔2〕 [日] 大内伸哉：《AI時代の働き方と法——2035年の労働法を考える》，弘文堂2017年版，第131页。

〔3〕 [日] 笠木映里等："AIと社会と法：パラダイムシフトはおきるか？（第7回）代替性：AI・ロボットは労働を代替するか？"，载《論究ジュリスト》2019年第31期。

供，而不是一次性的；五是货币性，即应当以适当水平的货币形式提供。[1]
此外，根据转移支付的覆盖范围、替代水平、支付方式和收益条件，全民基
本收入保障方式可以分为五种模式：完全的全民基本收入保障方式、部分全
民基本收入保障方式、负所得税保障方式、参与型全民基本收入保障方式和
通用福利保障方式。[2]

　　实际上，全民基本收入保障方式的思想早已有之。[3]英国空想社会主义
学者托马斯·莫尔在其 1516 年出版的《乌托邦》一书中，首次提到类似全民
基本收入保障方式的计划是可取的。[4]1748 年，法国孟德斯鸠在《论法的精
神》中，主张"国家有责任给全民提供安全的生活手段、饮食、合适的衣服
和对健康无害的生活方式"。19 世纪初，卓梵·沙利耶和约翰·穆勒提出了
"基本收入"一词。[5]1962 年，米尔顿·弗里德曼在其著作《资本主义与自
由》中阐述了"负所得税"（Negative Income Tax）思想，之后该提议逐渐发
展成为全民基本收入政策。[6]目前，虽然关于全民基本收入保障方式在理论
上仍存有不少争议，但正逐渐成为一些国家的主流政策辩论议题，甚至进入
了一些国家或地区的政策实践中。[7]例如，美国阿拉斯加州的永久基金分红制
度（Alaska Permanent Fund Dividend，PFD）、巴西的家庭补助金计划（Bolsa
Familia Program）、纳米比亚共和国的贫困地区奥奇韦罗—奥米塔拉村庄的
基本收入实验、芬兰的基本收入实验等。[8]未来，我国应选择哪种类型的全

---

　　[1]　参见［日］小沢修司：《福祉社会と社会保障改革：ベーシック·インカム構想の新地
平》，高营出版 2002 年版，第 104 页；金炳彻："基本收入的学理构思与模型研究"，载《社会保障评
论》2017 年第 2 期。

　　[2]　参见赵柯、李刚："资本主义制度再平衡：全民基本收入的理念与实践"，载《欧洲研究》
2019 年第 1 期。

　　[3]　参见金炳彻："基本收入的学理构思与模型研究"，载《社会保障评论》2017 年第 2 期；赵
柯、李刚："资本主义制度再平衡：全民基本收入的理念与实践"，载《欧洲研究》2019 年第 1 期。

　　[4]　参见［英］托马斯·莫尔：《乌托邦》，戴镏龄译，商务印书馆 1996 年版，第 115 页。

　　[5]　参见金炳彻："基本收入的学理构思与模型研究"，载《社会保障评论》2017 年第 2 期。

　　[6]　参见［美］米尔顿·弗里德曼：《资本主义与自由》，张瑞玉译，商务印书馆 2004 年版，第
207-208 页。

　　[7]　参见赵柯、李刚："资本主义制度再平衡：全民基本收入的理念与实践"，载《欧洲研究》
2019 年第 1 期。

　　[8]　参见金炳彻："基本收入的学理构思与模型研究"，载《社会保障评论》2017 年第 2 期。

民基本收入保障模式，取决于人工智能的发展速度和我国当时的国情。[1]

另一方面，解决社会保障资金的来源。无论是改革现有的社会保障模式还是导入新的社会保障模式，都需要巨额的资金。为了解决资金问题，未来我们可以考虑向人工智能征税，这有利于缩小收入分配差距。[2]2017 年 8 月，韩国通过限制对投资自动化企业的税收优惠，间接向机器人课税，成为全球首个征收"机器人税"的国家。韩国尝试"机器人税"的主要动因即在于"机器换人"所导致的失业率上升，据统计，韩国目前是世界上机器人使用密度最高的国家，该国的失业率在 2017 年创下了 17 年来的新高，失业人口约为 117 万。[3]从短期来看，"机器人税"实际上是对资本征税，其设计思路应致力于实现劳动与资本、技术之间利益的平衡，"机器人税"的征收方式既需要从本国国情出发，也需要考虑一国现有的税收体系和税收文化。当前，我国的社会保障制度面临人工智能和人口老龄化的双重压力，社会保障筹资主要基于标准就业者的工资税，这使得社保基金的可持续性问题日趋突出。是故，未来筹资方向有必要从"人"转向"技术"和"资本"，目前划拨部分国有资本充实社保基金正是向"资本"筹资的重要举措，今后"机器人税"应当成为我国社保筹资的重要来源。[4]

## 六、强人工智能阶段劳动法的回应

如前所述，人工智能与劳动法之间的关系，.因人工智能发展阶段的差异而呈现出不同的发展样态。在弱人工智能阶段，人工智能只能作为人类所使用的一种工具存在，与人类有较大差异。但是，当人工智能发展到强人工智能时代，与人类的差异逐渐缩小时，其是否可以取得劳动法上的主体地位？在回答该问题之前，需要解决的一个前置性问题，即是否应当承认人工智能

---

〔1〕 参见田思路、刘兆光："人工智能时代劳动形态的演变与法律选择"，载《社会科学战线》2019 年第 2 期。

〔2〕 [日] 笠木映里等："AIと社会と法：パラダイムシフトはおきるか？（第 7 回）代替性：AI・ロボットは労働を代替するか？"，载《論究ジュリスト》2019 年第 31 期。

〔3〕 参见"韩国拟推出世界首个'机器人税'"，载新华网，http://www.xinhuanet.com/world/2017-08/15/c_129681254.htm，最后访问日期：2019 年 11 月 10 日。

〔4〕 参见程杰、张雪梅："'机器人税'可行吗?"，载《中国发展观察》2019 年第 20 期。

的法律主体地位。

（一）人工智能作为法律主体的学说论争

有学者认为，人工智能不同于一般技术，人工智能的制度设计不仅仅是客体差异引发的法律问题，更因其智能的特征使其进行了类似于人类的活动，甚至可以发生类似于人类的法律关系，因此，在制度设计上要考虑是否将其作为法律主体而非客体对待。[1]目前，该问题已成为法学界讨论的热门话题，最初的研究主要集中于民法学、知识产权法学等领域，但近些年已逐步拓展至公司法学、刑法学、法理学等领域。然而，令人遗憾的是，学者们在人工智能是否可以具有法律主体地位这一问题上至今仍未达成共识。

1. 肯定说

有很多学者持"肯定说"，即赞同人工智能可以成为法律上的主体。对于该观点背后的理论逻辑，学者们从不同角度给出了多种解释。首先，从权利主体的历史发展及其扩张趋势的角度来看，有学者认为在经历了历史上从排除黑人、奴隶法律人格到承认的变迁之后，[2]法律主体呈现为一个开放的概念体系，机器人权利是社会活动的产物，承认人工智能的权利主体地位是权利发展的历史规律和必然要求。[3]一些学者通过分析法人能够成为法律主体的原因，来探究法律主体制度的构造原理，从而证明法律主体制度的扩张性，最终为赋予人工智能法律主体地位寻找到了理论基础。[4]其次，从社会发展需要的角度来看，有学者认为价值取向与规范意识的分离，为法律主体制度留下了可能发展的空间，法律赋予法人主体资格是基于社会需要，当人工智能对现有社会关系的冲击大到一定程度时，可以考虑赋予其法律主体地位。[5]而关于人工智能对社会的冲击，可以从自我意识、权利义务和行为

---

〔1〕　参见赵磊、赵宇："论人工智能的法律主体地位"，载岳彩申、侯东德主编：《人工智能法学研究》，社会科学文献出版社2018年版，第23页。

〔2〕　参见吴习彧："论人工智能的法律主体资格"，载《浙江社会科学》2018年第6期。

〔3〕　参见张玉洁："论人工智能时代的机器人权利及其风险规制"，载《东方法学》2017年第6期。

〔4〕　参见付子堂、赵译超："智能机器人法律地位的审视"，载岳彩申、侯东德主编：《人工智能法学研究》，社会科学文献出版社2018年版，第45-46页。

〔5〕　参见付子堂、赵译超："智能机器人法律地位的审视"，载岳彩申、侯东德主编：《人工智能法学研究》，社会科学文献出版社2018年版，第48-52页。

责任、人工智能与人类之间的伦理关系等方面进行考量。[1]最后，从法律主体地位标准的角度来看，"电子人格说"主张将"电子人"作为人工智能法律主体的规范称谓。该学说认为因人工智能发展出了"人工"人格，并有相关"行为"及一定范围内的"决定权"，因此在法律主体制度中嵌入具有自主性和规范性的"电子人"有一定的合理性。[2]而"有限人格说"认为人工智能具有独立自主意识、享有权利并承担责任，因此可以具有法律人格，但它是一种特殊性质的法律主体，其法律人格具有有限性。[3]综上所述，肯定说从人工智能的自主性、社会性以及权利主体历史演变等多个方面探讨了人工智能成为法律主体的理论支撑，并进一步讨论了人工智能被赋予法律主体资格或者法律人格所应具备的要件，以及在其具有法律主体资格的前提下其权利体系、行为能力体系和责任承担制度如何建构的问题，[4]这些讨论对于人工智能法律主体地位的发展具有重要的价值。

2. 否定说

与此相对，持"否定说"的学者也不在少数。有学者认为持肯定说的学者关于"人工智能具有自主意识和意志"的观点只是一种猜想，"人工智能具有辨认和控制能力"缺乏有力的论证过程，前提不存在，结论当然不成立。[5]有学者主张机器人不同于具有生命的自然人和具备独立意志且作为自然人集合体的法人，它不具备人类的心性和灵性，其行为与人类有意识的行为不同，其知识都是人类输入的、限于特定领域的，无法通过自身进行知识积累，由于它仍然受到作为民事主体的自然人或自然人集合体的控制，所以不足以获得法律主体资格。[6]也有学者认为无论从哲学角度还是从法学角度来看，都不应当赋予机器人法律主体地位，一方面，是因为机器人不具备与

---

〔1〕 参见莫宏伟："强人工智能与弱人工智能的伦理问题思考"，载《科学与社会》2018年第1期。

〔2〕 参见郭少飞："'电子人'法律主体论"，载《东方法学》2018年第3期。

〔3〕 参见袁曾："人工智能有限法律人格审视"，载《东方法学》2017年第5期。

〔4〕 参见解正山："对机器人'法律人格论'的质疑——兼论机器人致害民事责任"，载《暨南学报（哲学社会科学版）》2020年第8期。

〔5〕 参见陈洪兵："人工智能刑事主体地位的否定及实践展开——兼评'反智化批判'与'伪批判'之争"，载《社会科学辑刊》2021年第6期。

〔6〕 参见吴汉东："人工智能时代的制度安排与法律规制"，载《法律科学（西北政法大学学报）》2017年第5期。

周围环境进行交互影响的感知能力，因此不具备与人类相似的基于认识、判断、选择等一系列活动而形成的意思能力；另一方面，机器人不可能拥有生命和生命权，也无法拥有责任承担主体所应当具备的道德、伦理、宗教和习惯等。[1]也有学者将人工智能与动物做比较，认为虽然两者都具有对外界的事实性认知能力，但都未曾发展出法律规范认知遵从的理性，无法作为主体。[2]还有学者认为人工智能不像法人一样，具有拟制技术适用的价值前提，无法满足拟制人格说；同时人工智能不具有自身思维能力和语言能力，只是具有作为人所创造工具的工作能力的表现，没有哲学上作为主体的意识确证性，只能将其确定为客体而非主体。[3]更有学者认为，探讨人工智能是否具有法律主体资格实际上是没有意义的，因为即便赋予其法律人格，责任的最终承担者依然是人类。[4]综上所述，否定说的观点从自由意志、不同的学科视角、与拟制主体的对比等角度出发，强调人工智能和人类的区别，否认了人工智能具备人类天然存在的生物学上的意志、情感，其认为人工智能归根到底还是在人类的控制之中，无法超越人类的理性，无法享有权利、承担责任，因此没有必要也不可能成为法律主体。

（二）人工智能作为法律主体的理论证成

理论界在是否应赋予人工智能法律主体地位的问题上争议颇大，其原因至少包括两个方面：一是，学者们对人工智能的理解不一致，且未来人工智能究竟能发展到何种程度目前来看还不确定；二是，是否需要用法律主体制度来规范人工智能，以及如何进行规范也难以达成共识。然而，法律制度总是具有一定的滞后性，面向人工智能革命时代，我们需要寻求具有前瞻性的解决方案。当进入强人工智能时代时，传统的法律规则将无法满足社会发展的需求，为防止人工智能对社会关系造成大的冲击，我们应在认识和分析现

---

〔1〕　参见赵万一："机器人的法律主体地位辨析——兼谈对机器人进行法律规制的基本要求"，载《贵州民族大学学报（哲学社会科学版）》2018 年第 3 期。

〔2〕　参见冯洁："人工智能体法律主体地位的法理反思"，载《东方法学》2019 年第 4 期。

〔3〕　参见张力、陈鹏："机器人'人格'理论批判与人工智能物的法律规制"，载《学术界》2018 年第 12 期。

〔4〕　参见郑戈："人工智能与法律的未来"，载《探索与争鸣》2017 年第 10 期。

行法律困境的基础上，积极探索与科学文明相伴而生的制度文明。[1]

首先，从人工智能成为法律主体的必要性来看，一方面，目前的法律体系下人工智能正处于无法可依的状态，由此造成实践应用缺乏法律价值的指引，人工智能的法律地位亟待明晰。[2]人类社会迈向智能时代，预示着法律主体制度迎来了跨时代的转变，对人工智能法律主体地位的承认，实际上是以人类为中心建立相应的制度体系，避免具体人格的缺乏导致规则的无所依存。[3]另一方面，在强人工智能时代，人工智能因具备独立思考能力，其主体意识必将削减人类的过错程度，并减轻人类主体的责任承担。因此，以主体意识参与到法律关系中的人工智能必须承担一定的责任，这就要求其须以主体身份参与到活动中，并成为法律关系的承担者。[4]人工智能参与的人机交互世界的形成对现行社会秩序、伦理道德造成了巨大冲击，与人工智能有关的法律问题愈加复杂，诸多法律概念或需要被重新打造，[5]新的法律制度诸如法律主体制度应当得到进一步的完善。

其次，从人工智能成为法律主体的可行性来看，尽管目前尚未进入强人工智能时代，但可以预见，未来人工智能拥有甚至超过人类智慧的可能性愈来愈大。一方面，在强人工智能时代，人工智能最显著的特点就是自主性，人工智能不仅能够像人一样"自我"思考、学习，还可以具有高度的智能性、独立的自主决策和意思表示能力。因此，人工智能在未来的发展水平足以使其成为独立与自由的载体，从而消解现阶段对其法律主体地位认定构成的障碍。[6]另一方面，从法律制度的构建来看，人工智能拥有权利能力、行为能力以及责任能力存在事实上和理论上的根据，即在现有的科学技术条件下，

---

〔1〕 参见吴汉东："人工智能时代的制度安排与法律规制"，载《法律科学（西北政法大学学报）》2017年第5期。

〔2〕 参见袁曾："人工智能有限法律人格审视"，载《东方法学》2017年第5期。

〔3〕 参见许中缘："论智能机器人的工具性人格"，载《法学评论》2018年第5期。

〔4〕 参见许中缘："论智能机器人的工具性人格"，载《法学评论》2018年第5期。

〔5〕 有学者指出，对于传统的自然人、法人的认知应当上升到"数智人主体"这一维度中，法律必须先行深入数智化社会的底层逻辑，参与建设社会关系的"架构"，法律和法学作业的理念将由"修复"转向"规训和塑造"。参见齐延平："数智化社会的法律调控"，载《中国法学》2022年第1期。

〔6〕 参见徐昭曦："反思与证立：强人工智能法律主体性审视"，载《中共中央党校（国家行政学院）学报》2019年第3期。

人工智能拥有财产权、具备独立缔结合同的能力，成为权利义务主体等，并不存在法律上的障碍。[1]当人工智能从隶属于人的辅助工具发展为独立于人类的状态，甚至在某些方面优于人类的自由实体时，其所具备的意志与自由选择将支撑其法律主体能力在客观实际中得以实现。[2]但是，持"否定说"的学者大多对此未能予以充分认识，从而忽略了人工智能成为法律主体的可能性。

最后，从人工智能成为法律主体的社会效益来看，其一，人工智能技术能把人类从繁琐的程式化工作中解脱出来，确认人工智能的法律主体地位应充分考虑社会发展需求，社会性和伦理性已无法成为认定法律主体的必要条件。[3]其二，确立人工智能的法律主体地位，进而明晰其法律能力与财产基础，将有利于人工智能的规则性发展，由此可以避免科技能力过剩，实现人与科技和谐共生。[4]其三，赋予人工智能法律主体地位的意义，不仅在于人工智能给人类带来更多的便利，更大地满足人类生活服务的各项需求；而且还在于厘清人类社会的法律关系，用极简的思维方式来解决人类之间复杂的利益纠纷。[5]其四，赋予人工智能法律主体地位，并由此构建一系列的交易制度、权利制度、责任制度，可以减少人工智能带来的交易不确定成本、信息成本、约束成本，实现交易成本最低，有利于经济发展。[6]

综上所述，本书认为当人工智能发展到强人工智能时代，人工智能对社会的冲击达到相当程度之时，无论是从人工智能成为法律主体的必要性、可行性还是从社会效益来看，不妨考虑赋予人工智能法律主体地位。

---

〔1〕　参见袁曾："人工智能有限法律人格审视"，载《东方法学》2017年第5期。

〔2〕　参见徐昭曦："反思与证立：强人工智能法律主体性审视"，载《中共中央党校（国家行政学院）学报》2019年第3期。

〔3〕　参见许中缘："论智能机器人的工具性人格"，载《法学评论》2018年第5期。

〔4〕　参见郭少飞："'电子人'法律主体论"，载《东方法学》2018年第3期。

〔5〕　参见周详："智能机器人'权利主体论'之提倡"，载《法学》2019年第10期。

〔6〕　人机结合以及人工智能参与相关决策，将提高人的信息接收和处理能力，完善现有制度，显著减少交易双方信息不对称现象。随着人工智能劳动力为人类创造更多的物质财富和精神财富以及制度的不断提升、信息的日益丰富，人的有限理性将会得到一定程度的克服，机会主义行为也会减少，交易成本也会大幅降低，从而有利于经济发展。参见程承坪："人工智能的自主性、劳动能力与经济发展"，载《人文杂志》2021年第6期。

### （三）人工智能作为劳动法主体的展望

在劳动法领域，有观点认为人工智能的劳动法主体保护不具可行性，也没有必要；[1]也有观点认为人工智能与劳动法所欲保护的劳动者图像和立法旨趣相去甚远，人工智能的劳动者身份是一个高度超前和务虚的话题。[2]本书认为，仅从传统的劳动法律关系、劳动法调整对象来思考人工智能的法律地位问题具有相当的局限性，法律制度总是具有一定的滞后性，面向人工智能革命时代，我们需要寻求前瞻性的解决方案。

一方面，赋予人工智能劳动法上的主体地位符合社会发展需求。早在30年前就有学者提出，权利一直向着自然中的事物扩展，从动物、树木到海洋，总有一天，机器人也会享有权利。[3]随着人工智能的迅速发展，传统的法律体系必然会被改写，而赋予人工智能专属权利或许就是起点。[4]甚至有观点主张为了避免机器人受到侵害、无休止地劳动，机器人可能会享有生命权、自由权。[5]回溯过往，自然人法律主体的演化、动物及无生命体主体制度发展史也表明，赋予强人工智能法律主体地位前景可期。[6]果真如此，人工智能将在社会分工、分配责任、提高效率等诸多方面推动社会的发展。[7]未来人工智能"工人群体"将逐渐形成，我们应适时启动劳动法治领域的人工智能赋权革命，这种新的赋权机制能够推动形成法律主体间的互赖结构，降低各种不确定的风险。[8]

另一方面，即便承认人工智能在劳动法上的主体地位，也并不意味着要

---

[1] 参见田野："劳动法遭遇人工智能：挑战与因应"，载《苏州大学学报（哲学社会科学版）》2018年第6期。

[2] 参见翁玉玲："人工智能时代的劳动法功能调适"，载《西安交通大学学报（社会科学版）》2019年第1期。

[3] Phil Mcnally、Sohaill Inayatullay，"The rights of robots: Technology, culture and law in the 21st century"，*Futures*, 20 (1988), pp. 119-136.

[4] 参见张玉洁："论人工智能时代的机器人权利及其风险规制"，载《东方法学》2017年第6期。

[5] 参见高奇琦：《人工智能：驯服赛维坦》，上海交通大学出版社2018年版，第25页。

[6] 参见周详："智能机器人'权利主体论'之提倡"，载《法学》2019年第10期。

[7] 参见袁曾："权利视阈下的人工智能法律主体地位"，载《上海政法学院学报（法治论丛）》2019年第4期。

[8] 参见王从烈："加快推进人工智能劳动法治保障建设的对策研究"，载《南京邮电大学学报（社会科学版）》2018年第5期。

将人工智能作为人类给予其与劳动者完全同等的对待。[1]人工智能的加入，会让现有的劳动法律关系、用工形式更加多元化，劳动主体权利保障内涵发生变化，[2]在面对这些问题时，我们必须认识到，人工智能与传统劳动者之间存在着本质的区别，与一般的技术应用也有很大的不同。它既有"人"的特征，也具备人无法达到的技术层次。从人类立场来看，人工智能仅是人类之外的另一种主体形式，其法律主体地位的确立并不代表人格的完全授予。不仅如此，对人工智能赋权并确定其劳动法上的主体地位，应当在以人类为中心前提下为人类所用。康德在《实践理性批判》中指出："人是生活在目的的王国中。人是自身目的，不是工具。人是自己立法自己遵守的自由人。人也是自然的立法者。"[3]换言之，在康德看来，社会制度、法律的制定与实施，都需要遵循"以人为本"的价值原则。如果说人类是民法关心、保护的对象，是整个民法制度设计的中心和原点，是民法所有制度价值聚焦的中心，[4]那么基于人权理论和人权保障运动的冲击，才得以兴起和发展的劳动法，其制度设计更应当以人类为中心。人工智能的性质决定了它具有高出人类的许多优势，人类很难与之抗衡，如果按照现行劳动法的规定实行同工同酬、多劳多得的原则，可能导致劳动者权利受到严重损害。是故，即便将人工智能作为劳动法上的主体对待，它也永远无法享有作为法律目的而存在的人类的某些特有权利。毕竟，人工智能的发展是为了使人类的生活变得更加美好，而不是为了让人工智能有一天能统治人类。未来伴随着人工智能在劳动法上主体地位的确立，必然引起传统劳动法学其他概念、范畴、体系、制度、立场上的更新变化，对此有必要进一步深化对该命题的研究。[5]

---

〔1〕 参见郭少飞："'电子人'法律主体论"，载《东方法学》2018年第3期；袁曾："人工智能有限法律人格审视"，载《东方法学》2017年第5期。

〔2〕 参见杨猛宗："人工智能机器人劳动者主体身份的反思与应然转向"，载《政法论丛》2020年第6期。

〔3〕 ［德〕康德：《实践理性批判》，邓晓芒译，人民出版社2003年版，第95页。

〔4〕 参见赵万一："机器人的法律主体地位辨析——兼谈对机器人进行法律规制的基本要求"，载《贵州民族大学学报（哲学社会科学版）》2018年第3期。

〔5〕 参见此类问题不仅存在于劳动法学领域，也存在于刑法学等学科领域。周详："智能机器人'权利主体论'之提倡"，载《法学》2019年第10期。

## 七、结语

近年来，以人工智能为代表的第四次科技革命浪潮已渗透到人类生活的方方面面，人工智能的大规模运用不仅能够极大地提高社会生产力，还可以将劳动者从繁琐的程式化工作中解放出来。但是，人工智能在解放劳动者的同时，也对就业结构和就业市场带来了新的风险和挑战。面对人工智能带来的劳动就业形态的变化，我国现行劳动法在解雇法律制度、职业培训法律制度、社会保障法律制度以及是否赋予人工智能劳动法上的主体资格等方面面临不同程度的挑战。基于工业化大生产而构建的传统劳动就业市场法律规制模式已无法适应人工智能时代的发展需求，亟须作出相应的转变。在弱人工智能阶段，可能的应对方式是，适当完善配套保障措施以缓和解雇保护规制水平，构建适应时代需求的职业培训体系进而优化职业培训制度，重构并充实以公民身份为核心的社会保障制度。在强人工智能阶段，存在赋予人工智能劳动法上主体地位的可能性，但仍需视未来人工智能的发展情况而定；即便承认人工智能劳动法上的主体地位，它也永远无法享有作为法律目的而存在的劳动者的某些特有权利。面向人工智能时代，我们现行的劳动法需要进行一次全面的"检修"，[1]本书仅就上述问题进行了初步探讨，今后我们应及时追踪人工智能发展的前沿动态，力争通过法律制度层面的一系列安排，最大限度地实现人、技术、经济的和谐发展。

---

〔1〕 参见田野："劳动法遭遇人工智能：挑战与因应"，载《苏州大学学报（哲学社会科学版）》2018 年第 6 期。

# 后　记

　　《互联网和人工智能发展对劳动法的挑战与应对》一书着眼当前劳动领域出现的新情况，聚焦剖析互联网和人工智能发展给劳动法治带来的前沿问题，围绕互联网和人工智能发展对劳动法的挑战与应对展开研究。本书由本人担任主编，谢增毅教授担任副主编。具体承担写作任务的有（按写作章节顺序）：

　　张鸣起：绪论

　　王天玉：第一章 新就业形态对劳动法基础理论的挑战与应对

　　娄　宇：第二章 新就业形态劳动者权益的法律保障

　　谢增毅：第三章 远程工作的法律规制

　　沈建峰：第四章 网络时代劳动基准理论和制度创新

　　吴文芳、王倩：第五章 网络时代劳动者个人信息的法律保护

　　战东升：第六章 人工智能对劳动法的挑战与回应

　　本书为新时代劳动法治课题研究成果，许瀛彪同志参与资料收集和编审等工作，书稿出版得到中国国电集团有限公司法务部的资助。感谢中国国电集团有限公司法务部各位同志与中国政法大学出版社牛洁颖等编辑的辛勤付出。

张鸣起

2023 年 8 月 22 日